중국 행정법 쟁점 연구

이 도서의 국립중앙도서관 출판시도서목록(CIP)은 e-CIP홈페이지(http://www.nl.
go.kr/ecip)와 국가자료공동목록시스템(http://www.nl.go.kr/kolisnet)에서 이용하실
수 있습니다. (CIP제어번호: CIP2011004908)

부산대학교 중국연구소 연구총서 6

중국 행정법 쟁점 연구

정이근 지음

Disputed Points of
Chinese Administrative Law

Yi Keun JEONG

ORUEM Publishing House
Seoul, Korea
2011

서 문 |

우리나라와 중국의 인적·물적 교류는 날로 그 규모가 늘어나고 있고, 국민의 현실 생활에서도 양국관계의 중요성을 절실히 느끼고 있다고 할 수 있다. 지리적으로도 북한을 사이에 두고 있지만 양국은 지근(至近)의 위치에 있고, 바다를 사이에 두고 양국 정부의 긴밀한 협조가 필요한 사안도 빈번히 발생하고 있다. 정치·안보 및 우리의 통일문제와 관련하여 현재 중국의 역할이 중요한 변수로 작용하고 있다는 점도 구체적 사례들을 통하여 실감할 수 있다.

사실 한국과 중국은 경제, 정치, 사회, 문화, 교육, 사법 등 민간 및 국가 생활의 전 영역에 걸쳐 긴밀한 교류와 협조의 필요성이 날로 중요하게 인식되고 있다. 또한 성공적 교류 협조를 위한 전제로서 상호 이해와 지속적 신뢰관계의 형성은 중요한 요인이 될 것으로 판단되고, 이러한 상황 속에서 양국 간의 법 제도 분야의 상호 이해와 교류는 그 중요성이 더욱 부각되어야 한다고 생각한다.

그러나 한·중 수교 이래 물적·인적 교류의 엄청난 증가에 비하여 상대적으로 법학 및 법 제도 분야의 교류는 상당히 낮은 단계에 머물고 있다고 평가할 수밖에 없다. 법 제도 분야의 교류 및 이해는 수교 초기에 비해서는 상당 정도 확대된 상황이라 할 수 있지만 여전히 경제·무역 및 투자 분야에 치우치고 있으며, 국가 사회를 이해하는 가장 기본이 되는 규범인 헌법을 비롯하여 사회주의 중국을 이해하는 기본적인 법 제도 가운데 행정법을 위시한 공법 영역에 대한 이해나 국내 보급은 여전히 미흡하다고 할 것이다.

중국의 공산품이나 농·수산 및 임산물은 우리의 생활과 식탁에까지 다가와 있고, 우리 국민 가운데 각 항업 종사자나 유학생 등 중국 방문자의 자유와 재산 보호의 중요성을 확장하면, 중국의 헌법을 위시한 개별 법 제도는 더 이상 중국 국민을 위한 법에 그치지 않는다. 중국의 입법이 상당수 우리 국민의 이해관계에도 밀접한 영향을 미치고 있다는 것이다. 이러한 점에서 중국법에 대한 관심과 이해는 아무리 강조해도 지나침이 없다고 본다.

저자는 한·중수교 이래 중국어에 대한 관심과 특히 중국법학에 대한 강한 학구열로 인하여 중국 베이징 소재 중국인민대학에서 행정법과 공법이론을 연구하였다. 뿐만 아니라 중국의 상담대학(湘潭大學) 및 중남대학(中南大學) 법과대학에서 학부생 및 대학원생을 대상으로 4년여 동안 강의를 한 소중한 경험도 있다. 이러한 경험을 바탕으로 특히 우리 학계에서도 소홀히 하고 있는 중국 행정법 분야의 핵심이 되는 주제를 중심으로 본서를 구상하게 되었다. 행정법 영역의 중요한 쟁점을 이해함으로써 사회주의 시장경제의 기치를 내걸고 경제발전에 매진하고 있는 중국 사회를 좀 더 이해할 수 있을 것이다.

이러한 생각에서 본서는 모두 12개 장으로 편성하였다. 제1장은 입법절차와 입법권한, 제2장은 최고인민법원의 사법해석, 제3장은 공공이익과 사유재산의 수용, 제4장 행정법상 평등원칙, 제5장 행정법상 비례의 원칙, 제6장 행정소송상 의무이행소송, 제7장 행정소송상 변경판결, 제8장 행정소송상 증거규칙, 제9장 행정소송상 입증책임과 증명기준, 제10장 행정배상의 범위, 제11장 행정정보공개제도, 제12장 중국법의 회고와 전망으로 각 장의 제목을 부여하였다. 특히 제1장에서는 행정입법에 관한 이해를 위하

contents

contents

제1장 |
입법절차와 입법권한

I. 서언

중국은 신 중국 성립 후 약 60여 년의 입법사를 통한 제도적 발전을 거듭하여 현대적 입법체계를 갖추게 되었고, 계속적으로 입법제도의 개선을 추진해 가고 있다. 역사적 발전 상황을 개괄적으로 요약하면 입법의 공백기에서 다양한 입법기관으로의 확대기로, 폐쇄적이었던 입법절차는 개방과 공개로, 입법의 내용 면에서도 국민에 대한 규제와 통제에서 민생문제의 해결에 중점을 두게 되었고, 입법의 기술과 방법에서도 정밀하고 세밀화되어가고 있으며, 동시에 입법과 관련된 학자들의 연구 영역도 매우 다양화되고 있다.

중국의 입법제도는 대략 입법주체와 관련된 제도, 입법권한에 관한 제도, 입법절차 제도, 입법감독제도 등으로 구성된다. 이러한 다양한 입법제도는 중화인민공화국입법법이 제정되기 이전에는 대개 헌법 및 국가조직에 관한 법률 등에 산재되어 있었다. 입법법이 제정 시행됨으로써 입법의 기본원칙이 확립되고, 입법주체의 권한이 확정되었으며, 각 입법절차의 규정, 입법 감독제도의 확립 및 입법기술에 대한 기준이 단행법으로 통일화 되었고 이러한 의미에서 입법법의 제정은 입법제도 발전에 있어 중요한 좌표가 되는 것이다.[1]

입법법의 제정으로 입법제도가 통일적으로 확립되고 입법기관 및 입법 권한의 분배가 원칙적으로 명확하게 되었지만 여전히 여러 가지 문제점을 안고 있는 것도 사실이다. 국가적 상황에 따른 입법권한의 위임 문제, 행정 구역의 복잡 다양화로 인한 불가피한 현실적 법체계 및 법 형성의 문제, 그리고 사회주의 시장경제 발전에 따른 특별입법의 필요성 등으로 인한 상황은 입법기관의 권한 행사나 확대도 입법제도에 직·간접적인 영향을 주고 있다.

본 장에서는 특히 중국의 입법과정에서 각 입법 권한을 가진 기관의 입법권한 행사에 초점을 맞추어 문제점을 검토하는 것으로 한다. 각 입법기관의 권한 행사와 관련하여 그 전제로서 먼저 중국의 입법체계 일반론을 검토하고 입법법이 정하고 있는 원칙적인 입법권한을 이해한다. 특히 입법 권한의 행사와 관련하여 전국인민대표대회와 그 상무위원회의 법률 제정 절차상의 역할을 검토하며, 이 과정에서는 각 입법에 참여하는 기관들의 권한과 기능을 검토하고자 한다. 입법기관의 권한 행사에 관한 문제는 그 대상 기관을 전국인민대표대회 및 그 상무위원회, 국무원, 지방의 인민대표대회, 경제특구로 확대하여 전반적인 입법상의 문제점을 검토한다.

---

1) 具光辉, "立法制度的新进展与新问题," 『现代法学』 第22卷 第3期, p.19.

II. 중국 입법체계 일반론

중국의 경우는 구 소련의 영향으로 법체계 역시 초기에는 구 소련법의 영향을 받았다고 알려지고 있다. 그러나 특히 20세기 1980년대 개혁개방 이래 소위 사회주의 법제 현대화 노력의 진전에 따라 전통적인 사회주의 법의 색채는 상당 정도 퇴색되고 있다고 할 것이다.[2]

중국적 사회주의 법체계의 형식 및 내용에 대한 고찰은 내용적인 측면과 형식적 측면으로 구분하여 살펴볼 수 있다. 내용적인 측면은 법체계의 본질적 특징을 중심으로 하며, 형식적인 측면은 구성의 문제로서 어떠한 규범이 어떤 효력을 가진 규범으로 존재하는가 하는 문제와 관련된다.

1. 입법체계의 내용상 특징

입법체계의 측면에서 소위 "중국적 사회주의"가 의미하는 바는 무엇인가? 하는 데 대하여는 여러 가지 주장이 제기되고 있다. 그러한 주장 가운데 중국적 사회주의 법체계에는 다음 세 가지 내용이 포함된다고 보는 견해가 있다. 첫째, 법체계는 반드시 현대사회의 정신을 구체화하고 사회가 직면한 여러 가지 문제를 해결할 수 있는 것이어야 한다. 둘째, 그 법체계는 반드시 사회주의적이어야 하며, 즉 그러한 법체계는 반드시 사회주의의 독특한 정신, 가치 및 원리를 구체화하는 것이어야 한다. 셋째, 그것은 반드시 중국적 특색[3]을 가진 것이어야 하는, 즉 중국의 문화적 전통 및 현재의

---

2) [俄]拉扎列夫 著, 王哲等 译, 『法与国家的一般理论』(法律出版社, 1999), p.161.
3) 중국적 특색은 다음 내용으로 요약된다. 마르크스 레닌주의 및 마오쩌둥 사상의 지도, 중국공산당의 영도, 인민민주독재와 인민대표대회 제도, 사회주의 시장경제의 실시, 노동에 따른 분배의 원칙과 공유제를 위주로 한 다양한 경제형식의 병존, 공동의 번영 추구, '일국양제(一國兩制)'와 민족구역자치를 실시하는 등.

정치·경제·법제도 등 현실 상황에 부합하는 것이어야 한다.[4)]

이러한 이론적 내용을 바탕으로 사회주의 법 특히 중국법의 개념을 이해하는 데 있어서, 법이 지배계급의 의지와 이익을 반영한다는 중국학자들의 주장도 염두에 둘 필요가 있다. 이러한 내용은 법의 개념을 설명하고 있는 주류 학자들의 법에 대한 정의에서도 드러난다.

입법학자 저우왕성(周旺生) 교수는 『입법학』이라는 저서에서, "법은 법제정기관의 의지의 형식이고, 보편성과 명확성 및 확실성의 특징을 가지며, 주로 권리나 의무를 규정하고, 일차적으로 지배계급의 의지와 이익을 반영하는 것으로, 종국적으로는 사회적·물질적 조건에 구속되면서, 법률적 사건을 처리하는 재판의 기준이 되는 것"이라 정의하고 있다.[5)] 물론 이러한 견해는 전형적인 사회주의적 관점에서 보는 것이고, 특히 21세기 중국 법학은 많은 영역 특히 경제법 영역에서는 그 사회주의적 특색이 사라지고 있는 것을 모두가 지켜보는 바와 같다.

2. 입법체계의 형식상 특징

중국적 사회주의 법체계의 형식 즉 그 법체계의 범위를 어떻게 한정할 것인가에 대한 주장은 다양하다. 중국의 법률체계는 헌법 및 법률에 한정된다는 견해에서부터, 헌법과 법률에 국한하지 않고 행정법규를 포함하며 특히 전국인민대표대회 및 그 상무위원회가 국무원에 수권하여 제정된 잠행규정과 조례를 포함해야 한다는 견해도 있다. 학자에 따라서는 헌법을 최고규범으로 하여 법률을 근간으로 하여 행정법규, 지방성법규, 자치조례 및 단행조례 등 규범성문건을 포함하여 중국의 법체계가 형성된다고 하는 견해도 있다.[6)] 주관적 기준에 따라 각기 다른 주장이 나타나고 있기 때문

---

4) 万其刚, 『立法理念与实践』(北京大学出版社, 2006), p.127.
5) 周旺生, 『立法学』(北京大学出版社, 1994), p.25.

에,[7] 중화인민공화국입법법의 규정에 따라 인정되고 있는 입법의 종류를 살펴볼 필요가 있다.

현재 중국의 입법은 상당히 복잡한 구조를 가지고 있는 것으로 파악된다. 헌법을 포함하여 법률, 행정법규, 각 중앙 부처의 규장, 군사법규, 지방성법규 및 규장, 자치조례 및 단행조례, 특별행정구 법률 및 법규, 경제특구의 법규 및 규장 등이 형식적 법체계를 이루고 있다. 사실 중국은 방대한 수량의 행정법규와 부문규장(중앙부처의 규장을 의미함)을 제정하고 있다. 국무원을 위시한 행정부처가 방대한 법규를 제정하고 있는 것은 전국인민대표대회나 그 상무위원회에서 정하는 법률이 보편적이고 융통성이 강하기 때문이다. 즉, 대부분의 법률이 원칙적인 내용을 규정하는 데 그치기 때문이다.[8]

또한 중국은 대륙법계 국가가 일반적으로 유지하고 있는 법체계를 유지하고 있으며, 이러한 형식적 법의 위계 내지 효력 순위에 대한 이해는 법규의 충돌 시 그 법규 적용의 우선 여부를 이해하는 근간이 되고 있다. 중국에서 법의 위계는 원칙상 각 입법기관을 기준으로 이해된다. 입법기관의 법적 지위가 높을수록 그 법규의 효력이 우선적으로 인정된다. 전국인민대표대회 및 그 상무위원회로부터 국무원, 각 지방 의회 및 지방정부에 의하여 제정된 각각의 법률과 법규의 효력은 위로부터 아래로 순서가 정해진다.

---

6) 万其刚, 전게서, p.122.

7) 이 외에도 중국법의 분류에 대하여도 여러 가지 견해가 존재하고 있다. 특징적인 주장을 살펴보면 다음과 같다. 즉, ①법체계를 헌법, 민상법, 행정법, 경제법, 사회법, 형법, 소송법 등 7개 부문으로 구분하는 견해, ②헌법, 정치법, 행정법, 형법, 민상법, 경제법, 노동법 및 사회보장법, 자원 및 환경보호법, 혼인가정법, 군사법, 소송법, 특별행정구법 등으로 구분하는 견해, ③헌법을 비롯하여 민상법, 민사소송법, 형법, 형사소송법, 행정법, 행정소송법으로 구분하는 견해, ④헌법 행정법, 민상법, 경제법, 노동법과 사회보장법, 환경법, 형법, 소송절차법, 군사법 등으로 구분하는 견해가 있고, 주장의 근거에 따라 여러 가지로 분류되고 있다.

8) 예컨대 중외합자투자법, 외상독자기업법 등을 예로 들면 모법 규정이 각각 16개 조항 및 24개 조항인데 행정법규는 각각 105개항 및 84개 항으로 구성되어 있다. 朱羿锟, 『中国法概论』(法律出版社, 2007), p.5.

각기 다른 수준의 법규에서 효력 순위는 두 가지 규칙에 의하여 해결된다. 첫째, 헌법은 최고의 효력을 갖는 규범이다. 법률이 헌법에 구속됨은 물론 다른 여하의 규범도 헌법에 복종한다. 둘째, 법률과 법규의 경우에는 높은 수준의 법규가 낮은 수준의 법규에 우선한다. 즉, 법률은 모든 행정법규, 부문규장, 지방성법규 및 지방정부규장에 우선한다. 부문규장은 지방규장과 동일한 구속력과 효력을 가진다.[9] 또한 동등한 수준의 법률이나 법규의 효력 문제는 크게 두 가지 규칙에 의하여 해결된다. 첫째, 특별법은 일반법에 우선한다.[10] 둘째, 신법은 구법에 우선한다. 새로운 법률이 즉시 구법을 대체하는 경우는 자연적으로 신법이 적용되며, 신법이 구법을 대체하지 못하는 경우로서 구법이 계속하여 유효한 경우에도 신법이 구법에 우선 적용된다.

3. 입법기관과 입법권한

법률 및 법규의 제정을 입법이라고 하며, 권한 있는 국가기관이 정해진 절차에 따라 제정, 개정 또는 폐지하는 것을 포함하며, 입법은 법치주의의 전제가 된다. 중국에서 전국인민대표대회 및 그 상무위원회는 헌법 및 입법법의 규정에 근거하여 국가 입법권을 독점적 배타적으로 행사한다.[11] 국무원을 비롯하여 각 중앙 부처 및 국무원의 각 위원회, 지방 인민대표대회 및 그 상무위원회, 자치구역, 직할시, 비교적 큰 도시로 인정된 도시 등은 제한된 입법권을 행사한다. 다양한 입법기관으로부터 제정되는 입법적 성

---

9) 중화인민공화국입법법 제82조.
10) 회사 관련 법률 중 중외합자투자법, 중외합작투자법 및 외상독자투자법은 모두 특별법이다. 이러한 특별법의 특별한 규정은 모든 개인 또는 단체를 대상으로 하는 일반법에 우선한다. 이러한 특별법의 특정부분에서 특별한 조항이 없는 경우에는 회사법의 조항이 적용될 수 있다.
11) 중화인민공화국 헌법 제58조 및 입법법 제7조.

과는 그 형식에 의하여 확인될 수 있다. 입법기관별 입법형식과 권한은 아래 도표를 이용하여 쉽게 이해할 수 있다.

입법기관별 입법형식과 권한[12)]

입법기관	입법형식	입법권한
전국인민대표대회	헌법	개정 권한
	기본법	제정 권한
전국인민대표대회 상무위원회	헌법	해석 권한
	기본법	해석권한 및 개정 권한
	기본법 이외의 법률	해석권한 및 제정 권한
국무원	행정법규	법률의 시행 관련규정 제정
		위임입법권의 행사
		법령 범위의 행정법규 제정 권한
지방입법기관	지방성법규	법률 및 행정법규의 시행규정 제정
		지방성법규 제정 권한
정부 각 부처 및 국무원 각 위원회	부문규장	법률과 행정법규의 시행 관련규정 제정 권한
지방정부	지방정부규장	법률, 행정법규 및 지방성법규의 시행규정 제정 권한
		지방행정에 관한 규정 제정 권한

12) 도표, 朱羿锟, 전게서, p.8.

입법법의 규정에 의하면 전국인민대표대회와 그 상무위원회는 10개 입법영역[13]에서 배타적으로 법률의 제정권한을 행사한다. 이러한 입법영역에서 전국인민대표대회나 그 상무위원회의 권한위임이 없는 경우에는 국무원을 비롯하여 어떠한 기관도 법률을 제정할 수 없다. 또한 헌법의 개정권한도 전국인민대표대회가 행사한다. 헌법의 개정은 전국인민대표대회 대표 2/3 이상의 찬성으로 가능하며, 일반 법률이 통상의 다수결에 의하는 것과는 차이가 있다. 기본법률의 입법은 전국인민대표대회의 배타적 입법권한에 속하며, 예컨대 형사법, 민사법, 조직법 및 기타 헌법이 정하는 법률로서 홍콩특별행정구기본법 및 마카오특별행정구기본법 등이 있다. 전국인민대표대회 상무위원회는 헌법과 기본법률을 해석하고 기본법 이외의 법률을 제정할 권한이 있다.

국무원은 국가최고행정기관으로서 헌법 제89조가 정한 정부 기능상의 입법권을 행사하며, 법률의 시행에 관한 규정을 제정한다. 또한 국무원은 전국인민대표대회 및 그 상무위원회의 위임에 따라 전국인민대표대회 및 그 상무위원회의 배타적 입법권한에 속하는 사항에 대한 법률안도 제출한다.[14] 사실 대부분의 법률에 대한 입안은 국무원에 의하여 이루어지며 이는 전국인민대표대회나 그 상무위원회의 입법능력상 한계와 밀접한 관련이 있다. 또한 국무원은 부적절한 부문규장, 지방정부규장 등에 대한 변경 및 취소권을 행사한다. 국무원의 각 부처 및 위원회, 중국인민은행, 심계서 및 행정관리 기능을 가진 기관은 법률과 국무원의 행정법규·결정·명령에 근거하여 각자의 권한 범위 내에서 규장을 제정한다.[15]

---

13) 국가주권에 관한 사항, 각급 인민대표대회·인민정부·인민법원과 인민검찰원의 설치·조직 및 권한에 관한 사항, 민족구역자치제도·특별행정구제도 및 기층군중자치제도에 관한 사항, 범죄와 형벌에 관한 사항, 공민(국민)의 정치적 권리의 박탈 및 인신의 자유를 제한하는 강제조치와 처벌에 관한 사항, 비 국유재산의 수용에 관한 사항, 민사 기본제도, 기본적 경제제도 및 재정·세수·세관·금융 및 대외무역에 관한 사항, 소송과 중재제도, 전국인민대표대회 및 그 상무위원회가 법률을 제정할 필요가 있는 기타 사항이 여기에 해당한다. 입법법 제8조.

14) 중화인민공화국입법법 제56조.

회의에 상정할 것을 결정한다. 이에 비하여 하나 이상의 대표단 또는 30명 이상의 대표가 전국인민대표대회에 제출한 법안, 전국인민대표대회 상무위원회 위원 10명 이상이 연명하여 전국인민대표대회 상무위원회에 제출한 법안은 각각 주석단과 위원장회의의 까다로운 심사를 거쳐 회의에 상정될 것인가를 결정한다.21) 이러한 규정상의 차이로 인하여 다양한 이익 주체의 주장이 입법으로 반영되기 어려운 점이 있다.

3. 법률안의 심의절차

법률안의 심의절차는 전국인민대표대회 또는 그 상무위원회가 회의에 상정된 법안에 대하여 심사하고 토론하는 절차를 의미한다. 입법절차상 두 번째 단계에 해당한다고 할 수 있지만 매우 중요한 절차라 할 것이다. 심의 절차에서의 통과여부가 법률로 제정되는가 여부를 의미하기 때문이다. 법률을 제정하는 주체가 전국인민대표대회 및 전국인민대표대회 상무위원회로 이원화되어 있기 때문에22) 각각을 구분하여 설명할 필요가 있다.

1) 전국인민대표대회와 그 상무위원회의 입법권

1954년 헌법은 국가입법권이 전국인민대표대회에 전속됨을 규정하였고 전국인민대표대회 상무위원회는 오직 법률에 대한 해석권을 행사하였다. 1982년 헌법은 전국인민대표대회와 그 상무위원회가 국가입법권을 행사함을 명확히 규정하였는데, 입법영역에서 전국인민대표대회는 민사, 형사, 국가기구에 관련된 기본법률 및 기타 기본법률의 제정과 개정에 관한 권한을 행사하고, 전국인민대표대회는 전국인민대표대회가 제정하는 기본법률을 제외한 기타법률의 제정과 개정에 관한 권한을 행사한다.23) 또한 헌법 제

---

21) 孫潮 徐向华, "论我国立法程序的完善," 『中国法学』 2003(5), p.62.

22) 周旺生, 『立法硏究』(法律出版社, 2000), p.97.

67조의 (3)호를 보면, 전국인민대표대회 폐회기간에는 전국인민대표대회 상무위원회가 전국인민대표대회가 제정한 법률에 대하여 부분적인 보완과 개정을 할 수 있다.[24] 이러한 점에 비추어 전국인민대표대회 상무위원회의 입법권한도 매우 방대하다는 것을 이해할 수 있다.

입법권한의 행사와 관련하여 헌법에서 명기한 "기본법률", "기타 기본법률" 및 "기타법률" 개념[25]에 대한 현실상의 구분이 모호함으로 인하여 명확한 권한 배분이 어렵다는 것이 지적되고 있다. 전국인민대표대회에서 제정되어야 할 법률이 그 상무위원회에서 제정되는 경우도 있고, 반대의 경우도 있음이 지적되고 있다.[26]

한편, 전국인민대표대회가 제정한 법률과 그 상무위원회가 제정한 법률의 효력순위에 대한 문제에서, 학자에 따라서는 전국인민대표대회와 상무위원회가 이원적으로 입법권을 행사하고 있고, 기본법률과 기타법률이라는 개념을 설정하고 있는 이상, 기본법률과 기타법률은 상위법과 하위법의 관계에 있고, 양자가 충돌하는 경우 즉 기타법률이 기본법률에 충돌하는 경우에 특별법 우선의 원칙에 따라 기타법률은 무효라는 견해도 있다.[27]

그러나 비록 헌법이 기본법률, 기타의 기본법률 또는 기타법률이라는 용어를 사용하고 있지만 모두 국가입법기관이 제정한 법률이라는 점에서 공

---

23) 중국헌법 제62조 및 제67조. 입법법 제7조.

24) 전국인민대표대회 상무위원회는 1982년, 1986년 및 1995년에 각각 전국인민대표대회 제정의 선거법 및 지방조직법에 대한 전면 개정을 하였다. 입법법 공포 이후에는 2001년에 민족구역자치법에 대한 개정을 하였는데 원래의 67개 조문인 법률에 대하여 29개 조문을 개정, 12개 조문의 신설 및 2개 조문을 삭제하였다. 또 혼인법에 대하여도 37개 조문의 원래 법률에 대하여 21개 조문에 대한 개정, 17개 조문의 신설 및 1개 조문의 삭제를 한 바가 있다.

25) 개념적으로 기본법률의 범위는 형사적 기본법률, 민사적 기본법률, 국가기구에 관한 기본법률, 기타 기본법률로 구분할 수 있고, 기타 기본법률은 민사 형사 및 국가기구에 관한 기본법률을 제외한 것으로 전국인민대표대회가 제정하여야 하는 중요한 법률을 말한다. 乔晓阳, 『立法法』(中国民主法制出版社, 2000), p.85.

26) 张乘光, "全国人大及其常委会立法权限关系检讨," 『宪法学 行政法学』人民大学书报 资料 2004(10), p.19.

27) 张乘光, 전게논문, p.21.

통점이 있고, 법률의 효력에 대한 규정을 하고 있는 입법법 제5장의 내용으로 볼 때[28] 용어에 따라 그 효력순위를 정하는 것은 어려움이 있다고 보며, 법률 간 충돌의 문제는 법률효력에 대한 일반 원칙에 따라 해결해야 할 것이고, 따라서 전국인민대표대회가 제정한 법률과 그 상무위원회가 제정한 법률의 효력에는 차이가 없다고 보는 것이 필자의 견해다.

2) 전국인민대표대회의 법률안 심의절차

전국인민대표대회에 상정된 법률안의 심의는 다음과 같은 절차에 따라 이루어진다.

첫째, 법률안에 대한 설명을 청취한다. 전국인민대표대회에 상정된 법률안에 대하여 법률안을 제안한 자는 반드시 전국인민대표대회 회의에서 당해 법률안에 대한 설명을 하여야 한다. 입법법 제48조의 규정에 의하면 법률안의 설명에는 반드시 입법의 필요성과 주요 내용이 포함되어야 한다. 입법실무에서는 입법의 근거, 초안이 기초과정이 주로 설명되고 있지만, 시행의 가능성에 대한 논증은 거의 생략되고 있다.

둘째, 각 대표단 및 관련 전문위원회의 심의가 진행된다. 법률안을 제출한 자가 입법안에 대한 설명을 하고 나면 각 대표단이 법률안에 대한 심의를 한다. 이때 법안을 제출한 자는 직원을 파견하여 의견을 청취하고 질문에 회답한다. 또한 각 대표단의 요청에 따라 관련 기관이나 조직은 직원을 파견하여 상황을 설명한다. 관련 전문위원회 역시 법률안에 대한 심의를 하며 주석단에 심의의견을 제출하고 회의에 자료를 제공한다.

셋째, 법률위원회가 법률안에 대한 통일적인 심의를 한다. 법률위원회는 각 대표단과 관련 전문위원회의 심의 의견에 근거하여 법률안에 대한 통일적인 심의를 한다. 이를 토대로 주석단에 심의결과보고를 제출하고 법률초안에 대한 개정안을 마련한다. 중요사항에 대한 의견은 심의결과보고서에

---

28) 입법법 제78조, 제79조의 규정에서는 기본법률이나 기본법률 이외의 법률이라는 용어를 사용하지 아니하고 "법률"이라는 용어로 통일하여 법률의 효력에 대해 규정하고 있는 점에 주의할 필요가 있다.

서 설명하고 주석단회의의 심의를 거친 후 인쇄하여 회의에 제출한다.

넷째, 심의결과의 통과와 법률초안 개정안에 대한 문제가 있다. 전국인
민대표대회 주석단은 법률위원회가 제출한 심의결과와 법률초안 개정안에
대하여 검토한 후, 그 개정안에 대한 동의 여부를 결정한다. 또한 심의결과
와 법률초안의 개정안에 대한 개선을 요구할 수 있다.

전국인민대표대회에 상정된 법률안은 대개 한 차례 회의에서 통과가 결
정된다. 전국인민대표대회의 회기가 대개 20일을 초과하지 않기 때문이며,
법률안에 따라서는 심의과정에서 중대한 문제가 발생하여 통과가 보류되기
도 한다. 이러한 경우를 대비하여 전국인민대표대회의사규칙 제28조와 입
법법 제21조는, 주석단이 제안하여 전체회의에서 결정하되 상무위원회에
권한을 수권하여 대표들의 의견에 따라 수정하고 결정하도록 하고, 그 결정
상황을 전국인민대표대회 차기 회의에 보고하도록 할 수 있다고 규정한다.
또한 상무위원회에 수권하여 개정안을 제출토록 한 후 전국인민대표대회
차기 회의에서 심의 결정할 수 있다.[29]

입법안을 제출한 자는 입법안에 대한 철회를 할 수 있다. 다만 입법안의
처리 상황에 따라 그 철회방법상 차이가 있다는 점에 주의할 필요가 있다.[30]

---

29) 중국민사소송법의 예를 들면, 1981년 12월 3일 제5기 전국인민대표대회 제4차 회의
   에서 원칙적으로 민사소송법초안을 비준하고, 상무위원회에 수권하여 수정 후 공포
   시행토록 하였다. 이에 따라 1982년 3월 8일 제5기 전국인민대표대회 상무위원회
   제22차 회의에서 민사소송법(시행)이 통과되었다. 그 후 1991년 4월 9일 제7기 전국
   인민대표대회 제4차 회의에서 민사소송법이 통과되었다.

30) 입법안의 철회에 대한 내용으로 중화인민공화국입법법의 규정 외에, 전국인민대표대
   회조직법 제10조, 전국인민대표대회의사규칙 제27조, 전국인민대표대회 상무위원회
   의사규칙 제19조를 참조. 첫째, 입법법 제49조에 의하면, 전국인민대표대회 또는 그
   상무위원회에 제출한 법안인 경우 회의에 상정되기 전에 법안의 제출자는 그 법안을
   철회할 수 있다. 즉 입법안을 제출한 기관이 법률안에 대한 철회권을 행사한다. 둘째,
   입법법 제20조에 의하면, 전국인민대표대회에 제출된 법안의 경우, 법안에 대한 표결
   에 부치기 전에 법안의 제출자가 철회를 요구하는 경우에는, 그 이유를 설명하여야
   하고, 주석단의 동의를 거쳐 전국인민대표대회에 보고하고 난 후 그 법률안에 대한
   심의를 종료한다. 셋째, 입법법 제37조에 의하여, 전국인민대표대회 상무위원회에 제
   출된 법안으로서 표결에 부치기 전에 법안의 제출자가 철회를 요구하는 경우에는,
   그 이유를 설명하여야 하고, 위원장회의의 동의를 거쳐 전국인민대표대회 상무위원

3) 전국인민대표대회 상무위원회의 심의절차

중화인민공화국입법법의 규정 내용을 중심으로 전국인민대표대회 상무
위원회의 법률안 심의절차를 요약하면 다음과 같다.

첫째, 법률안을 제출한 자의 법률안에 대한 설명을 듣고 기초적인 심의를
한다. 입법법 제27조 제2항의 규정에 의하면, 상무위원회회의 제1차 법률안
심의는 전체회의에서 법률안을 제출한 자의 설명을 듣고, 조별 회의를 통하
여 기초적인 심의를 한다. 법률초안에 대한 설명은 법률제정의 필요성과
주요 내용을 포함하지만 대개 입법경과와 입법과정상 문제점을 설명한다.

둘째, 법률위원회의 법률안에 대한 수정내용과 주요 내용에 대한 보고를
청취하고 심도 있는 심의를 한다. 즉, 조별심의를 기초로 하여 법률위원회
가 법률안에 대한 수정을 가하고, 상무위원회회의는 전체회의에서 법률위
원회의 법률안에 대한 개정상황과 주요 문제점에 대한 보고를 청취하고 조
별로 심의한다.

셋째, 법률위원회의 법률안 심의결과에 대한 보고를 청취하고, 조별회의
에서 법률안 수정 원고에 대한 심의한다. 이것이 제3차 심의에 해당한다.

넷째, 법률안이 상무위원회의 3차에 걸친 심의에도 불구하고 여전히 중
대한 문제가 있다고 판단되는 경우에는, 위원장회의가 제안하고 조별 연대
회의 또는 전체회의의 동의를 거쳐 표결에 부치는 것을 보류하고 법률위원
회 또는 관련 전문위원회에 심층적인 심의를 하도록 한다.

회에 보고하고 난 후 그 법률안에 대한 심의를 종료한다. 넷째, 입법법 규정에 의하면
법률안의 심의종료에 대한 규정을 하고 있다. 전국인민대표대회 상무위원회에 제출
된 법안으로서 법률제정의 필요성 또는 가능성 등에 있어 중대한 문제가 있거나 의견
의 차이로 심의가 2년을 경과하는 경우, 심의를 중단한 후 2년이 경과한 법안에 대하
여는, 위원장회의를 통하여 상무위원회에 보고하고 당해 법률안에 대한 심의를 종료
할 수 있다. 다섯째, 하나 이상의 대표단 또는 30명 이상의 전국인민대표대회 대표의
연명, 전국인민대표대회 상무위원회 위원 10명 이상의 연명으로 제출된 법안의 철회
에서, 법안의 철회를 요구하기 위해서는 원래 발의를 한 인원의 과반수 이상의 철회
에 대한 찬성이 있어야 한다. 여섯째, 이미 회의에 상정된 법안의 경우 또는 심의를
마친 법률안의 경우에는 주석단의 동의 또는 상무위원회 위원장회의의 동의를 거쳐
야 철회할 수 있고, 법률안이 개정된 후에는 철회할 수 없다.

상술한 바와 같이 입법법은 전국인민대표대회가 원칙적으로 3차례에 걸친 법안 심의를 하도록 규정하고 있다. 즉, 입법법 제27조에 의하면, 전국인민대표대회 상무위원회에 상정된 입법안은 3차례에 걸친 상무위원회 회의의 심의를 거쳐 표결에 부치도록 하고 있다. 그러나 이해관계의 상충이 경미하고 의견조율이 잘 이루어지는 입법의 경우에는 두 차례 또는 한 차례의 심의로 표결에 부치는 경우도 있다. 또한 조별심의가 이루어지는 경우 법률안을 제출한 자는 인원을 파견하여 의견을 청취하고 질의에 대응한다. 상무위원회회의는 필요에 따라 전체회의 또는 조별 연대회의를 개최하여 법률안의 쟁점에 대한 토론을 할 수 있다. 법률안은 또한 관련 있는 전문위원회에서 심의하여 심의의견을 제출하고 상무위원회회의에 배포할 수 있다. 관련 전문위원회가 법률안을 심의할 경우 기타 전문위원회의 위원으로 하여금 회의에 참석하여 의견을 발표하도록 요청할 수 있다.

4. 법률안의 표결절차

법률안의 표결절차란 입법기관이 표결로써 법률안의 통과 여부를 결정하는 정식의 법적 활동이며, 입법절차의 중요한 단계로서 법률안이 정식의 법률로 승인되는가를 결정짓는 중요한 과정이다.

중국에서 전국인민대표대회 및 그 상무위원회를 통과하는 모든 법률안은 표결을 거쳐 통과 여부가 결정된다. 헌법개정안은 전국인민대표대회 전체대표의 2/3 이상의 다수로 통과된다. 또한 입법법 제22조와 제40조의 규정에 의하면, 전국인민대표대회에서 통과되는 법률안은 주석단이 전체회의에 상정하여 표결에 부치고, 전체대표의 과반수로 통과된다. 전국인민대표대회 상무위원회에서 통과되는 법률안은 위원장회의가 상무위원회 전체회의의 표결에 상정하여 상무위원회 전체위원의 과반수로 통과된다. 주의할 점은 개회에 필요한 법정인원수는 모두 그 재적인원의 2/3 이상이어야 한다는 것이다.

그런데 입법법의 규정에서 표결방법에 대한 구체적 규정을 찾을 수 없다. 전국인민대표대회조직법 제18조에 의하면, 전국인민대표대회 회의가 행하는 선거와 안건의 통과는, 주석단이 무기명 투표의 방식을 채택할 것인가, 거수로 표결할 것인가 또는 다른 방식을 채택할 것인가를 결정하도록 규정한다.[31] 전국인민대표대회 상무위원회 의사규칙 제33조는, 상무위원회의 안건의 표결은 무기명투표의 방식, 거수투표의 방식 또는 기타의 방식을 채택한다고 규정한다. 과거에는 주로 거수투표의 방식을 채택하였으나 1986년 제6기 전국인민대표대회 상무위원회 제15차 회의부터 전자표결의 방식을 채택하고 있다.

법률안의 표결절차상 전국인민대표대회에 상정된 법률안이든 전국인민대표대회 상무위원회에 상정된 법안이든 모두 전체대표 또는 전체위원의 과반수로 통과된다. 이로써 절대적 다수결 원칙[32]을 채택하고 있다는 것을 이해할 수 있다. 안건의 중요도에 따른 융통성 있는 변화가 요청된다고 할 것이다. 표결제도에서 특히 문제가 되는 것은 민주원칙이나 공개원칙의 적용이 필요하다는 것이다. 민주원칙의 강조는 표결에 있어 전국인민대표대회 또는 그 상무위원회 위원이 자유롭고 충분히 자신의 진실한 의사를 표현할 수 있도록 하는 것이고, 이는 곧 다수의 의견을 대변하기 위한 기초가 되는 것이다. 공개원칙의 적용은 표결 또는 그 결과를 공개하여 투표자로 하여금 인민대표대회의 대표 또는 그 상무위원회 위원의 태도나 입장을 이해하도록 하는 것이며, 이로써 국민대표에 대한 감독 및 대표의 책임감을 고취시킬 수 있다는 것으로 이해된다.[33]

---

31) 전국인민대표대회의사규칙 제53조도 같은 내용의 규정임.
32) 절대적 다수결 원칙이라 함은 모든 구성원의 과반수 표결로 통과되는 것을 말하며, 이와 상응하는 개념은 상대적 다수결 원칙이다. 상대적 다수결 원칙은 출석한 인원, 투표에 참가한 인원 또는 유효표의 과반수로 통과되는 것을 의미한다.
33) 陈寒枫, "国家立法机关会议制度和程序比较研究," 『宪法比较研究文集(一)』(南京大学出版社, 1993), p.385.

5. 법률의 공포절차

법률의 공포는 입법기관을 통과한 법률에 대하여 일정한 형식을 통하여 국민에게 공개하는 것이다. 법률이 입법기관을 통과하였다 하더라도 공포되지 아니하면 법적 효력을 갖지 못한다. 법률은 공포절차를 거쳐 시행일부터 효력을 가지므로 법률의 공포는 입법절차에서 중요한 단계라 할 수 있다.

전국인민대표대회 또는 그 상무위원회를 통과한 법률은 입법법 제23조 및 제41조의 규정에 따라 국가주석이 서명하고 주석령으로 공포한다. 주석령에는 당해 법률의 제정기관과 통과일자 및 시행일을 기재한다.

법률의 공포 일자에 대한 구체적인 규정은 없다. 실무에 의하면 전국인민대표대회 또는 그 상무위원회를 통과한 법률은 통과된 당일 국가주석이 주석령의 형식으로 공포한다. 법률의 공포 수단에 대하여 입법법 제52조는, 법률의 공포 후 즉시 전국인민대표대회 상무위원회 공보 및 전국 범위로 발행되는 신문지상에 게재하도록 하고 있고, 전국인민대표대회 상무위원회 공보에 게재된 것을 표준으로 한다고 명확히 하고 있다.

행정법규의 경우, 국무원을 통과한 행정법규는 국무원 총리가 공포한다. 과거에는 국무원이 제정한 행정법규제정절차잠행조례에 행정법규를 공포하였으나, 현재는 입법법 제61조의 규정에 따라 행정법규는 총리가 서명하여 국무원령으로 공포한다. 또한 행정법규의 서명 공포 후에는 즉시 국무원공보와 전국 범위에서 발행되는 신문지상에 게재된다. 입법법은 국무원 공보에 게재되는 행정법규의 내용을 표준으로 한다고 규정하고 있다.

6. 소결

상술한 바와 같이 입법법의 입법절차에 관한 규정에 의하면 전국인민대표대회 및 그 상무위원회에 법률안은 제안할 수 있는 권한을 가진 주체는 전국인민대표대회 주석단(의장단), 전국인민대표대회 상무위원회, 전국인민대표대회 각 전문위원회, 국무원, 중앙군사위원회, 최고인민법원, 최고인민검찰원과 하나 이상의 대표단 또는 30명 이상의 대표가 연명으로 법안을 제출할 수 있고, 전국인민대표대회 상무위원회에 법안을 제출할 경우를 생각하면 전국인민대표대회 상무위원회 위원장회의, 전국인민대표대회 상무위원회 위원 10인 이상이 추가되고, 이와 같이 법률안을 제출할 수 있는 주체가 한정된다.

사회주의 시장경제의 발달에 따라 이익단체가 증가하고 있고, 또한 노동자 청년, 부녀단체 및 소비자협회, 기업가협회 등 각 단체는 각자의 권리보호나 사회적 이익의 확대를 위하여 입법과정에 참여하기를 원하고 있다. 이러한 상황을 고려하면 법률안 제출권한을 가진 주체의 범위를 적절히 확대하고 그들의 요구를 최대한 반영해 나가는 것이 바람직할 것이라 판단된다.

특히 각 입법안을 제출할 권한이 있는 기관이 전국인민대표대회나 그 상무위원회에 제출한 입법안에 대하여 본회의에 상정할 것인가 여부는 전적으로 전국인민대표대회 주석단과 전국인민대표대회 상무위원회 위원장회의에서 결정된다는 점도 주의할 필요가 있다. 이와 같은 제도적 원인으로 인하여 대표단이 발의한 법안이나 30인 이상의 전국인민대표대회 대표가 연명한 법안, 10인 이상의 상무위원회 위원이 연명한 법안이 상대적으로 매우 까다로운 심사를 거쳐 회의에 상정될지 여부가 결정되는 경우가 많아 다양한 이해관계의 주장이 입법에 반영되기 어려운 점은 전술한 바와 같다.

IV. 입법기관의 입법권한 행사와 문제점

1. 전국인민대표대회와 그 상무위원회의 입법권한 행사와 문제점

중국의 입법법은 전국인민대표대회 및 그 상무위원회의 독점적·배타적 입법관할 사항으로 국가주권에 관한 사항, 각급 인민대표대회·인민정부·인민법원과 인민검찰원의 설치·조직 및 권한에 관한 사항, 민족구역자치제도·특별행정구제도 및 기층군중자치제도에 관한 사항, 범죄와 형벌에 관한 사항, 공민(국민)의 정치적 권리의 박탈 및 인신의 자유를 제한하는 강제조치와 처벌에 관한 사항, 비 국유재산의 수용에 관한 사항, 민사 기본제도, 기본적 경제제도 및 재정·세수·세관·금융 및 대외무역에 관한 사항, 소송과 중재제도, 기타 전국인민대표대회 및 그 상무위원회가 법률로 제정할 필요가 있는 사항을 규정하고 있다.

또한 중국 헌법은 형사, 민사, 국가기구 및 기타 기본법률의 제정과 개정에 관한 권한은 전국인민대표대회가 행사하도록 규정하고 있다.[34] 물론 전국인민대표대회 상무위원회는 전국인민대표대회가 제정해야 할 법률이외의 기타법률의 제정 및 개정, 전국인민대표대회 폐회기간 중 전국인민대표대회 제정의 법률에 대한 부분적인 개정과 보완의 권한을 가진다.

그러나 헌법에서 정한 전국인민대표대회의 입법권한이 실질적으로 행사되지 못하는 상황도 발생되고 있다. 예컨대, 민사소송법은 본래 전국인민대표대회에서 제정되어야 하는 기본법률에 해당한다고 볼 수 있다. 그러나 민사소송법은 전국인민대표대회 상무위원회에서 제정하여 1991년 4월 9일 제7기 전국인민대표대회에서 개정되는 사례가 있었고, 또한 도시주민위원회조직법의 경우에는 전국인민대표대회 상무위원회가 직접 제정하기도 하였다.

---

34) 중국헌법 제62조.

전국인민대표대회 상무위원회가 전국인민대표대회에서 제정한 법률에
대하여 보완이나 개정을 할 경우, 거의 전면개정의 수준에 달하는 개정을
하는 경우도 있다. 전국인민대표대회에서 제정한 선거법과 지방조직법에
대하여 전국인민대표대회 상무위원회는 1986년 및 1995년 두 차례에 걸친
개정을 한 바 있고, 이 개정과정에서 개정 보완된 대상 조문은 반 수 이상
에 해당한다. 특히 1980년 1월 1일 시행된 형법의 경우 전국인민대표대회
상무위원회에서 17차례의 개정이 이루어졌고, 24개의 형사 관련 법률이 제
정되었다. 전국인민대표대회 상무위원회의 개정 과정에서는 상당수의 중요
한 형법 원칙이 규정되기도 하였다.[35] 이러한 점에서 기본법률과 기본법률
이외의 입법이라는 이원적 법체계를 형성하고 있는 중국이지만 현실적인
제도 운영의 측면에서는 여러 가지 모순이 존재하고 있고, 현실상 양자의
법적 효력도 별 다른 차이가 없다.

2. 국무원의 행정법규 제정과 문제점

중국의 국무원은 국가의 최고행정기관으로서 헌법과 법률에 근거하여
행정조치를 규정하고 행정법규를 제정할 권한을 가진다.[36] 국무원의 행정
법규 제정권 행사는 정부 수립 이래 단행 법률의 결함을 보충하는 데 중요
한 역할을 하였고, 다른 한편으로 근거 법률이 없는 영역에서도 국가목적
달성을 위하여 많은 공헌을 하였다고 평가할 수 있다.

입법법 제56조에 의하면 전국인민대표대회 및 그 상무위원회가 법률로
제정해야 할 사항에 대하여 국무원이 전국인민대표대회 및 그 상무위원회
의 수권에 따라 먼저 행정법규를 제정한 경우에 당해 행정법규의 시행 경험
을 통하여 법률 제정의 조건이 성숙한 경우에 국무원은 전국인민대표대회

35) 万其剛, 전게서, p.130.
36) 헌법 제85조 및 제89조.

및 그 상무위원회에 법률의 제정을 제청하여야 한다.

이러한 입법법의 규정은 과거 중국의 법 제정 시스템의 경험을 반영한 입법으로 평가되고 있고, 이러한 점에서 우리 한국이 채택하고 있는 헌법, 법률을 근거로 하는 하향식 입법방식과는 상당한 차이가 있다. 특히 선 행정입법의 제정과 시행을 거친 후 조건이 성숙되면 법률을 제정하여 시행한다는 중국적 특색과는 대조된다. 물론 이러한 특징은 여러 가지 국가적 상황이 반영된 것이므로 단순히 우리나라 제도와 비교 평가하면 문제가 있다.

어떻든, 과거의 사례에서 국무원의 행정법규 제정과 관련하여 여러 가지 법적인 문제를 야기하기도 하였다. 예컨대, 소위 쑨쯔강사건에서 잘 나타난 바와 같이 위헌성 판단의 요구가 있었던 국무원의 「도시유랑걸인의 수용송환판법」에 대하여, 그에 대한 위헌 여부의 판단이 내려지기 직전에 국무원이 새로운 행정법규인 「도시생활에 정착하지 못하는 유랑걸인의 구조관리판법」을 제정하고 기존의 문제가 된 행정법규를 폐기한 바가 있다.[37] 기존에 시행되던 국무원의 행정법규가 국민의 헌법상의 신체의 자유를 불법적으로 제한하고 행정처벌법과 입법법의 규정에 저촉된다는 주장에 대한 판단은 결국 이루어지지 못하고 말았고, 이러한 사례를 통하여 국무원 행정법규 제정의 전형적인 문제점을 감지할 수 있다.

3. 지방성법규의 제정권한 행사와 문제점

중국 헌법에 의하면 각급 성, 직할시의 인민대표대회와 그 상무위원회는 헌법, 법률 및 행정법규와 저촉되지 않는 범위 내에서 지방성법규를 제정할 수 있고, 지방성법규를 제정하는 경우에는 전국인민대표대회 상무위원회에 보고 등록하여야 한다.[38] 또한 입법법 제8조에서는 전국인민대표대회 및

---

37) 정이근, 『중국공법학연구』(도서출판 오름, 2007), pp.54-55. 또한 헌법 제37조는 신체의 자유보장에 관한 규정으로 불법적인 구금의 금지와 신체의 자유에 대한 불법적인 박탈 또는 제한을 금지하고 있다.

행정법규를 제정하거나 국무원의 부문 및 위원회가 규장을 제정하는 경우를 비롯하여, 더 나아가서는 지방성법규 또는 지방정부규장으로 대체될 위험성이 있다.[47] 이러한 경우는 법률 형식의 입법이 결여된 경우 아래로부터 위로의 입법이 진행되는 경우가 있음을 고려하면 명확히 이해된다. 특히 문제가 될 수 있는 것은 부처 이기주의 또는 지방 이기주의가 심각히 반영된 지방입법이 국가입법권에 대항하는 경우도 있고, 다른 한편으로는 하위의 입법으로 해결될 수 있는 문제에 대하여도 높은 단계의 입법으로 제도화되는 경우도 있다.

2. 중국의 입법과 과제

본서에서는 입법권한의 문제에 한하여 검토를 하였지만 중국의 입법제도와 관련하여 더 상술하지 못한 한계가 존재하고 있다. 그러나 입법권한의 행사에 관한 문제는 본 장의 내용으로 한정하기로 하고, 중국의 입법제도 발전을 위한 과제로 다음과 같은 몇 가지 사항을 제시하고자 한다.

첫째, 입법에서는 최대한 국민의 권리구제를 고려하여야 할 것이다. 현재 헌법해석절차[48] 또는 위헌심사에 관한 제도적 확립이 시급하다는 주장이 다수 제기되고 있고 이러한 주장의 근거는 국민의 권리 확대와 직결되고 있다고 판단된다.

둘째, 입법의 과정에서 입법권한 있는 기관의 주체적 역할이 중요한 문제로 되고 있지만 절차의 운용에서 이해관계자 또는 일반 국민의 의사가 실질적으로 반영되어야 할 것이다. 왜냐하면 이것은 민주행정 나아가 법치주의 및 인민주권의 실현과 중요한 관계가 있기 때문이다.[49]

---

47) 具光辉, 전게논문, p.20.
48) 韓大元, "宪法解释程序法的意义思路与框架," 『宪法学 行政法学』 人民大学书报资料 2010年 1期, pp.45-52의 내용을 참고할 수 있다.
49) 국민의 입법참여에 관한 제도의 확립에 대하여는 韩复伟·刘 沛, "试析我国公众参与

셋째, 특히 행정입법에 대한 감독의 강화와 더불어 법제의 통일을 기하는 노력이 필요하다. 중국은 행정제도의 복잡성으로 인하여 지방입법이 상당 정도 보장되고 있고 이러한 이유로 지방이익에 중점을 둔 입법이 두드러지며 그 폐해 사례는 흔히 확인할 수 있다.

넷째, 입법을 담당하는 인력의 능력 및 소양 제고에 대한 지속적인 노력이 필요하다. 입법자의 능력과 소양은 입법의 질적 수준을 제고하는 중요한 요소이며, 이것은 입법의 주체들에 의한 이해의 개입을 방지하고 위민입법(爲民立法)을 실현하는 중요한 전제가 될 것이다.

立法制度的完善," 『法制与社会』 2009年 12(下), pp.345-346을 참조.

■ 참고문헌

乔晓阳. 『立法法』. 中国民主法制出版社, 2000.

万其刚, 『立法理念与实践』. 北京大学出版社, 2006.

徐向华, 『中国立法关系论』. 浙江人民出版社, 1999.

[俄]拉扎列夫 著, 王哲等 译. 『法与国家的一般理论』. 法律出版社, 1999.

王爱声. 『立法过程制度选择的进路』. 中国人民大学出版社, 2009.

郑二根. 『中国公法学研究』. 도서출판 오름, 2007.

朱羿锟. 『中国法概论』. 法律出版社, 2007.

周旺生. 『立法研究』. 法律出版社, 2000.

_____. 『立法学』. 北京大学出版社, 1994.

_____. 『立法学教程』. 北京大学出版社, 2008.

韩大元外. 『现代中国法概论』. 博英社, 2009.

具光辉, "立法制度的新进展与新问题." 『现代法学』2000年 第22卷 第3期.

孙潮 徐向华, "论我国立法程序的完善." 『中国法学』2003(5).

吴鹏, "经济特区授权立法制度应被废除." 『云南大学学报法学报』 第20卷 第1期, 2007
    年 1月.

张乘光. "全国人大及其常委会立法权限关系检讨." 『宪法学行政法学』人民大学书报
    资料 2004(10).

陈寒枫. "国家立法机关会议制度和程序比较研究." 『宪法比较研究文集(一)』. 南京大
    学出版社, 1993.

韩大元. "宪法解释程序法的意义思路与框架." 『宪法学行政法学』人民大学书报资料
    2010(1).

韩复伟 · 刘 沛. "试析我国公众参与立法制度的完善." 『法制与社会』2009年 12(下).

제2장 |
최고인민법원의 사법해석

I. 서언

대륙법계 국가들은 대개 영미법계 국가가 취하는 경험에 의한 법적인 문제 해결보다는 규범의 연역적 방법에 의하여 문제를 해결하고자 노력하여 왔고 성문법을 중심으로 한 이론적·논리적 전개를 중시하여 왔다고 볼 수 있다.[1] 또한, 성문법 체계는 문자를 통한 표현상의 한계로 인하여 법규의 진실한 내용을 파악하기 위하여 법 해석이라는 과정이 자연스럽게 필요하게 되었다고 할 수 있다.

법 해석은 일반적이고 추상적으로 규정되어 있는 법규의 내용을 구체적 사실에 적용할 수 있도록 그 의미와 내용을 명확히 확정하는 것을 뜻한다. 법 해석의 방법에는 대개 유권해석과 학리해석 등으로 구분된다. 법 해석

---

1) 권재열 외 9인 공저, 『법학개론』(법원사, 2006), p.32.

은 법이 내재하고 있는 가치나 정신을 객관화시키는 해석을 의미하고 이러한 점에서 법 해석은 객관성, 타당성, 합목적성, 법적 안정성 등을 확보해야 한다는 과제를 안고 있다.

중국에서 법 해석은 주로 입법해석,[2] 사법해석 및 행정해석[3]을 중심으로 이루어지고 있으며 학자들을 중심으로 정립되는 학리해석도 제도 발전에 상당한 역할을 하고 있다. 법 해석 가운데 특히 입법해석, 사법해석 및 행정해석 등 권한 있는 법 해석기관의 유권해석은 성문법규와 함께 법원(法源)으로 인정되어 재판의 기준이 되기 때문에 중국에서 유관기관이 내리는 유권해석의 내용은 중국법을 이해하는 필수적 요소가 되고 있다.[4]

법적 분쟁의 해결을 위한 재판의 근거가 되는 중요한 기준으로서 헌법이나 법률 또는 행정법규 등은 별도로 하고도, 인민법원이 내리는 사법해석 특히 최고인민법원의 사법해석은 재판에서 중요한 기준이다. 최고인민법원의 법 적용과 관련한 사법해석은 유사사건에 있어서 중요한 법원으로서 역할을 하고 있고, 물론 최고인민법원의 사법해석에 대하여는 제도상의 비판이 있지만 판결에서 해석상 논란이 될 수 있는 규정에 대하여 국가적으로 통일성을 유지한다는 점에서 중국적 제도의 특징을 보여준다.

즉, 중국 최고인민법원의 사법해석제도 운용은 특히 하급 법원에서 재판 절차를 진행하는 과정에서 법률의 적용에 대한 의문이 생기면 최고인민법원에 구체적인 해석을 요구하고, 최고인민법원은 법률의 구체적 적용을 위한 사법해석을 행하여 당해 사건의 해결은 물론 향후 예상되는 분쟁 해결의 통일적 기준을 제시한다.[5] 이는 최고인민법원이 최종적인 법률심 재판부

---

2) 법률초안의 심의 과정에서 입법기관이 행한 설명, 법률의 구체적 조문에 관한 의미 해석, 법률규범에 대한 행정해석과 사법해석의 불일치 또는 최고인민법원과 최고인민검찰원이 내리는 사법해석 사이의 불일치에 관한 해석이 입법해석에 속한다.

3) 행정주체가 법률, 법규, 규장 등에 대하여 내린 일반 추상적 해석 또는 설명이 행정해석에 해당한다.

4) 실정 법규의 제정이나 개정 미비에 대한 보완책으로 유권기관의 해석이 발전하게 되었다고도 볼 수 있다.

5) 예컨대 75개 조문의 행정소송법에 대한 최고인민법원의 의견은 115개 조문에 달하고,

로서 객관적 해석 또는 적용기준을 재판이라는 방식을 통해서뿐만 아니라 법률해석이라는 별도의 형식을 운용함으로써 법 해석의 통일성을 기하고 있다는 점에서 이해할 필요가 있는 것이다.

이처럼 중국 최고인민법원의 사법해석제도는 영미법 국가는 물론 성문 법주의를 채택하고 있는 대륙법계 국가에서도 찾아보기 어려운 매우 특징 적인 제도라는 점에서 검토의 의의가 있다. 이러한 전제 아래, 본 장에서는 중국 최고인민법원의 사법해석권 행사와 관련되는 사법해석제도를 검토하 고 그 제도적 특징이나 문제점을 검토해 볼 것이다. 구체적 내용으로는 최 고인민법원의 법적 지위와 권한, 법률해석 일반론, 최고인민법원의 사법해 석 사례, 사법해석과 관련되는 문제점에 관하여 논하고자 한다.

II. 중국 최고인민법원의 법적 지위와 권한

1. 의행합일 원칙과 최고인민법원의 법적 지위

주지하는 바와 같이 중국은 사회주의 국가로서 국가권력의 정립상 우리 와 같은 삼권분립원칙을 취하지 아니하고, 삼권분립에 상응하는 제도로서 의행합일(议行合一)[6]의 정치제도를 채택하고 있다.[7]

민법통칙 156개 조문에 대한 최고인민법원의 의견이 200개 조문, 민사소송법 270개 조문에 대해서는 320개 조문에 달하는 의견을 규정한 바 있다. 이러한 사법해석의 규 정은 해당 법률을 해석 적용하고 법적인 분쟁을 해결하는 근거가 된다.

6) 국가권력의 구조상 의행합일이라 함은 의회와 행정부의 합일을 의미하며, 국가권력이 의회와 행정부로 분리되어 행사되는 것이 아닐뿐더러, 의회우위의 이권분립체제에 가 까운 것 같으면서도 권력의 분립이라 하기보다 의회가 통일적으로 권력을 행사하고 행정부가 의회에 종속되는 권력구조로 이해할 수 있다.

7) 许崇德, 『中国宪法』(中国人民大学出版社, 1999), p.52.

현행 헌법의 의행합일 원칙에 의하여 국가행정기관, 재판기관, 검찰기관
은 모두 인민대표대회에 의하여 구성되고, 인민대표대회에 대하여 책임을
지며, 인민대표대회의 감독을 받도록 되어 있다. 따라서 중국의 권력기관이
자 입법기관인 인민대표대회는 삼권분립체제하의 입법부처럼 행정부나 법
원과 함께 상호 견제나 균형의 관계에 있는 것은 아니다.

1949년 10월 22일 처음 설립된 중국의 최고인민법원은 국가의 최고재판
기관이다. 최고인민법원은 지방 각급 인민법원 및 전문 인민법원의 재판
업무를 총괄 감독하며, 전국인민대표대회 및 그 상무위원회에 대하여 책임
을 진다. 전국인민대표대회는 최고인민법원장을 선출하고 또한 최고인민법
원장에 대한 파면권을 행사한다. 전국인민대표대회 상무위원회는 최고인민
법원의 업무를 감독하고 최고인민법원장의 제청에 의하여 최고인민법원 부
원장, 재판관, 재판위원회위원 및 군사법원장을 임면한다.

2. 최고인민법원의 권한

재판기관으로서 최고인민법원은 다음과 같은 사건을 관할한다. 즉, ①법
률, 법령의 규정이 최고인민법원을 관할법원으로 하는 경우, 또는 최고인민
법원이 자신이 심판할 필요가 있다고 인정하는 제1심 사건을 관할하고, ②
하급법원이 법률의 규정에 따라 이송한 제1심사건, ③고급인민법원, 전문
인민법원의 판결 및 재정에 대한 상소사건 및 항소사건을 관할하며, ④최고
인민검찰원이 재판감독절차에 따라 제기한 항소사건을 처리한다.[8]

또한 최고인민법원은 사형의 집행에 대한 허가권을 행사한다. 사형의 경
우 최고인민법원이 사형을 판결하는 경우를 제외하고, 각급 인민법원 및
인민해방군 군사법원의 판결 또는 재정에 의한 사형집행 사건의 경우 반드
시 최고인민법원에 허가를 받아야 한다. 최고인민법원은 사형집행에 대한

8) 韓大元 外 9人, 『現代中國法槪論』(博英社, 2009), p.109.

결정권을 행사한다. 최고인민법원은 지방 각급 인민법원과 전문 인민법원
의 재판업무에 대한 감독권한이 있으며, 하급 법원의 판결이나 재정에 대한
오류가 있다고 판단되는 경우 재심을 권고하거나 명령할 수 있다.

상술한 권한뿐만 아니라 최고인민법원은 재판과정에서 법률이나 법령을
구체적으로 어떻게 적용할 것인가 하는 데 대한 해석을 할 권한을 가진다.
또한 하급 인민법원에서 제기한 법률의 적용과 관련하여 필요한 권한을 행
사한다.

3. 최고인민법원의 사법해석권과 판례의 기능

중국은 기본적으로 성문법체계를 채택하는 국가에 속하므로 판례를 법
의 연원으로 하지 아니하고, 따라서 판례를 재판의 근거나 법 적용의 근거
로 할 수 없다. 최고사법기관인 최고인민법원의 사법해석은 재판과정에서
의 구체적인 법률 적용에 대한 해석이며, 판례 적용에 대한 해석이 아니다.
관련 법률의 규정에 의하면 중국의 사법해석은 판례의 적용에 관한 해석은
포함하지 아니한다.

중국에서 판례가 법의 연원이 아니라는 것이 곧 판례가 중국의 사법실무
에서 별 의미가 없다는 것으로 이해할 수는 없다는 것에는 주의할 필요가
있다. 최고인민법원이 판결에서 밝히고 있는 법률에 대한 해석 내용은 하
급법원의 재판실무에서 중요한 지침이 되고 있다. 즉, 상급법원의 판례가
선례구속의 효력은 갖지 못하지만, 하급 법원의 재판실무에서 중요한 참고
사례가 되고 있는 것이다.[9]

---

9) 曹海晶, 『中外立法制度比較』(商务印书馆, 2003), p.410.

III. 법률해석 일반론

1. 법률해석의 필요성

중국에서 법률해석은 해석의 주체와 효력의 차이에 따라 정식해석과 비정식해석으로 구분되는데, 정식해석은 법정해석 또는 유권해석이라 하며 정식해석은 입법해석, 사법해석 및 행정해석으로 구분되고 있다.10) 법률해석의 구분과 더불어 특히 법률에 대한 정식해석의 필요성에 대하여는 여러 가지 견해가 있지만 학계에서 주장되고 있는 법률해석의 필요성은 다음과 같이 요약할 수 있다.11)

첫째, 법률규범의 제정은 명확성이 요구되지만, 법 규범은 추상적이고 개괄적인 행위규범이 될 수밖에 없고, 또한 일반적인 적용 조건, 행위 방식 및 법적 효과를 모두 규정할 수도 없다. 이러한 추상적이고 개괄적인 법 규범을 현실의 법 현상에 적용하기 위해서는 법 규범에 대한 해석이 필요하다.

둘째, 법 규범은 상대적으로 안정된 규칙이지만 사회생활은 수시로 변화되고 있다는 상황과 관련이 있다. 즉, 상대적으로 고정된 법 규범을 변화하는 현실에 적용하기 위해서는 필요한 해석을 가할 필요가 있다.

셋째, 국가가 법 규범을 운용하는 과정에서 불가피하게 서로 다른 기관에 의하여 법 규범이 제정되고 집행된다. 따라서 이 과정에서는 법 규범 사이에 모순이 생길 수 있고 그 한계가 모호한 경우가 있다. 이러한 경우 법 해석을 통하여 해결할 수 있다.

---

10) 법률해석의 구분과 관련하여, 비정식해석은 비법정해석 또는 무권해석이라 하며 법적인 효력이 없는 해석을 지칭한다. 비정식해석은 임의해석과 학리해석으로 구분된다. 이 외에, 법률의 해석은 그 효력범위의 차이에 따라 규범적 해석과 개별적 해석으로 구분하고, 해석의 정도에 따라 문리해석, 제한해석, 확장해석으로 나누며, 해석의 방식에 따라 문법해석, 체계적 해석, 역사적 해석 및 논리해석 등으로 구분된다. 각 관련 내용은 韓大元 外 9人, 전게서, pp.38-40을 참조.

11) 韓大元 外 9人, 전게서, p.37.

넷째, 법 규범은 경우에 따라서 전문 기술적인 개념으로 구성되어 쉽게 이해되지 않는 경우도 있다. 동일한 법 규범에 대하여도 서로 다른 이해가 있을 수 있으므로 권위 있는 법 해석기관의 해석으로써 법에 대한 인식을 통일할 수 있다.

2. 법치주의 실현과 사법해석

법치주의의 실현 및 사법권[12] 행사와 관련하여 특히 중국의 소송법상 중요한 원칙으로서 "사실을 근거로 하고, 법률을 기준으로" 하는 원칙이 있다.[13] 이러한 원칙의 요구는 법률의 존엄에 대한 요구이기도 하지만, 법치주의의 실현 및 사법권 행사와 관련한 이해가 필요하다.

"사실을 근거로" 하는 원칙에서 말하는 "사실"은, 입법자의 입장에서는 객관적 사실이지만 법관의 입장에서 보면 법관이 인정한 사실일 뿐이고, 따라서 증거에 의하여 증명된 사실이다. 법관이 추구하는 사실은 증거로 증명되는 법적 사실이며, 법적 사실이 항상 객관적 사실과 일치한다고는 할 수 없다. 이러한 가정이 성립한다면, 입법자가 설정하는 법치와 사법 실무에서 이해하는 법치 사이에는 일정한 거리가 있다고 할 것이다.

"법률을 기준으로" 하는 원칙에서 "법률"은 입법자의 입장에서는 의회가 제정한 법률이다. 그러나 사법적 측면에서 보면, 의회가 제정한 법률은 법의 연원의 일종으로 이러한 법률은 대개의 경우 법관이 재판을 하는 데 기준이 될 뿐이다. 입법기관이 정한 법률이 발생 가능한 법원의 모든 사건을 예측할 수 없고, 법관이 재판을 하는 경우 의회가 제정한 법률에만 의존할 수 없다. 법관이 재판을 하는 경우에는 의회가 정한 성문법 외에도 국가

---

12) 사법권은 대개 법원의 사법해석권과 재판권을 의미하는 것으로 이해되지만, 특히 중국에서의 사법권은 법원의 재판권은 물론 검찰원의 법률 감독권도 포함한다.

13) 중국 민사소송법 제7조, 형사소송법 제6조 및 행정소송법 제4조 참조.

가 인정하는 관습법이나 국제조약 또는 공평, 정의관념, 공서양속, 법리가 인용된다. 법관은 복잡하고 부단히 변화하는 사회 속에서 제정법 이외의 기타 법 연원을 수용하게 되는 것이다.[14]

성문법전은 행위규칙으로서 사회질서를 유지하기 위해 필수적인 것이다. 법률규범이 존재하지 않는다면 법치국가는 현실적으로 기대하기 어렵다. 그러나 법률규범을 의회가 제정한 법률로만 한정할 수는 없다. 넓은 의미의 법치는 성문법에 추가하여 법관이 창조한 법에 의한 통치를 포함한다.

어떤 국가가 법치국가인지 여부를 식별하는 기준은 다양하게 제시되고 있다. 민주 자유에 관한 규칙체계를 수립하고 있는지 또는 사회적 분쟁을 최종적으로 사법기관의 재판을 통하여 해결하는지 여부는 법치국가 여부를 판단하는 중요한 기준이 된다. 특히 사법기관이 독립된 기관으로 위치할 경우 법치국가는 정상적인 궤도에 오를 수 있다. 법률은 스스로 실현되는 것이 아니고, 법률이 설정한 목표의 실현은 법관의 창조적 법 해석과 적용의 과정을 떠나 생각하기 어렵고, 이러한 점에서 법 해석은 법치국가의 실현과 매우 밀접한 관계가 있는 것이다.[15]

3. 법률해석의 주체

중국은 성문법 국가로 정식의 법원은 주로 제정법으로 이루어져 있다. 그러나 비제정법인 법률의 해석에 대해서도 법원성(法源性)을 인정하고 있다. 법원성을 인정하는 법률의 해석은 사법해석에 그치지 아니하고 입법해석과 행정해석도 존재하고 있다. 그러나 현실적으로 법률에 대한 해석은 주로 사법기관 및 행정기관에 의하여 이루어진다. 입법기관에 의하여도 법률에 대한 해석이 이루어지지만 입법기관의 주된 기능이 해석보다는 입법

---

14) 毕玉谦, 『民事证据法与其程序功能』(法律出版社, 1997), p.76 이하.
15) 陈金钊, 『法律解释的哲理』(山东人民出版社, 1999), p.94.

에 치중되고 있기 때문이다.

바꾸어 말하면, 법률에 대한 해석은 주로 사법기관 및 행정기관에 의한 해석이 절대 다수를 차지하고 있는데, 법률해석은 대개의 경우 법의 집행이나 재판 과정에서 법률을 해석하여 구체적 사건을 해결하기 위하여 필요하고, 이러한 필요성은 각 사법기관이나 행정기관의 기능과 밀접한 관계가 있다. 즉 입법기관은 사법이나 행정에 참여하지 않는 관계로 자체적으로는 구체적인 해석의 필요성을 느끼지 못하는 것이다. 사법 및 행정기관이 그 권한을 행사하는 과정에서 발생하는 법률의 해석에 관한 문제를 모두 입법기관에 해석을 맡기는 경우에는 현실적으로 입법기관이 이를 감당해 내기도 어렵다.

중국에서 법원성이 인정되는 법 해석은 최고국가권력기관(의회)의 해석, 국가사법기관(법원 및 검찰원)의 해석, 중앙국가행정기관의 해석, 지방 국가권력기관과 행정기관의 해석을 포함하는데, 1981년 전국인민대표대회 상무위원회에서 통과된 「법률해석업무 강화에 관한 결의(关于加强法律解释工作的决议)」에 의하면, 법률에 대한 해석권의 귀속에 대하여 다음과 같이 정하고 있다. 즉,

(1) 법률 또는 법령의 조문 자체에 대한 명확성이 요구되거나 보충적인 규정이 필요한 경우에는 전국인민대표대회 상무위원회가 해석을 내리거나 법령의 형식으로 정한다.

(2) 법원의 재판과정에서 발생하는 법률 또는 법령의 구체적 적용에 관한 문제에 대하여는 최고인민법원이 해석을 하고, 검찰기관의 업무상 발생하는 법률이나 법규의 구체적 적용에 관한 문제는 최고인민검찰원이 해석을 내린다. 동일한 사안에 대하여 최고인민법원과 최고인민검찰원 사이에 해석상 차이가 있는 경우는 전국인민대표대회 상무위원회의 해석에 따른다.

(3) 법원이나 검찰 업무에 속하지 않는 사항으로서, 법률이나 법령을 어떻게 적용할 것인가 하는 문제에 대하여는 국무원 또는 주관 부문이 해석을 내린다.

(4) 지방성법규의 규정에 대한 명확한 해석이나 보충적인 규정이 필요한
경우에는 법규를 제정한 성, 자치구, 직할시 인민대표대회 상무위원
회가 해석 또는 보충규정을 정한다. 지방성법규의 적용에 대한 문제
는 성, 자치구, 직할시 인민정부의 주관 부처가 해석을 한다.

상술한 네 가지 결의 내용 가운데 최고인민법원의 법률해석은 특히 중요
한 의미를 가진다. 법률의 해석에 있어 국가권력기관인 전국인민대표대회
상무위원회는 현실적으로 극히 소수의 해석을 내리고 있고, 구체적인 사법
구제에서 대다수의 경우 최고인민법원이 사법해석을 내리고 있기 때문이
다. 물론 지방 인민대표대회 상무위원회나 관련 부처에서도 해석을 내리고
있지만 이러한 경우도 대개 인민법원이 재판을 하는 과정에서 적절한 사법
적 심사가 이루어지고 있고, 인민법원이 당해 해석이 입법의도에 부합하지
않는다고 인정하는 경우에는 비록 그에 대한 취소 또는 무효를 선고하지는
못하지만, 판결에서 적용을 배제하거나 사법해석으로 대체할 수 있기 때문
이다.16)

4. 법률해석의 대상

법률해석의 대상과 관련하여, 법률해석의 대상이 법규범이라는 주장17)
이 있고, 법조문이라는 주장18)이 있다. 양자를 개념상 구분하면, 일반적으
로 법규범은 국가가 제정하거나 승인한 것으로 국가가 강제력으로 그 시행
을 보장하는 행위규칙으로 이해되고 있고, 법규범은 성문법에서는 법조문
에 의하여 구체화된다. 그런데 법규범은 여러 개의 법조문으로 나타날 수

---

16) 姜明安, 『行政法与行政诉讼法』(北京大学出版社, 2005), p.56.
17) 『중국대백과전서 법학편』(중국대백과전서출판사, 1984), p.81.
18) 『신편법학사전』(산동인민출판사, 1984), p.246.

있고, 하나의 조문이 여러 가지 법규범을 포함할 수 있기 때문에 개념상 양자는 구별된다.[19)]

전국인민대표대회 상무위원회의 「법률해석업무 강화에 관한 결의」 제2항에 의하면, 법원의 재판 과정에서 발생하는 법률 또는 법령의 구체적 적용에 관한 문제에 대하여는 최고인민법원이 해석을 하고, 검찰기관의 업무와 관련하여 발생하는 법률이나 법규의 구체적 적용에 관한 문제는 최고인민검찰원이 해석을 내린다고 규정되어 있다.

이 규정에 의하면 일반 추상적 법률조문 그 자체로는 사법해석의 직접대상이 되지 아니한다. 상무위원회의 위 결의 제1항에서는 법률이나 법령조문 자체에 대한 명확성이 요구되거나 보충 규정이 필요한 경우에는 전국인민대표대회 상무위원회가 해석을 내리거나 법령의 형식으로 규정한다고 명확히 하고 있기 때문이다. 따라서 사법기관은 권한 범위 내의 업무와 관련된 법률이나 법령의 구체적인 적용에 관한 문제가 아닌 경우에는 해석을 내릴 수 없고, 특히 일반 추상적인 법률조문 자체에 대하여 직접 해석을 내릴 수 없다.

상술한 상무위원회의 결의를 고려하면, 법률해석의 과정에서는 두 가지 사항에 대한 고려가 필요하다. 즉 해석주체와 성문법의 문제 및 해석주체와 구체적 사실관계의 문제이다. 즉 법률해석은 성문법에 한정할 수 없고 상응하는 법적인 사실도 포함되어야 하는 것이다. 양자를 모두 고려하지 않은 해석은 불충분한 해석이 된다. 중국에서 재판이든 검찰업무든 성문법 규정과 법적 사실관계를 떠나서는 생각할 수 없다. 따라서 법률해석의 대상은 성문법과 법적 사실관계를 모두 포함하는 것으로 이해할 수 있다. 그러나 해석주체의 법적 사실관계에 대한 해석은 주관적이고 자의적인 해석을 의미하는 것은 아니며, 법률해석이 입법취지와 원칙을 벗어나서도 곤란하다.[20)]

---

19) 沈宗灵, 『法学基础理论』(北京大学出版社, 1988), p.38.
20) 陈金钊, 전게서, p.57.

5. 사법해석의 주체

전국인민대표대회 상무위원회의 「법률해석업무 강화에 관한 결의」에 의
하면, 법원의 재판 과정에서 법률 또는 법령의 구체적 적용에 관한 문제에
대하여는 최고인민법원이 해석을 하고, 검찰기관의 업무 수행과 관련된 법
률이나 법규의 구체적 적용에 관한 문제는 최고인민검찰원이 해석을 내리
고, 최고인민법원과 최고인민검찰원 사이에 해석상 차이가 있는 경우에는
전국인민대표대회 상무위원회에 해석이나 결정을 요청하여 그에 따르도록
하고 있다. 중국의 인민법원조직법과 인민검찰원조직법도 이와 유사한 규
정을 두고 있다.

이러한 규정으로 미루어 볼 때, 중국은 사법해석의 주체가 이원화되어
있음을 알 수 있다. 즉 사법해석의 주체는 최고인민법원과 최고인민검찰원
이며 그 외 하급 법원이나 검찰원은 사법해석권이 없다. 하급 사법기관은
최고인민법원 또는 최고인민검찰원의 해석에 따라 업무를 처리하게 된다.
최고사법기관인 최고인민법원은 법률에 대한 해석권한을 가질 뿐 위헌심사
권은 갖지 못한다. 합헌성에 대한 심사는 전국인민대표대회 상무위원회가
행한다.21)

중국에서는 법원의 사법해석이라 하면 최고인민법원의 사법해석으로 이
해하고, 원칙적으로 지방 또는 보통 하급법원의 사법해석을 사법해석에서
제외한다.22) 검찰해석권은 검찰기관이 검찰업무를 수행하는 과정에서 법
률의 구체적 적용에 관하여 내리는 해석 권한이다. 검찰해석 역시 최고인
민검찰원이 내리는 사법해석을 지칭하는 것이다.

전국인민대표대회 상무위원회의 「법률해석업무 강화에 관한 결의」에 의

---

21) 曹海晶, 전게서, p.408.
22) 1987년 최고인민법원의 「지방 각급 인민법원의 사법해석 성격의 문건제정 금지에
   관한 비복」에 의하면, 지방 각급 인민법원은 사법해석의 성격을 갖는 규범을 제정할
   수 없다. 따라서 구체적 사건에서 해당 법원이 법률에 대한 해석을 하더라도 당해
   사건에 한하여 효력이 발생한다고 이해할 수 있다.

하면, 최고인민법원과 최고인민검찰원의 해석상 차이가 있는 경우에는 전국인민대표대회 상무위원회의 해석 또는 결정에 따르도록 하고 있다. 이와 관련하여, 검찰해석을 사법해석으로 인정하는 데 대하여 의문을 제기하는 주장도 있다. 검찰해석의 효력을 부정하는 주된 이유는 검찰기관이 법적 효력 있는 해석을 내리고 이러한 해석을 재판기관으로 하여금 준수하도록 요구하면, 결국 법원이 수사기관의 의견에 따라 범죄를 확정하고 양형을 하는 형국이 된다. 이는 공안, 검찰, 법원 세 기관 사이의 업무분담에 관한 원칙 또는 사법독립의 원칙에도 부합하지 않는다는 것이다.[23]

6. 법 해석의 한계와 상호관계

중국에서 법의 해석은 입법해석, 행정해석 또는 사법해석을 불문하고 법의 연원으로서 모두 법적 효력을 가진다. 다만 입법해석, 행정해석 및 사법해석은 해석상 다음과 같은 한계를 가진다. 첫째, 법에 대한 해석은 법 본래의 범위를 초과해서는 아니 되고, 법이 본래 설정하지 아니한 권리나 의무를 설정해서는 아니 된다. 둘째, 법 해석 기관은 법률의 해석에 관한 권한이 있어야 하고 헌법, 조직법 또는 구체적인 법률 규정의 수권이 없는 경우에는 어떠한 기관이 내리는 법 해석도 효력을 인정할 수 없다. 셋째, 법 해석 역시 법정절차를 준수해야 하는 바, 정해진 토론 또는 심의를 거쳐야 하는 경우, 특정한 기관의 허가 또는 승인을 거쳐야 하는 경우 등이 있다.

법 해석상 입법해석, 사법해석 및 행정해석의 효력 순위는 일반적으로 입법해석이 사법해석이나 행정해석에 우선하고, 사법해석은 행정해석에 우선한다. 행정기관이 법 집행을 위하여 법률에 대한 해석을 내리는 경우에는, 행정기관이 행한 법 해석은 행정상대방과 행정기관 자신을 구속하는 법적 효력이 있다. 법원은 재판 과정에서 법률의 적용에 대하여 행정해석

23) 曹海晶, 전게서, p.409.

을 존중해야 하지만 행정해석에 구속되지 아니하며, 법원은 자체 해석으로써 행정해석에 갈음할 수 있다. 법원의 사법해석은 법원 자체에 대하여 구속력을 가질 뿐 아니라 행정기관의 행정행위에 대하여도 구속력을 가진다. 그러나 입법기관은 법원의 사법해석이 입법취지나 입법정신 또는 법 원칙에 위반하는 것으로 인정하는 경우 입법기관 스스로 해석을 내려 그 사법해석에 대체할 수 있다. 이때 법원과 행정기관은 입법해석을 따라야 한다.24)

IV. 최고인민법원의 사법해석 사례

1. 최고인민법원의 사법해석 근거 및 기준

중국의 현행 헌법에서는 최고인민법원의 사법해석 권한에 대하여 명문으로 규정하고 있지 않고 있다. 최고인민법원이 내리는 사법해석은 1997년 6월 23일 공포한 「최고인민법원의 사법해석 업무에 관한 몇 가지 규정」(이하 사법해석에 관한 규정이라 한다)에 의하고 있으며, 이 규정은 「인민법원조직법」과 전국인민대표대회 상무위원회의 「법률해석업무 강화에 관한 결의」를 근거로 제정된 것이다. 이 사법해석에 관한 규정은 모두 17개 조문으로 이루어져 있고 내용을 요약하면 다음과 같다.

인민법원이 재판을 하는 과정에서 발생하는 법률의 적용에 관한 문제는 최고인민법원이 사법해석을 내린다. 최고인민법원이 내린 사법해석은 반드시 재판위원회의 토론을 거쳐야 하며, 최고인민법원이 제정 및 공포한 사법해석은 법적 효력을 가진다.25)

---

24) 姜明安, 전게서, p.59.
25) 「최고인민법원의 사법해석 업무에 관한 몇 가지 규정」 제2조에서 제4조.

사법해석의 초안은 최고인민법원의 각 재판부 또는 실(室)에서 책임을 맡아 마련하지만 초안에 관한 심사는 주로 연구실에서 맡아 처리한다. 사법해석은 재판위원회의 토론을 거친 후, 최고인민법원의 공고 형식으로 인민법원보에 게재하여 공표하며, 이와 동시에 각 하급 법원에 하달한다.

최고인민법원이 내리는 사법해석의 형식은 해석(解釋), 규정(規定), 비복(批復)으로 구분된다. 구체적인 적용은 다음과 같다. 법률규정을 어떻게 적용할 것인가 하는 문제, 또는 특정 유형의 사건이나 문제에 대하여 어떻게 법률을 적용할 것인가에 대한 규정은 "해석"의 형식을 취한다. 재판상의 필요에 근거하여 제기한 규범이나 의견에 대하여는 "규정"의 형식을 취한다. 고급인민법원, 인민해방군 군사법원의 재판상 법률적용에 관한 질의에 대한 회신은 "비복"의 형식을 취한다.26)

사법해석의 형식으로 상단에는 사법해석의 명칭을 기재하고, "ㅇ년 ㅇ월 ㅇ일 최고인민법원 재판위원회 제ㅇ차 회의 통과"라는 내용을 기재한다. 또한 문서번호와 사법해석의 형식(해석, 규정 또는 비복으로 구분)을 명시하고 주요 발송기관을 기재한다. 정문(正文) 부분에서 사법해석의 구체적인 내용을 기재한다.

사법해석은 인민법원보에 공개적으로 공표한 날을 효력발생일로 하고, 다만 사법해석에서 별도로 정한 경우는 그에 따른다. 사법해석은 새로운 법률이 공포되거나 기존의 법률이 개정, 폐지 또는 새로운 사법해석이 있는 경우에는 그 효력을 상실한다. 사법해석에 대한 개정 또는 보완 및 폐지는 사법해석을 기초한 재판부 또는 실에서 구체적인 의견을 제시하여야 한다.27)

사법해석과 관련 법률규정을 동시에 인민법원의 판결 또는 재정의 근거로 한 경우에는 판결문 또는 재정문서에 그 인용의 출처를 기재하여야 한다. 사법해석을 판결 또는 재정의 근거로 인용한 경우에는 먼저 적용한 법률규정을 기재하고, 그 다음으로 적용한 사법해석 조항을 기재한다.

---

26) 「최고인민법원의 사법해석 업무에 관한 몇 가지 규정」 제9조.
27) 「최고인민법원의 사법해석 업무에 관한 몇 가지 규정」 제11조에서 제13조.

이외에도 사법해석에 관한 규정에서는 최고인민법원이 지방 각급 인민법원의 사법해석의 적용 및 운용에 대한 감독권을 행사하도록 규정하고 있고, 상급인민법원 역시 하급인민법원의 사법해석 적용에 대한 감독권을 부여하고 있다.

광의적 의미로 사법해석은 최고인민법원의 사법해석뿐 아니라 위임에 의한 지방 각급 인민법원 및 전문 인민법원의 해석을 포함한다. 법원이 해석, 규정, 비복 등의 형식으로 내리는 사법해석 성격의 문건뿐 아니라, 법관이 재판과정에서 구체적 사건과 관련한 법률 규정에 대하여 내리는 구체적 개별 해석도 포함된다. 물론 법관이 재판과정에서 구체적 사건과 관련한 법률 규정에 대하여 내리는 구체적 개별 해석은 판례법적 효력을 갖지는 못한다. 그러나 향후 동일한 유형의 사건에 대한 판결에서 무시할 수 없는 것이다. 즉 법률적용의 연속성 및 안정성과 관련되고, 법원의 공정한 판결과 관련되기 때문에 법관의 개별 사건에 대한 해석은 중요한 의미를 가진다.28)

2. 입법법 제정 이전의 사법해석 사례

최고인민법원의 사법해석 가운데 헌법이 정한 국민의 기본권과 밀접한 관련이 있는 법률 규정에 대한 사법해석의 사례가 다수 존재한다. 후술하는 사례들은 기본권 보장과 관련하여 매우 중요한 사법해석이라 할 것이다.

1) 노동권의 효력에 관한 사법해석 사례

1988년 최고인민법원은 헌법이 규정한 국민의 노동권의 효력에 대하여 사법해석을 내린 바, 즉 「고용계약상 공상에 대하여 책임을 지지 않는다는 내용이 유효한지 여부에 관한 비복」에서 최고인민법원은 다음과 같은 해석

---

28) 姜明安, 전게서, p.57.

을 한 바 있다. 즉, "노동자에 대하여 노동보호를 행하는 것은 헌법에서 이미 명문으로 규정하고 있고, 이는 노동자가 향유하는 권리에 해당한다. 장모 및 허모는 고용자로서 피고용자에 대하여 마땅히 노동보호를 하여야 함에도 불구하고 직원초빙기록표에서 공상의 발생에 대하여 책임을 지지 않는다고 기록하고 있는 바, 이러한 행위는 헌법과 관련 법률에 부합하지 아니할 뿐 아니라 사회주의 공덕을 심각히 위반하여 무효인 행위에 해당한다."고 해석하였다.

이 사법해석은 헌법상의 기본권이 침해된 경우로 개별 법률이 여기에 대한 구체적이고 명확한 규정을 하고 있지 않은 경우 인민법원이 헌법상의 기본권을 인용하여 소송행위의 적법성을 인정하고 있는 점에서 주목된다.

2) 평등권의 구체적 적용에 관한 사법해석 사례

1999년 최고인민법원 및 사법부의 「민사법률원조에 관련된 몇 가지 문제에 대한 연합 통지」에서는, "헌법에서 정한 국민의 법 앞의 평등원칙을 철저히 관철 시행하고, 국민이 평등하게 법률구조를 획득할 수 있도록 하기 위하여, 법률원조에 관한 관련 법규와 인민법원의 소송비용 징수방법에 관한 규정을 근거로 하여 민사법률원조와 관련된 몇 가지 문제에 대하여 다음과 같이 통지한다."라고 하였다.

구체적인 내용은 차치하고, 이 통지는 최고인민법원과 사법부가 공동으로 제작한 통지로서 해석, 규정 또는 비복의 종류에 해당하는 형식적 의미의 사법해석 명칭을 사용하고 있지는 않지만, 평등권의 현실적인 적용과 그 방식에 대하여 해석하고 있다는 점에서 중요성이 인정되고 있다.

3. 입법법 제정 이후의 사법해석 사례

2000년 3월 15일 제정되어 2000년 7월 1일부터 시행되고 있는 중화인민공화국입법법[29]은 제2장 제4절에서 법률해석에 관하여 규정하고 있다. 입법법 제42조에서 제47조 규정이 해당되며 다음과 같이 내용으로 요약할 수 있다.

법률의 해석권은 전국인민대표대회 상무위원회에 속하며, 법률 규정의 구체적 의미에 대한 명확성이 요구되는 경우, 또는 법률 제정 후 새로운 사정의 발생으로 법률 적용의 명확성이 요구되는 경우에는 전국인민대표대회 상무위원회가 법률을 해석한다. 국무원, 최고인민법원 등 국가기관은 전국인민대표대회 상무위원회에 법률해석을 요구할 수 있다. 법률해석초안의 표결안은 전국인민대표대회 상무위원회 전체 구성원의 과반수로 통과되며, 상무위원회가 공포한다. 전국인민대표대회 상무위원회의 법률해석은 법률과 동일한 효력을 가진다.

입법법이 정한 법률해석에 관한 규정은 사실상 전국인민대표대회 상무위원회의 입법해석에 관한 규정이며30) 최고인민법원의 사법해석에 대하여 입법법은 다른 규정을 두고 있지 않다. 입법법이 제정된 후에도 최고인민법원의 사법해석은 여전히 전국인민대표대회 상무위원회의 「법률해석업무 강화에 관한 결의」 제2항에 근거하여, 재판과정에서 발생하는 법률 또는 법령의 구체적 적용에 관한 사법해석은 최고인민법원이 하고 있고, 구체적으로는 최고인민법원의 사법해석 업무에 관한 규정에 따라 진행되고 있다.

1) 교육권 침해에 대한 사법해석 사례

2001년 6월 28일 최고인민법원 재판위원회 제1183차 회의에서는, 「성명권 침해 수단으로 인하여 헌법이 보호하는 국민의 교육을 받은 권리가 침해된 경우 민사책임을 부담해야 하는지 여부에 대한 비복」을 결의하였고 이 사법해석은 동년 8월 13일부터 시행되었다.

이 사법해석은 제2심 법원인 산둥성 고급인민법원이 교육권 침해 관련

---

29) 2000년 3월 15일 제9기 전국인민대표대회 제3차 회의에서 통과되어 동년 7월 1일부터 시행된 「중화인민공화국입법법」을 말한다.

30) 乔晓阳, 『立法法讲话』(中国民主法制出版社, 2000), pp.188-190에 근거함.

사건을 심리하는 과정에서 성명권 침해의 방식으로 헌법에서 정한 교육권
을 침해한 경우 민사상 손해를 배상해야 하는지 여부에 대하여 최고인민법
원에 질의를 함으로써 해석이 이루어진 것이다. 최고인민법원이 하급 법원
의 질의에 대하여 사법해석의 방식으로 결정을 내린 것인 바, 최고인민법원
의 이 사법해석은 헌법상의 교육을 받을 권리의 보호에 대하여 구체적 개별
법률이 없는 경우라 하더라도 마땅히 사법적 구제를 해야 한다고 판단하였
고, 이에 기초하여 내려진 종심판결31)로 인하여 헌법의 사법화와 관련한
사회적 논쟁이 야기되기도 하였다.32)

2) 사법해석의 시간적 효력에 관한 해석 사례

사법해석의 시간적 효력에 관한 사법해석은 최고인민법원과 최고인민검
찰원이 공동으로 내린 사법해석으로서, 본 사법해석이 규정된 주된 목적은
형사사건에서 사법해석의 적용과 관련하여 시간적 효력에 대한 기준을 제
시하고자 한 것이며 그 주요 내용은 다음과 같다.33)

사법해석은 최고인민법원이 재판과정에서 법률을 구체적으로 적용하는
문제와 최고인민검찰원이 검찰업무를 하는 과정에서 법률을 구체적으로 적
용하는 문제에 관하여 내리는 법적 효력을 가지는 해석이다. 이러한 사법
해석은 공포일 또는 제정일부터 효력을 가지며, 관련 법률이 효력을 가지는

---

31) 중국에서 이 사건은 일반적으로 치위링(齐玉苓)사건으로 알려져 있고, 이 사건 판결
에서 법원은 판결의 실체법적 근거로서 헌법 제46조, 교육법 제9조, 제81조, 민법통
칙 제120조, 제134조 및 최고인민법원의 (2001)25호 비복을 명시하였다. 이 사건
판결에서는 특히 헌법이 규정한 기본권에 대하여 구체적인 하위 법률이 존재하지 않
는 상황에서 법원이 사법해석을 통하여 개인 간의 헌법상 권리 침해에 대한 손해배상
을 인정하고 있다는 점에서 소위 헌법의 사법화(司法化)에 대한 논의를 가열시켰던
것이다. 将超, "论受教育权受侵害的可诉性," 『宪法学 行政法学』 中国人民大学书报
资料 2004年 3期, p.80.

32) 季卫东, "合宪性审查与司法权的强化," 『宪法学 行政法学』 中国人民大学书报资料 2002
年 第5期, p.10.

33) 高检发释字[2001]5号 규정으로 최고인민법원 재판위원회 제1193차 회의 및 최고
인민검찰원 제9기 검찰위원회 제90차 회의를 통과한 사법해석이다. 이 사법해석은
2001년 12월 17일부터 효력이 인정되고 있는 것이다.

동안 적용된다. 사법해석 제정 전에 일어난 행위로서 사법해석 시행 후 미
결 또는 처리 중의 사건은 당해 사법해석에 의하여 사건을 처리한다. 사법
해석 제정 전에 발생한 행위로 관련 사법해석이 이미 존재하는 경우라 하더
라도 새로운 사법해석이 범죄피의자 또는 피고에게 유리한 경우에는 새로
운 사법해석을 적용한다고 하였다.

4. 소 결

위에서 소개한 몇 가지 중요한 사법해석 외에도 중국 최고인민법원의 사
법해석 사례는 현재 상당수 존재하고 있으며 지속적으로 발생되고 있는 상
황이다. 해석, 규정, 비복 등의 형식을 가진 사법해석은 방대한 국토면적과
지역적 차이를 가진 중국에서 법 해석의 국가적 통일을 이루는 데 중요한
역할을 하고 있다. 또한 최고인민법원의 사법해석은 구체적 사건을 재판하
는 법관이나 해당 재판부의 법 해석능력으로 인한 편차를 해소하는 데도
상당 정도 기여하는 것으로 보인다.

최고인민법원이 최근에 내리는 사법해석의 경우, 대체로 구체적 사건의
판결과 관련되는 법률의 해석이라는 본래 취지에 부합하는 사법해석을 내
리고 있는 경향으로 보이지만, 그러나 상술한 사법해석의 사례에서 본 바와
같이, 그 해석주체는 최고인민법원이지만 내용상으로는 헌법의 해석에 가
까운 해석을 하고 있는 점에서 입법기관인 전국인민대표대회 상무위원회의
해석권을 침해하고 있는 사례로 인식될 수 있는 것도 일부 확인되고 있다.

V. 최고인민법원의 사법해석과 문제점

일반적으로 법의 적용은 재판과정에서 결정적으로 나타난다. 국민의 사회생활에서 발생하는 구체적 사실을 전제로 법원은 판결이라는 결론을 내리게 되며 이때 법을 적용하게 된다. 판결이라는 결론을 내리기 위하여 법을 적용하기 위해서는 특히 사실관계의 확정과 법의 해석이 필요하다.

우리나라의 경우 법원이 재판을 행하는 과정에서 법률 적용의 기초가 되는 사실의 확정에는 사실의 입증, 추정, 의제 등의 방법에 의하고, 법의 해석은 유권해석 가운데 특히 사법해석이나 입법해석에 의한다. 입법해석은 주로 입법기관이 법을 제정할 때 법문으로 용어의 뜻을 확정해 두는 해석규정을 두는 경우가 대부분이다. 또한 법원에 의하여 이루어지는 사법해석은 판결의 형식으로 이루어지고, 당해 사건에 대한 법원의 사법해석은 원칙상 하급법원을 구속하는 효력이 없고, 대법원의 판결이라 하더라도 그 후 다른 사례에서 번복될 여지가 있다.

중국의 경우에도 인민법원이 판결을 하는 경우 사실관계의 확정과 법의 적용 과정이 필요하고, 법의 적용에 있어 법의 해석이 필요한 것은 당연하다. 법의 해석 특히 유권해석에는 입법해석, 사법해석 및 행정해석이 존재한다는 점은 누차 밝힌 바와 같다. 중국의 입법해석은 물론 우리와 같이 법률을 제정하면서 법문으로 용어의 뜻을 명확히 하고 있는 경우도 있지만, 법률이 시행되는 과정에서 별도의 해석규정을 제정하여 법문의 뜻을 밝히는 경우도 있다. 인민법원이 행하는 사법해석도 물론 우리와 마찬가지로 판결문을 통하여 법의 해석 결과를 표현하고 있지만, 인민법원의 구체적 사건에 대한 판결에 있어 법문의 해석 적용에 의문이 생기는 경우, 최고인민법원이 사법해석권을 행사하여 해석규정을 발하여 법 해석의 통일성을 기하고 있다. 특히 최고인민법원이 해석, 규정, 비복 등의 형식으로 정해진 사법해석은 당해 법률의 적용상 인민법원을 구속하고, 이러한 사법해석은 법률적 효력을 가진다는 사실을 알 수 있다.

우리나라와 중국의 법률해석과 관련하여 기본적인 제도적 차이가 있음을 전제로 하여, 상술한 본문 내용을 바탕으로 중국 최고인민법원의 사법해석권 행사와 관련한 몇 가지 문제점을 제시하면 다음과 같다.

1. 해석주체의 다원화로 인한 문제

전국인민대표대회 상무위원회의 「결의」에 의하면, 사법해석의 주체는 오로지 최고인민법원과 최고인민검찰원에 한정된다. 그러나 현실적으로 사법기관[34]이 아닌 행정기관이 사법해석에 참가하는 경우가 많다. 최고인민법원이나 최고인민검찰원이 독자적으로 사법해석을 내리지 아니하고 공안부, 사법부, 위생부,[35] 외교부, 국가안전부, 중국인민은행 등 관련 정부 부처와 공동으로 사법해석을 내리는 경우가 빈번하다.

1998년 1월 19일 최고인민법원, 최고인민검찰원, 공안부, 국가안전부, 사법부, 전국인대 상무위원회의 법제위원회가 공동으로 제정한 「형사소송법 실시 중의 몇 가지 문제에 관한 규정」을 예로 들면, 이 규정은 최고인민법원, 최고인민검찰원 및 공안부가 형사소송법의 집행과 관련하여 사법해석 및 기타 규범성문건의 위법성에 대하여 규정한 법률해석으로서, 입법기관·사법기관 및 행정기관이 공동으로 법률의 해석에 참여하고 있기 때문에, 엄격한 의미에서는 입법해석도 아니고 사법해석도 아니며 또한 행정해석도 아니다.[36]

사법해석에 있어 최고인민법원뿐만 아니라 관련 행정부문을 참여시키는

---

34) 중국의 경우 법원, 검찰기관 및 공안기관은 사법기관으로 분류되고 있는 점에 주의할 필요가 있다.

35) 최고인민법원, 최고인민검찰원, 공안부, 사법부, 위생부 등이 공동으로 한 사법해석으로는 1989년 7월 11일자 卫医字[1989]17号 「정신병 사법감정 잠행규정」이 있다.

36) 罗书平, "中国司法解释的现状与法律思考," 『诉讼法学 司法制度』 中国人民大学书报资料 2000年 第9期, p.57.

것은 여러 가지 사정이 고려된 것이라 판단할 수 있다. 당해 법률과 관련된 전문 행정영역에 대한 법원의 해석능력상 한계가 원인일 수 있다. 법원의 해석 능력상 한계를 보완한다는 측면에서는 장점이 되지만 법원이 사법해석의 주체로서 독립적으로 해석을 하는 데 한계가 있다는 점을 보여주고 있다고 생각된다.

2. 최고인민검찰원의 사법해석과 문제점

중국 헌법에서 정한 바와 같이 최고인민검찰원은 국가의 최고 법률감독기관으로서 법원이 법률을 정상적으로 해석 적용하는지 여부를 감독할 권한이 있다. 이러한 감독권에 의하여 최고인민검찰원은 법률에 대한 사법해석권을 가질 수 있는 것이다. 많은 경우 인민검찰원이 사법해석을 내리는 경우 최고인민법원과 같이 보조를 맞추기는 하지만, 특히 법치주의의 원칙에 비추어 보면 많은 문제가 존재한다고 볼 수 있다.

중국의 정치체제나 사법제도의 상황으로 보면 대개의 경우 인민검찰원은 법률감독기관의 기능 보다는 국가를 대표하여 공소를 제기하는 역할을 하고 있다. 즉 최고인민검찰원은 형사소송에서 원고의 지위에 서게 될 수 있다. 따라서 이때 최고인민검찰원에 대하여 사법해석권을 부여하고 있는 것은 문제가 있다. 예컨대 이해당사자에게 규칙의 제정권과 심판자의 자격을 부여하는 것과 같은 형국이 될 가능성이 있는 것이다.[37]

또한 최고검찰기관의 사법해석이 최고인민법원의 사법해석과 내용이 다를 경우 법관이 어느 해석을 적용해야 할 것인가 하는 문제 상황이 발생하게 되고, 결국 전국인민대표대회 상무위원회를 통하여 조정 해결해야 하는 상황으로 남는다.[38]

---

37) 黃松有, "司法解释权:理论逻辑与制度建构,"『中国法学』 2005年 2期, p.11.
38) 罗书平, 전게논문, p.57.

3. 사법해석권의 수권에 의한 문제점

최근 최고인민법원 및 최고인민검찰원은 금액, 구체적 상황, 법적 효과 등의 개념에 관계된 법률해석과 관련된 사법해석에서 각 성, 자치구 및 시 고급 인민법원이 해당 지역의 구체적인 경제 상황에 따라 구체적인 금액에 대한 기준을 정할 수 있도록 위임한 바가 있다. 절도사건에서 "금액이 비교적 많은" 경우의 기준을 예로 들면, 1998년 3월 26일 최고인민법원 및 최고인민검찰원이 공포한 「절도죄 금액 인정기준의 문제에 관한 규정」에서, "금액이 비교적 많은 경우는 500위엔에서 2,000위엔을 범위로 정한다."고 하면서, 동시에 "각 성, 자치구, 직할시 고급인민법원, 고급인민검찰원 또는 공안국은 당해 지역의 경제적 상황 내지 치안 상태에 근거하여 위 금액 범위 내에서 자체적으로 절도 액수의 비교적 많은 금액, 상당히 많은 금액, 특별히 많은 금액으로 구분하여 정할 수 있고, 이때에는 각각 최고인민법원, 최고인민검찰원 및 공안국에 등록(비안)하여야 한다."고 규정하였다.39)

최고사법기관의 고급인민법원 등에 대한 사법해석권의 수권(위임)으로 말미암아, 각 지역의 사정에 따라 절도죄에 관한 액수가 다르게 판단 적용되고 한 국가 내에서도 국가적 기준과 지방에서 적용되는 기준이 다르게 적용되는 상황이 발생되는 것이다.

4. 최고인민법원의 사법해석권 행사와 기타 문제

최고인민법원의 사법해석권 행사는 최고인민법원이 법률 문언의 구체적인 내용에 대한 해석을 내림으로써 많은 경우 입법기관의 권한을 침해할 우려가 있다. 입법기관이 입법을 통하여 명확히 해야 할 부분을 최고인민

---

39) 罗书平, 전게논문, p.58.

법원이 필요에 따라 해석을 진행함으로써 입법기관의 해석권을 대신할 가능성이 많고, 이러한 상황은 현재까지 많은 사례를 통하여 확인할 수 있다.[40] 이 점은 최고인민법원의 사법해석 사례가 내용상 입법기관의 해석권을 침해하고 있는 본문 사례에서도 잘 나타난다.

또한 사법해석의 범위로 보면, 심리 중의 사건과 관련하여 내리는 최고인민법원의 사법해석은 중국 사법제도가 채택하고 있는 2심 종심제의 의미를 실질적으로 훼손하고 있다고 볼 수 있다. 하급 법원의 심리가 진행되는 사안에서 최고인민법원이 법률의 구체적인 적용에 대하여 실체적 또는 절차적 문제에 대하여 사법해석을 내리게 되면 상급 법원인 최고인민법원이 사건에 대한 결론을 먼저 내린 후에 관할 법원이 심리를 진행하는 셈이 되고, 또한 이러한 경우에는 최고인민법원이 종심판결을 하는 형국이 된다.[41]

VI. 결어

중국의 최고인민법원은 최고 재판기관으로서 구체적 사건의 판결을 전제로 법률의 해석을 위한 사법해석권을 행사하고 있다. 그러나 법원의 사법해석권은 앞서 살펴본 바와 같이 국가적 특징에 부합하는 기능을 가지고

---

40) 2007년 최고인민법원이 공포한 사법해석업무에 관한 규정 제6조 제3항에 의하면, 최고인민법원은 입법취지에 근거하여 재판상 제정이 필요한 규범, 의견 등에 대하여 사법해석을 내릴 수 있다. 이와 관련, 최고인민법원은 입법취지에 부합하는 사법해석을 내려야 할 과제를 안고 있고, 나아가 사법해석의 필요성이 사법해석의 입법화를 초래할 위험성을 내포하고 있는 것으로 이해할 수 있다.

41) 최고인민법원의 사법해석이 존재하는 한, 하급심 법원은 사법해석에 위반하는 법률해석을 내릴 수 없고, 따라서 사실관계에 대한 인정이 동일하면 1심판결과 2심판결은 동일한 결과로 귀착된다. 즉 항소는 별 의미가 없다고 할 것이다. 특히 심리를 하는 법원의 판사는 사법해석에 불구하고 독자적인 판결을 내리기 어려운 문제가 있고, 이는 사실상 법관의 재판상 독립이라는 원칙을 훼손하게 된다.

있지만 현대적 법치주의의 관점에서 보면 여전히 문제점을 안고 있는 것도 부정할 수 없다. 이러한 문제는 특히 최고인민법원의 방대한 사법해석의 출현이 중국의 정치제도 원리인 의행합일의 체제와 관련이 있고 입법, 사법, 행정의 명확한 구분과 기능상의 역할분담이 미흡한 데서 온 결과일 수도 있는 것으로 판단된다.

앞에서 논한 바와 같이 최고인민법원의 사법해석권 행사에 대한 긍정적 측면에도 불구하고 여러 가지 문제점을 안고 있는 것도 부정할 수 없다. 특히 최고인민법원이 내리는 사법해석이 입법기관의 입법권을 무력화할 위험성이 있고, 사법해석이 최고인민검찰원 또는 기타 중앙행정부서와 공동으로 내려지는 경우도 많아 독립된 사법기관에 의한 법 해석이 이루어지지 못하는 경우가 있으며, 경우에 따라서는 사건을 심리하는 법관의 재량권 행사에 제한을 가하는 결과를 초래하게 된다. 이러한 상황은 현대적 의미의 법치주의를 위협하게 되고, 그 결과는 결국 국민의 불편이나 국민생활의 제한으로 이어질 가능성이 있다는 점이다.

그러나 방대한 국토와 복잡 다양한 중국의 국가적 상황에서, 최고인민법원은 국가의 최고 재판기관으로서 구체적 소송사건의 해결에 필요한 법률을 적용하는 과정에서 법률 해석상의 의문에 대한 최종적인 해석을 통하여 법률의 의미를 확정하여 그 통일성을 기하고 있다는 점에서는 중요성이 인정되고 있는 것이다. 또한 중국 최고인민법원의 사법해석이 판결의 형식을 떠나 별도의 해석, 규정, 비복 등 형식을 통하여 법률을 해석하고 있고, 이러한 사법해석의 형식은 중국의 법제를 이해하고 판결의 근거(法源)를 이해하는데 매우 중요한 사항이라 할 것이다.

이상과 같이 중국적 특색을 가진 최고인민법원의 사법해석제도에 관한 검토를 하였다. 제도 나름의 장점도 있고 단점도 존재한다. 중국의 법제 현대화에 따라 향후 상당한 정도의 변화와 발전이 기대된다. 특히 본 사법해석제도와 관련하여 향후 입법기관의 입법기능의 회복 내지 강화와 더불어 진정한 의미의 법원 독립성을 위한 제도적 발전을 기대해 본다.

■ 참고문헌

乔晓阳. 『立法法讲话』. 中国民主法制出版社, 2000.

万其刚. 『立法理念与实践』. 北京大学出版社, 2006.

『北京大学法学百科全书』. 北京大学出版社, 1999.

『新编法学词典』. 山东人民出版社, 1984.

曹海晶. 『中外立法制度比较』. 商务印书馆, 2003.

『中国大百科全书 法学编』. 中国大百科全书出版社, 1984.

陈金钊. 『法律解释的哲理』. 山东人民出版社, 1999.

沈宗灵. 『法学基础理论』. 北京大学出版社, 1988.

毕玉谦. 『民事证据法与其程序功能』. 法律出版社, 1997.

韓大元 外 9人. 『现代中國法概論』. 博英社, 2009.

许崇德. 『中国宪法』. 中国人民大学出版社, 1999.

季卫东. "合宪性审查与司法权的强化." 『宪法学 行政法学』 中国人民大学书报资料 2002年 第5期.

罗书平. "中国司法解释的现状与法律思考." 『诉讼法学 司法制度』 中国人民大学书报资料 2000年 第9期.

将超. "论受教育权受侵害的可诉性." 『宪法学 行政法学』 中国人民大学书报资料 2004年 第3期.

黄松有. "司法解释权:理论逻辑与制度建构." 『中国法学』 2005年 2期.

제3장 |
공공이익과 사유재산의 수용

I. 서언

　중국 헌법 제13조는, "국가는 법률의 규정에 따라 국민의 사유재산 권을 보호하고, 국가는 공공이익의 필요에 따라 법률규정에 의거하여 국민 의 사유재산에 대하여 징수 또는 징용을 실시하고 보상을 한다."고 규정하 고 있으며, 이처럼 "공공이익"이라는 용어를 사용하고 있다. 헌법규정 외 에도 "공공이익"이라는 용어는 많은 입법에서 규정하고 있는 바, 예컨대 2003년에 공포된 행정허가법도 그 입법목적으로 행정허가의 설정과 실시 를 규정하면서 국민이나 법인 또는 기타 조직의 적법한 권익을 보호하고, 공공이익과 사회질서의 수호, 행정기관의 유효한 행정관리에 대한 보장과 감독을 도모하기 위한 것으로 규정하고 있다. 행정허가법 외에도 물권법 제42조, 토지관리법 제58조, 도시부동산관리법 제19조, 중외합자경영기업법 제2조, 기타 중외합작경영기업법, 외자기업법, 대외무역법 등 많은 법률에서 "공공이익"이라는 용어를 사용하고 있다.

특히 헌법에서는 공공이익의 필요에 의하여 법률의 규정에 의하여 국민의 사유재산에 대하여 징수 또는 징용을 하고 보상을 한다고 규정하고 있지만, 사실 공공이익의 확정이나 적용에 있어 사회적으로 여러 가지 문제가 발생되고 있는 것도 현실이고, 도시에서 토지나 가옥의 수용 등을 중심으로 지방정부 또는 수용주체와 상대방인 국민 사이에 심각한 갈등이 야기되기도 한다.

중국에서 소위 "알박기" 사건으로 알려진 사건으로 우리나라 언론매체에서도 소개된 바 있는 2007년 충칭시 지우룽포구(區)에서 발생한 사건은, 당시 철거대상 가옥의 소유주인 양(楊)씨 부부가 시의 철거 및 보상에 불복하여, 개발업자가 가옥 주위의 토지를 10여 미터까지 파 내려간 형국의 2층 가옥에서 전기 및 식수가 단전 단수된 상태로 강제철거령에 맞선 사건이기도 하다.[1]

이 사건은 철거보상과 관련한 문제를 노출한 전형적인 사건으로 한때 많은 사람들의 이목을 집중시켰으며, 사실 가옥의 소유주가 철거에 저항한 또 다른 중요한 이유는 개발사업 시행자가 당해 건물을 포함한 지역에 대형 백화점을 건설하고자 하였고, 소유자인 양씨 부부는 이에 따른 사유재산의 수용이 결코 공공이익의 필요성에 기초한 것이 아니라고 판단하였기 때문이다.

위 사례에서도 그렇지만 많은 기타 유사 상황에서도 공공이익의 필요나 국가이익의 필요에 의하여 토지가 징수되거나 강제철거 등이 빈번히 이루어졌고, 경우에 따라서는 당사자 간에 불행한 사태가 발생하기도 하였다. 문제는 많은 사건에서 공공이익이라는 이름을 빌어 상업목적의 철거를 행하는 경우도 있었고, 공공이익을 악용하여 투자가나 개발업자가 폭리를 취하고, 지방정부는 재정수입 또는 치적의 방편으로 삼아 상대방인 국민은

---

1) 정이근, "중국법상 사유재산의 수용과 보상제도에 관한 一考," 『공법학연구』 제8권 제2호, 2007년 5월, p.442.

헌법에서 정한 기본권을 보장받기 어려운 상황에 직면하는 것이다.

이러한 상황에서, 과연 무엇이 공공이익인가? 공공이익의 범위를 어떻게 정할 것인가? 공공이익과 개인의 사익이 어떻게 형평을 이루도록 할 것인가? 하는 것은 학술상 중요한 검토 대상이 된다. 이에 중국법상 특히 토지나 가옥 등 사유재산의 수용과 관련된 불확정 개념인 공공이익의 확정에 대한 이론적 검토와 그 실질적 적용원리로서 공익과 사익의 형량 기준으로서의 비례의 원칙과 공익실현의 정당성의 확보를 위한 법리를 검토해 보는 것은 나름대로 의미가 있다고 생각한다. 따라서 본 장에서는 재산권 수용의 법적 성질, 재산권의 수용과 관련한 공공이익의 확정에 대한 방법론, 재산권의 제한법리, 공익과 사익의 형량기준으로서의 비례의 원칙, 공공이익 실현을 위한 절차적 통제를 중심으로 검토하고자 한다.

II. 사유재산 수용의 법적 성질

1. 수용(징수와 징용)의 개념

앞서 제시한 바와 같이, 중국 헌법 제10조 제3항에서 국가는 공공이익의 필요에 따라 법률규정에 의하여 토지에 대하여 징수 또는 징용할 수 있고, 보상을 한다고 규정하고 있다. 또한 헌법 제13조 제3항은 국가가 공공이익의 필요에 따라 법률규정에 의하여 국민의 사유재산에 대하여 징수 또는 징용을 할 수 있고, 보상을 한다고 규정한다.

헌법 제10조 제3항에서 징수의 개념을 규정하고, 제13조 제3항에서 징수와 징용의 개념을 다시 규정함으로써 이론상 징수와 징용에 대한 개념의 확정이 필요하게 되었다. 징수와 징용의 구별에 대하여 헌법이 침묵을 하고 있기 때문에 입법기관의 해석이나 법 규정 또는 학자의 견해를 통하여 이해하는 것이 타당할 것으로 생각된다.

징수와 징용의 공통점은 공공이익의 필요에 따라 법정절차에 근거하고 보상을 한다는 점이 있고, 양자의 차이로서, 징수는 주로 소유권의 변경이며 징용은 주로 사용권의 변경이라는 견해가 설득력 있어 보인다. 즉, 징수와 징용은 모두 국가가 강제력을 이용하여 국민의 사유재산을 제한하는 형식이며, 징수는 재산 소유주체의 변경에 관련되는 것으로서, 즉 사인소유에서 국가소유로 변경되는 것이고, 징용은 재산 사용권의 변경에 불과하다. 징용의 경우는 재산 사용권의 행사주체가 사인에서 일시적으로 국가로 이전되며 소유권에는 영향을 미치지 않는다. 따라서 징용의 경우에는 소유권에 변동이 없기 때문에 목적물이 손괴되지 않는 한 원물의 반환으로 족하고, 징수의 경우에는 소유권의 변동이 있기 때문에 국가가 손실보상의 의무를 진다.[2]

중국의 현행 각 법률에서 징수와 징용은 여러 가지 방식으로 표현되고 있는 것도 주의할 필요가 있다. 예컨대, 중화인민공화국경찰법 제13조 제2항의 규정에 의하면, 공안기관은 범죄수사의 필요에 따라, 국가 관련규정에 의하여 기관, 단체, 기업 사업조직[3]과 개인의 교통수단, 통신수단, 장소와 건축물을 우선 사용할 수 있고 적당한 비용을 지불하며, 손실을 발생시킨 경우는 배상을 하여야 한다고 규정한다. 경찰법의 규정에서 표현하고 있는 "사용"의 개념은 징용에 속한다고 할 수 있다. 따라서 개별법규에서 정하고 있는 이러한 용어는 해석을 통하여 명확히 할 필요가 있고, 입법적 개선을 통하여 통일시킬 필요가 있다.

징용의 개념과 관련하여 물권법[4]의 규정도 주목할 만하다. 물권법 제44조는 긴급구조, 재난구원 등 긴급한 필요에 따라 법률에 정한 권한과 절차에 의하여 단위, 개인의 부동산 또는 동산을 징용할 수 있다고 규정하고,

---

2) 2004년 3월 8일자 전국인민대표대회 상무위원회의 헌법개정안에 관한 설명.
3) 민법통칙에서 중국의 법인은 기업법인과 비기업법인으로 구분되고, 비기업법인은 기관법인(관공서), 사업단위(학교 등), 사회단체법인으로 구분된다.
4) 중화인민공화국물권법은 2007년 10월 1일부터 시행되고 있다.

징용한 부동산과 동산은 사용 후 반드시 상대방에게 되돌려 주어야 한다고
규정한다. 개인의 부동산 또는 동산이 징용 또는 징용 후에 멸실된 경우에
도 반드시 보상하도록 규정하고 있다. 이로써 물권법에서는 징용에 대한
개념을 입법적으로 명확히 하였다고 이해할 수 있다.

2. 징수와 징용의 근거

헌법은 원칙성을 가지기 때문에 법률을 통한 구체화가 필요하다.[5] 일반
적으로 각국의 수용제도는 기본적으로 헌법상의 원칙적인 규정과 개별 법
률을 통하여 이루어진다. 여기서 말하는 법률은 국민의 대표기관인 의회가
제정한 입법을 말하며, 이러한 전제는 입법의 민주성을 확보한다는 의미에
서도 의의가 있다. 중국의 입법법[6] 제8조의 규정에 의하면, 비 국유재산에
대한 징수는 오직 법률로 정한다고 되어 있다. 공공이익을 위하여 국가가
사인의 재산권을 제한할 수 있다고 한다면, 수용에 대한 법률유보원칙은
그 집행을 위한 근거를 제공하는 것이며, 따라서 반드시 법률규정을 통하여
징수나 징용을 하여야 하는 것이다. 정부는 징수나 징용의 집행주체로서
스스로 그러한 권리를 창설할 수 없고, 입법기관이 제정한 법률을 전제로
권한을 행사할 수 있을 뿐이다.
이러한 생각에서 몇 가지 고려해야 할 사항이 있다고 주장하는 학자가
있다.[7] 그 내용은 첫째, 공익상의 필요에 의한 수용은 오직 법률에 의하여
설정되어야 할 뿐만 아니라 그 법률은 명확성을 갖추어야 한다. 따라서 입
법과정에서 입법자는 어떠한 요건하에서 수용을 하는가 하는 점을 명확히
하여야 한다. 둘째, 공익상의 필요에 의한 수용과 관련하여 법률로써 규정

---

5) 周叶中, 『宪法』(高等教育出版社, 2005), p.132.
6) 중화인민공화국입법법은 2000년 7월 1일부터 시행되고 있다.
7) 焦洪昌, 『公民私人财产权法律保护研究』(科学出版社, 2005), p.41.

을 한다고 하더라도, 그 규정이 정하는 요건은 일반 보편성을 가져야 하고 특정한 대상에 한정하여 적용되어서는 아니 된다. 이러한 요구가 충족되지 않는다면 헌법상의 평등권을 위협하고, 공익에 필요한 부담을 특정인이 부담하는 것으로 되고 말 것이다. 셋째, 공익상의 필요에 따른 수용에 관한 법률의 내용은 즉 수용의 권한, 공공이익의 구체적 판단, 수용의 조건, 절차 및 보상에 대하여도 명확히 하여 가능한 범위 내에서 행정기관의 재량을 배제할 필요가 있다.

3. 도시에서 가옥 등 철거의 법적 성질

도시에서 가옥이나 건물에 대한 철거 이전은 국가가 도시의 국유토지에 대한 사용권을 회수하거나 집체소유의 토지를 징수하는 행위이고, 이를 위하여 당해 토지상의 건물이나 가옥에 대하여 철거를 행하고 해당 주민을 이주시키는 행위이다. 중국에서 도시의 토지는 국가소유에 속하고,[8] 또한 국가는 소유권과 사용권 분리의 원칙을 시행하고[9] 있기 때문에 국유토지에 대한 회수는 사실상 토지에 대한 소유권의 행사라 할 수 있다. 즉 소유권자로서 소유물에 부가된 사용권능을 회수하는 것이다.

토지를 회수하는 경우는 대개 두 가지로 구분할 수 있다. 우선, 공공이익의 필요에 따라서, 또는 도시계획에 따른 구 시가지의 개발을 위하여 용지의 조정이 필요한 경우로, 국가는 보상을 전제로 하여 사용기간이 만료되지 않은 국유토지에 대하여 그 사용권을 회수하는 것이다. 도시의 가옥을 철거하는 행위는 이 경우에 해당한다. 또 다른 경우로는, 국가가 무상으로

---

8) 헌법 제10조 및 토지관리법 제8조. 헌법 제10조는, "도시의 토지는 국가에 속한다."고 규정하고 있고, "농촌과 도시 교외의 토지는 법률이 국가에 속한다고 규정하는 경우 외에는 집체소유에 속한다." 또한 "주택지와 자류지 및 자류산 역시 집체소유에 속한다."고 규정하고 있다.

9) 중화인민공화국성진(城鎭; 도시와 진)국유토지사용권양도이전잠행조례 제2조.

토지사용권을 회수하는 경우이다. 즉, 첫째, 토지의 사용계약기간이 만료되고, 토지사용자가 계약의 연기를 신청하지 않거나 그 신청이 허가되지 않은 경우,[10] 둘째, 해당 사업장의 이전 철거 등으로 그 토지의 사용이 정지된 경우, 셋째, 국유토지의 사용자가 토지를 허가된 용도로 사용하지 않는 경우[11]에는 국가가 무상으로 토지사용권을 회수한다.

토지의 회수를 위하여 도시의 가옥을 철거하는 것은 국가가 보상을 전제로 하여 기간이 만료되지 않은 국유토지에 대하여 그 사용권을 회수하는 것이며, 이때에는 두 가지 다른 내용의 권리가 전제되는데, 즉 국유토지사용권과 가옥소유권이다. 국유토지사용권이라는 측면에서 보면 철거는 그 권리의 회수이며 가옥소유권의 측면으로 보면 철거는 그 권리의 박탈이다.

철거의 목적을 기준으로 하면 대개 공익적 목적을 위한 철거와 상업성 철거로 구분할 수 있다. 특히 상업성 철거는 국가가 국유토지사용권을 회수하고, 철거허가를 취득한 사업체가 토지상 부착된 가옥에 대하여 철거를 하고 보상을 한다. 이러한 경우는 사실상 국가가 해당 국유토지사용권을 새로이 이전하는 것이고, 건설업체가 그 사용권을 취득한 후 행하는 후속행위에 해당하는 것으로, 다시 말하면 국가공권력을 중개로 한 국유토지사용권의 재분배라 할 수 있다.[12] 상업성 철거의 경우 그 보상주체는 국가가 아니고 사업주체라는 데 주의할 필요가 있고, 특히 상업목적을 위한 철거에서 행정기관과 개발사업자가 담합할 가능성도 배제할 수 없는 것이 현실이다.[13]

---

10) 성진(城鎭: 도시 및 진)국유토지사용권양도이전잠행조례 제12조의 규정에 의하면, 토지사용권의 최대 양도기간은 주거용 용지의 경우는 최대 70년, 공업용 용지는 최대 50년, 교육 과학 문화 위생 체육용 용지는 최대 50년, 상업 관광 오락용 용지는 40년, 종합 또는 기타 용지는 최대 50년으로 정하고 있다.

11) 토지관리법 제65조.

12) 焦洪昌, 『公民私人財产权法律保护研究』(科学出版社, 2005), p.70.

13) 戴涛, "修宪背景下的城市房屋拆迁若干问题," 『宪法学行政法学』中国人民大学书报资料 2004年 7期, p.78.

III. 수용과 관련한 공공이익의 확정

공공이익은 공공성의 특징을 가지고 있으며 불확정성, 비영리성의 특징을 가지고 있는 것으로 이해되고 있다. 특히 공공이익 개념의 불확정성으로 인하여 이익 내용이 불확정적이고, 수익대상의 불확정성으로 나타난다. 이는 공공이익이 결코 고정된 개념이 아니며 사회 구성원의 관념의 변화에 따라 변화될 수 있고, 사회적 발전에 따라 그 내용을 달리할 수 있는 것으로 이해된다. 이러한 의미에서 공공이익의 확정은 사회의 정치적, 경제적, 사회문화적 변화에 따라 달라질 수 있는 것이다.[14]

앞서 서론에서 소개한 바와 같이 충칭시의 소위 "알박기 사건"에서 가옥 소유자가 주장하는 바의 핵심은 개인 또는 사인의 이익으로 간주될 수도 있을 것이다. 그렇지만 이와 유사한 사건에서 직면하는 다수 중국 국민의 기본적인 생존권 보장은 국가가 국민에 대하여 부담하는 최저한의 보호의무 이행에 해당하는 것이다.

국가의 국민에 대한 보호의무의 이행은 비록 공공이익이라는 개념이 여전히 불확정적인 상태로 남아 있다고 하더라도, 국가권력의 남용으로부터 국민의 재산권을 보호하기위하여 구체적 사건에서는 반드시 공익상 필요성의 존재라는 정당성을 찾아야 할 것이므로, 공공이익의 범위를 확정하기 위한 방법론의 탐색에 대한 노력이 필요하다. 이러한 노력의 결과로서 중국에서는 다음과 같은 구체적인 방법론이 제시되고 있고, 이들 견해는 공공이익의 실현에 현실적인 참고 가치가 있다.

---

14) 정이근, 전게논문, p.449.

1. 공공이익의 확정에 대한 기본원칙

공공이익은 개념의 불확정성으로 인하여 일치된 정의를 내리기는 여전히 어렵다고 본다. 다만 그렇다고 하더라도 구체적인 사건에서 공공이익의 인정 여부를 인정할 필요성이 있기 때문에 국가의 정치, 경제, 사회, 문화적 상황의 객관적 조건 아래서 가치판단을 통하여 공공이익을 확정하고 유형화하는 것은 가능하다고 보며, 이러한 점에서 공공이익의 확정에 있어서 준수해야 할 몇 가지 원칙이 제시되고 있다. 즉 첫째, 공공성의 원칙으로, 공공이익을 인정하기 위해서는 수익주체가 보편성과 불특정성을 갖추어야 한다. 둘째, 합리성의 원칙으로, 공공이익은 다른 공공이익이나 사익의 희생을 대가로 하므로, 공공이익을 확정할 경우 합리적으로 이익형량을 하여야 하고, 공공이익이 최대한 합리적인 이익이 되도록 하여야 한다. 셋째, 정당성의 원칙으로, 공공이익의 확정은 널리 민의를 수렴한 기초 위에서 이루어져야 하고, 민주적 방식에 따라 공공이익이 확정되어야 한다. 넷째, 공평성의 원칙으로서 만약 소수자의 사익의 희생에 따라 공공이익을 달성하게 된다면 합리적인 보상을 하여 공평성을 확보하도록 하여야 한다는 것이다.[15)

2. 사용주체에 의한 확정

종래에는 공공이익의 실현을 위한 수용 후 그 재산의 사용주체에 따라 공공이익을 확정하는 것이 각 국가의 일반적인 경향이었다. 즉 초기에는 고전적인 수용이론의 영향을 받아 예컨대 수용의 필요조건으로서 공공목적, 공공사용 또는 공공필요 등으로 공공이익이 규정되었지만 이러한 공공

---

15) 楊峰, "財産徵收中公共利益如何確定," 『憲法學 行政法學』 中國人民大學復印報刊資料 2006年 第1期, p.55.

목적, 공공사용 또는 공공필요가 무엇인가는 주로 공공이익을 대표하는 것으로 인식되고 있는 사용주체를 중심으로 해석될 수 있는 것이다.

일반적으로 공공사용의 주체는 두 종류로 나뉜다. 하나는 사회 전체의 구성원 또는 불특정한 사회 구성원이다. 공용도로, 체육시설, 문화시설, 명승고적, 공중위생시설, 공공교육시설, 에너지자원시설 등으로 불특정한 구성원이 사용하는 것이다. 다른 하나는 공공이익을 대표하는 주체로서 주로 국가기관 또는 직능부문을 가리킨다. 정부, 군대, 사법기관 등으로 이들 기관과 관련되는 경우 일반적으로 공공이익에 부합하는 것으로 인정하는 것이 각 나라의 일반적 경향이다. 이러한 유형의 주체가 사용의 필요에 의하여 재산을 수용하는 경우에는 일반 대중이 쉽게 공익을 이해하고 판단할 수 있으므로 절대적 공공이익이라 할 것이고, 따라서 공공이익을 확정하는 과정에서 수용 후 당해 재산을 사용하는 주체에 대한 판단은 중요한 고려요소가 된다.[16]

3. 수용의 효과에 의한 확정

공공이익은 공용이라는 의미로 표현되는 것만 아니라 공공이익의 효과로 해석할 수 있는 것으로 보고 있다. 공공이익의 효과라 함은 예컨대 수용의 행위가 최종적으로 전체 사회 구성원의 복리증진에 이바지한다는 것으로 환경보호 사회의 질서, 공중위생 등이 해당한다. 즉 공공사업을 위한 수용의 효과가 직접 또는 간접으로 사회 전체 성원의 복리를 증진시키는 것과 관련된다. 사회 공공이익은 물질적인 공공이익과 정신적인 공공이익으로 구분할 수 있고, 물질적인 공공이익은 일반 대중으로 하여금 직접적으로 물질적인 재화를 얻도록 하는 것이며, 정신적인 공공이익은 일반대중으로 하여금 정신적인 이익을 주는 것이다.[17]

---

16) 楊峰, 전게논문, p.55.

공공이익의 효과와 관련한 인정 여부는 엄격하게 해석하는 입장과 비교적 완화된 입장에서 내리는 해석이 있다. 엄격한 입장의 해석에 의하면 그 효과가 대중에게 직접 이익을 주는 경우에 비로소 공공이익에 속한다고 본다. 완화된 입장의 해석에서는 비록 이익의 효과를 소수의 사인이 향유하더라도 다수자에게도 부수적인 효과를 준다면, 즉 행위의 효과가 권리자 이외의 다수 구성원에게 미친다면 공공이익의 요구에 부합하는 것으로 본다. 공공이익의 증가 효과에 대한 각 나라의 해석의 입장은 사법제도, 정치제도, 경제제도 및 역사적 전통과 관련이 있다고 할 수 있다.[18]

미국의 경우에는 판례의 변화 과정을 통하여 완화된 입장을 취하고 있고, 중국의 경우 많은 학자들이 엄격한 입장에서 해석하자는 입장을 보인다.[19] 그러나 특정한 사기업이 생활배려의 영역에서 복리적인 기능을 수행하는 경우와 같이, 사기업을 통한 재산권의 수용을 통해 경제 및 사회구조의 개선, 유지, 실업의 감소 등을 도모한다면 공익성을 인정할 수 있을 것이다.

4. 수용의 목적에 의한 확정

수용의 목적에 따라 공공이익 여부를 확정하자는 의견이 있다. 이는 재산을 수용한 후에 이용하는 목적이 영리성을 가지는가? 또는 상업적 특징을 가지는가를 판단하여 공공이익 부합여부를 판단하여야 한다는 것이다. 공민 소유의 건물을 철거한 후 공장을 건설하거나 상업지구로 이용하는 경우에는 공공이익이라는 목적과 거리가 있다는 것이다.

마찬가지로, 개인의 건축물에 대한 수용이 언제나 사회 공공의 이익이나 도시의 계획성 있는 건설을 위한 것은 아니다. 때로는 정부 관리가 자신의

17) 정이근, 『중국공법학연구』(도서출판 오름, 2007), p.29.
18) 姚佐莲, "公用征收中的公共利益标准,"『宪法学 行政法学』中国人民大学复印报刊资料 2006年 4期, pp.86-87.
19) 楊峰, 전게논문, p.56.

정치적 업적을 쌓기 위하여 무분별하게 수용을 하기도 하고, 각종 부패적인 의도가 숨은 경우도 있다. 이러한 경우에는 비록 공공이익을 내세우고 있지만 사실상 정부가 행정권을 남용하여 공민의 권리를 침해하는 것이다.

또한 국가 또는 정부의 이익을 곧 공공이익으로 인정할 수는 없다. 정부 역시 자신의 이익이 존재하고, 또한 구체적인 경제관계에서 특정한 물질적 이익의 실체이며, 자신의 이익을 극대화하고자 한다. 간혹 정부가 재산을 수용하는 경우 항상 공공의 이익을 위한 것은 아닐 수 있다. 정부의 재정적 위기를 타개하기 위하여, 즉 재정수입을 증대시키기 위한 경우가 있다. 정부의 재정수입은 비록 공익적 특징을 가지기는 하지만 정부의 이익 또는 국가의 이익과 밀접한 관계가 있고, 일반 국민 전체의 이익과는 현실적 거리가 있으므로, 단순한 재정수입 등의 목적을 위한 수용은 공공이익에 부합하지 않는다고 본다.[20]

5. 소 결

상술한 바에서 도출할 수 있는 결론은 가옥 등 재산권의 수용과 관련하여 공공이익을 확정하는 구체적인 방법으로서 사용주체, 수용의 효과, 수용의 목적을 기준으로 종합적인 판단을 하여야 할 것이다. 아울러 과연 행정기관 또는 사업 시행자가 행하는 재산권의 수용이 공공이익을 위한 것인지 또는 단순히 정부의 이익 내지 상업적 이익을 위한 것인지를 판단하자는 논리는 현실적인 적용에서도 설득력이 크다고 할 것이다. 특히 기본원칙에서 제시되고 있는 수익주체의 보편성과 불특정성의 요청, 공공이익은 다른 공공이익이나 사익의 희생을 대가로 하므로 공공이익을 확정할 경우 합리적으로 이익형량을 하여야 하고, 어떠한 형식으로든 수용대상자인 국민이 수용절차에 참여하는 민주적 방식에 따라 공공이익이 확정되어야 한다. 만약 소수

---

20) 楊峰, 전게논문, p.56.

자의 희생에 의해 공공이익을 달성하게 된다면, 합리적인 보상을 통하여 공평성이 확보되어야 한다는 주장은 매우 설득력이 있어 보인다.

Ⅳ. 사유재산에 대한 제한의 법리

1. 내·외재적 한계에 의한 제한

공공이익에 의한 개인의 권리제한 가능성에 대하여는 재산권의 외재적 한계에 의한 제한과 내재적 한계에 의한 제한이 가능하다는 견해가 있다. 우선 공공이익을 개인의 재산권에 대한 외재적 한계로 보는 견해가 있고, 또한 공공이익을 개인의 재산권에 대한 내재적 한계로 보는 견해다. 즉, 외재적 제한설과 내재적 제한설로 대별되는 것이다.

외재적 제한설의 입장에 의하면, 공공이익은 개인의 권리 밖에서 존재하면서 개인의 권리를 제한하는 것이며, 즉 헌법이 보호하는 이익은 기본권을 내용으로 하는 개인이익 외에도 공익을 포함하고, 양자는 서로 다른 이익으로서 개인의 이익과 공공이익이 충돌하는 경우 입법자가 조절하고 평형을 유지시켜야 하는 것으로 인식한다. 내재적 제한설은 본질적 제한설이라 하며, 공공이익으로써 개인의 이익에 대하여 제한하는 것은 개인의 권리 그 자체의 성질로부터 생성되는 것이며, 즉 기본권 자체에 존재하는 제한으로 인식한다. 외재적 제한설이든 내재적 제한설이든 공공이익의 필요에 따라 개인의 권리에 대한 제한을 인정한다는 것이 핵심이다.[21]

---

21) 余少祥, "论公共利益的行政保护," 『宪法学 行政法学』 人民大学复印报刊资料 2008年 9期, p.60.

2. 법률유보에 의한 제한

중국 헌법 제10조 및 제13조에서, 국가는 공공이익의 필요에 따라 법률규정에 의하여 토지에 대하여 징수 또는 징용할 수 있고, 이에 대한 보상을 한다고 규정하고 있고, 또한 국가가 공공이익의 필요에 따라 법률규정에 의하여 국민의 사유재산에 대하여 징수 또는 징용을 할 수 있고, 그에 대한 보상을 한다고 규정하고 있다.

국가가 공공이익을 위하여 사유재산에 대한 수용 또는 제한을 인정하는 경우에, 법률유보의 원칙을 요구하는 것은 그 집행을 위한 근거를 마련하기 위한 것이다. 따라서 반드시 전국인민대표대회 또는 그 상무위원회가 제정한 법률을 통하여 수용을 하여야 하는 것이다. 정부는 수용의 최종적인 집행주체로서 스스로 그러한 집행에 관한 권한을 설정할 수 없고, 입법기관이 제정한 형식적 법률을 전제로 그 권한을 행사할 수 있다.22)

3. 공공이익과 개인이익 간의 관계

공공이익과 개인이익의 관계에 대한 학자들의 의견은 주로 두 종류로 나뉜다. 요약하면, 개인의 이익을 초월하여 존재하는 공공이익을 인정하는 견해와 어떠한 공공이익이라도 개인의 이익을 초월하여 존재할 수 없다는 입장이다.23)

공공이익은 현대사회 발전 과정에서 피할 수 없는 것으로서, 공공이익을 무시한 개인이익의 보장은 존재할 수 없다. 또한 공공이익의 존재는 정부권력의 제한을 요구하기도 한다. 국민의 권리 즉, 개인의 권리 이익을 보호

---

22) 정이근, 전게논문, p.451.
23) 각 학자들의 주장에 대하여는 王克稳, 『城市拆迁法律问题研究』(中国法制出版社, 2007), pp.85-88를 참고.

하는 것은 또한 공익의 요구에도 부합하는 것으로 인식된다. 더불어 현대사회에서는 이익관계의 다원화로 인하여 공공이익의 명확화가 더욱 어려워지기도 한다. 따라서 공공이익의 존재가 모든 개인의 이익을 능가하는 이유가 될 수 없으며, 그 한계 역시 엄격한 제한을 받을 필요가 있다. 공공이익에 의하여 개인이익을 제한하는 경우에는 실체법상으로나 절차법상으로 엄격한 제한을 받아야 하는 것이다.[24]

4. 소 결

상술한 헌법 규정의 내용으로 보면, 토지 또는 사유재산에 대하여 "공공이익의 필요"에 따라 "법률규정"에 의하여 재산권을 수용할 수 있다고 하므로, 앞서 서술한 바의 사유재산권의 내재적 또는 외재적 한계에 대한 논쟁은 큰 실익이 없는 것으로 판단되고, 원칙적으로 법률규정에 의하여 징수 및 징용을 할 수 있도록 규정되어 있으므로, 법률유보 이론으로써 사유재산권의 제한이 가능하다고 판단된다. 다만, 학자들의 견해와 마찬가지로 공공이익의 존재가 모든 개인의 이익을 능가하는 이유가 될 수 없으며, 그 한계 역시 엄격한 제한을 받을 필요가 있고, 공공이익에 의하여 개인이익을 제한하는 경우에는 실체법상으로나 절차법상으로 제한을 받아야 하는 것은 당연한 것이다.

---

24) 王克穩, 전게서, p.89.

V. 공익과 사익의 형량기준: 비례의 원칙

공공이익은 구체적인 내용에서 모호성을 포함하고 있지만, 공공이익과 개인의 이익을 형량하기 위하여 비례의 원칙을 적용할 수 있다. 이론적으로 비례의 원칙을 적용하면 공공이익 개념이 남발되는지 여부를 객관적으로 판단할 수 있다. 예컨대, 헌법에서 국민의 기본권을 보장하고 있다는 것은 다른 말로 국가권력이 국민의 자유에 대하여 부당하게 침해하거나 손해를 가하는 것에 대한 대항을 의미한다. 이러한 의미에서, 비례의 원칙은 국가권력의 행사와 국민의 기본권이 충돌하는 경우 헌법이 허용하는 공권력 행사 내지 공익의 실현과 국민권리의 침해에 대한 형량의 기준이 될 수 있는 것이다.[25]

1. 비례의 원칙의 내용

비례의 원칙은 입법, 사법, 행정의 영역에서 무시할 수 없는 중요한 법원칙이다. 오토 마이어에 의하면 비례의 원칙은 행정법에서 소위 "제왕조항"으로 묘사된다. 이 원칙의 기본적인 취지는 행정주체가 행하는 행정행위는 행정목적의 실현과 행정 상대방인 국민의 권익 보호를 고려하여야 하고, 행정목적의 실현을 위하여 행정상대방인 국민의 이익에 불이익을 주는 경우에는 이러한 불이익한 영향이 가능한 최소한 범위에 이르도록 하여 행정목적의 달성과 국민이익의 희생이 적정한 정도의 비례를 유지해야 한다는 것이다.[26]

---

25) 같은 취지의 서술은 홍정선, 『행정법원론(상)』(박영사, 2008), p.77을 참고. 즉, 오늘날 비례의 원칙은 법치국가원리의 결과로서 고권활동의 전 영역에 걸쳐 적용된다. 침해행정인지 급부행정인지를 가리지 아니한다.

26) 姜明安 編著, 『行政法与行政诉讼法』(北京大学出版社, 1999), p.41.

넓은 의미에서 비례의 원칙은 대개 세 가지 내용을 포함한다. 즉, 적합성의 원칙, 필요성의 원칙 및 협의의 비례원칙 세 가지 내용이다. 적합성의 원칙은 합목적성 또는 타당성 원칙이라고도 하며, 그 기본적인 내용은 국가기관의 행위는 반드시 법률이 정한 목적에 부합하여야 한다는 것이며, 국가기관의 행위가 법정목적에 부합하지 않거나 그 목적에 이를 수 없는 경우에는 적합성 원칙에 위반되는 것이다. 필요성의 원칙은 비대체성 원칙, 최소침해의 원칙이라 부르며, 그 기본적인 내용은 국가기관이 어떠한 국가목적을 달성하기 위하여 부득이하게 국민의 권리를 침해하는 경우에도 그 침해가 최소한에 그치는 조치를 선택하여야 하고, 그 이상 더 최소화할 수 없는 조치를 선택하여야 한다는 것을 의미한다.

좁은 의미의 비례의 원칙은 상당성의 원칙이라고 하며, 행정행위의 도달하고자 하는 효과와 관련되는 것으로, 즉 행정행위가 추구하는 공익은 반드시 상대방인 국민의 손해보다 우선하거나 커야 한다는 것을 의미한다. 이는 행정수단과 목적의 형평을 강조하는 원칙으로 공권력의 행사에서 공공이익과 상대방인 국민의 손해 간에 적절한 비례를 요구하는 것이다. 따라서 비례의 원칙은 국민 개인의 권익 보호 차원에서 국가권력과 개인 간의 합리적인 관계를 조절한다는 데서 시작하여 행정권의 행사를 규율하여, 특히 재량권의 행사를 제한하여 공익과 사익의 적정한 형평성을 유지시키고자 하는 원칙이다. 협의의 비례원칙 역시 아무런 판단 기준이 없는 것은 아니다. 적어도 세 가지 내용, 즉 인간의 존엄성에 대한 불가침, 공익의 중요성, 수단의 적합성 정도를 기본적인 요소로 한다.[27]

위에서 약술한 적합성의 원칙과 필요성의 원칙 및 상당성의 원칙이라는 세 가지 원칙은 각자 특징을 가지면서 상호 관련성을 가지고 있다. 적합성은 전제요건으로서 필요성과 상당성의 기초가 되고, 적합성을 전제로 하여 필요성이나 상당성을 논할 수 있다. 그러나 필요성을 갖추었다고 하는 것이 곧 상당성을 갖추었다고는 할 수 없다. 마찬가지로 상당성을 갖추었다

---

27) 城仲模, 『行政法之一般法律原則』(三民书房, 1994), p.12.

고 하더라도 반드시 필요성을 갖추었다고 할 수 없다. 적합성, 필요성 및 상당성의 구비는 필요조건이다. 또한 세 원칙이 지향하는 방향은 서로 차이가 있다고 할 수 있다. 적합성 원칙의 지향 방향은 어떠한 조치를 취할 것인가 하는 것과 수단의 문제이고, 필요성 원칙의 지향 방향은 수단이 가장 필요한 수단인가 또 손해를 최소화하는 것인가 하는 문제이며, 상당성의 원칙은 투입비용과 산출이익 사이에 비례관계가 성립하는가 하는 문제에 중점을 둔다. 또 다른 각도에서 보면, 이들 세 원칙은 각기 서로 다른 개념 사이의 비교를 의미한다. 즉 적합성은 수단과 목적의 비교를 의미하고, 필요성은 수단과 수단의 비교를 의미하며, 상당성은 투입과 산출의 비교에 관한 것으로 이해할 수 있다.[28]

2. 공익과 사익의 형량기준으로서 비례의 원칙

사익은 비교적 구체적이며 대개 국민 개인의 법률상 이익으로 나타나거나 물질적·정신적 이익으로 표현된다. 그러나 공공이익의 개념은 매우 추상적인 개념으로서 판단 기준에 대한 지역적, 시간적, 사회적 제약을 받고 있다 할 것이다. 공익과 사익의 관계에서 공익은 주로 분쟁을 야기하는 불씨가 된다. 그러나 상호 간에는 통일적이고 상호 전제가 되고, 공익의 실현이나 보호를 위해 때로는 부득이하게 사익의 희생과 양보를 요구하는 것이다.

공익과 사익의 형량을 어떻게 할 것인가 하는 점에 대하여 그 형량의 기준으로서 비례의 원칙을 적용할 수 있다. 왜냐하면, 우선 비례의 원칙은 공권력의 남용 상황을 전제로 정립된 원칙이고, 소위 경찰국가에서 경찰권의 행사가 국민의 권리를 침해하는 데 대응하기 위하여 형성된 것이기 때문이다. 둘째 비례원칙은 적합성, 필요성 및 상당성이라는 세 가지 개념을 포

---

28) 张军·李佳蔚, "论公共利益之合理界定," 『宪法 行政法学』 人大书报资料 2008年 8期, p.65.

함하고 목적과 수단, 개인의 이익과 국가이익의 형량에 관계되며, 공법학의
시각에서 보면 이러한 원칙은 사인의 이익 보호에 치중하고 있다. 공법학
에서 공공이익의 보장은 주로 능동적 지위에 있고 사인의 이익은 수동적
지위에 처하게 된다. 비례의 원칙은 양자 관계의 형평성을 위한 원칙으로
서 형평성의 확보는 실질적으로 공권력의 저지와 사익의 보장을 상정하고
있는 것이다. 비례의 원칙의 내용은 인권의 적극적인 추구를 나타낸다. 필
요성 원칙이 요구하는 수단은 인권의 침해에 대한 최소화에 적합한 수단이
다. 협의의 비례의 원칙은 추구하는 목적의 부작용이 큰 경우 그 목적의
추구를 포기할 것을 요구한다.[29]

3. 비례의 원칙에 부합하는 사유재산권의 수용

일반적인 법리에 따르면 법률에 의한 사유재산권(기본권)의 제한은 그 기
본권의 제한을 불가피하게 하는 현실적인 사정을 감안하여 행정목적을 달
성하기 위한 필요 최소한의 범위 내에서 허용된다. 보호되어야 할 이익
과 제한되는 사유재산권 사이에는 합리적으로 평가할 수 있는 일정한 비례
관계가 성립되어야 한다. 즉, 기본권이 필요한 정도를 넘어서 침해되는 일
이 없도록 해야 한다는 점에서 최소 침해의 원칙에 부합해야 하고, 기본권
을 제한하는 정도와 그 제한에서 얻는 공공이익을 엄격하게 비교 형량하여
더 큰 공익을 위하여 불가피한 경우의 비례의 원칙에 부합해야 하는 원칙이
다.[30]

이러한 점에서 중국의 헌법이 인정하고 있는 사유재산권의 수용 과정에
서, 그 구체적인 사유재산권의 수용을 정당화시킬 만한 공공이익이 존재하
는 것인지 하는 문제는, 비례의 원칙에 의하여 공익과 사익을 비교 형량하

---

29) 徐显明, 『人权研究』(山东人民出版社, 2003), p.344.
30) 허영, 『헌법이론과 헌법』(박영사, 2003), p.430.

여 판단할 수 있고, 비례의 원칙에 위반하는 사유재산에 대한 수용은 인민
법원의 사법심사에서 부정되어야 할 필요가 있는 것이다.

4. 소 결

공익상의 필요는 수용의 사유이자 한계라 할 수 있다. 공공이익을 위한
필요의 개념은 사실 매우 광범위하고 불확정적이므로 재산권의 수용을 규
정하는 개별 법률에서 공익상의 필요를 규정하고 설정하는 것은 입법자가
해야 하는 역할이며, 공공필요의 판단에는 비례의 원칙이 고려되어야 하고,
공공이익을 위한 필요가 아닌 경우의 수용은 위법하다고 할 것이다.31)
마찬가지 이유로 중국의 경우, 특히 공공이익의 확정에 관한 방법론적
원칙의 확립 및 정착과 더불어 비례의 원칙을 적용하여 사유재산의 수용에
서 구체적으로 공익과 사익을 비교 형량할 것이 요구 되는 바, 즉 법률에
의한 사유재산권의 제한은 그 기본권의 제한을 불가피하게 하는 현실적인
사정을 감안하여 행정목적을 달성하기 위한 필요한 최소한의 범위 내에서
허용되어야 한다. 공익목적에 의하여 재산권을 수용하는 경우에도 최소 침
해의 원칙에 부합해야 하고, 재산권을 제한하는 정도와 그 제한에서 얻는
공공이익을 엄격하게 비교 형량해야 할 것이다.

---

31) 홍정선, 전게서, p.887.

VI. 절차법적 제도를 통한 공익성 판단

1. 공익에 대한 절차적 통제의 필요성

공공이익의 구호 아래 시행되는 재산권 수용에서, 공공이익의 실현 및 그 정당성의 인정에 절차적 통제를 가할 수 있다면, 현재 중국 행정허가법이 주로 행정기관의 허가사항에 국한하여 규율하고 있는 상황으로 볼 때, 공익실현에 대한 절차적 통제는 국민의 권리보호 확대를 위한 유효한 제도를 확립하는 계기가 될 것이다. 특히 다음과 같은 이유에서 공공이익의 실현에 대한 절차적 통제의 필요성이 제기되고 있다.

첫째, 공공이익 실현의 절차적 통제는 공공이익 자체의 요청으로 인식된다. 현대 국가에서 부동산 등에 대한 수용에서 이익의 다양성이 존재하고 이러한 복잡 다양한 이해관계를 조절하기 위해서는 공정하고 합리적인 절차를 필요로 한다. 공공이익 그 자체로 이익형량의 규칙이 될 수 있고, 이익형량을 통하여 어떠한 이익을 우선할 것인가를 결정할 수 있는 것이다. 특히 행정법은 국가 공공이익의 실현을 목적으로 하면서, 다른 한편으로는 국민의 이익을 보호하여야 하며, 행정주체와 상대방인 국민 사이의 이해관계를 적절히 조절하는 것이다. 이러한 이해관계의 조절과정에서, 행정기관의 국민의 재산권 수용행위가 비록 진정한 공공이익의 실현을 위한 필요성에서 출발했다 하더라도, 개인의 이익에 대한 희생 역시 적법하고 유효한 절차를 통해서 이루어져야 한다는 점에는 의문의 여지가 없다.[32]

둘째, 재산권의 수용 과정에서 공공이익 실현의 절차적 통제는 현대적 민주행정의 발전에 필요한 당연한 결과로 본다. 즉, 공공이익 실현을 위한 수용은 그 목적의 정당성뿐만 아니라 더 나아가 형식 및 절차의 적법성을 요구한다. 행정주체와 상대방인 국민 사이에 협상의 절차 속에서, 모든 참

32) 胡锦光·杨建顺·李元起, 『行政法专题研究』(中国人民大学出版社, 1998), p.14.

가 이해관계자가 충분한 정보에 근거하여 그 주장을 전개함으로써 이익을 조정하고 공공이익 실현을 위한 그 정당성에 대한 이해를 하는 것이 중요하다. 정책의 결정과 집행의 모든 과정이 공개적이고 투명하며, 법 규정에 따라 상대방인 국민의 알 권리, 청문의 권리, 진술권, 변명권, 참여권 등의 절차적 권리가 보장될 때 비로소 현대적 민주행정의 발전을 도모할 수 있는 것이다.[33]

셋째, 재산권 등의 수용에서 공공이익 실현에 관한 절차적 통제는 상대방인 국민의 권리보호를 위한 중요한 역할을 한다는 점이다. 공공이익의 실현을 이유로 한 수용은 국민의 권리에 중대한 영향을 미친다. 절차적인 공개와 투명성의 확보는 상대방인 국민의 권리에 대한 침해를 최소화할 수 있고 유효한 구제를 보장할 수 있다. 재산권에 대한 수용의 목적 자체가 공공이익 실현에 부합한다 하더라도 수용과정에서 상대방인 국민의 권리를 무시한다면 그 자체로서 공공이익의 실현에 위배되는 것이다.

넷째, 재산권 수용을 통한 공공이익의 실현에 대한 절차적 통제는 권력통제의 요청에도 부합한다고 인식된다. 공공이익의 실현을 이유로 강제로 국민의 권리를 제한하는 경우에는 정부와 국민 사이의 긴장관계를 쉽게 야기할 수 있으며, 특히 일부 지방 또는 부문이 지방이익이나 부문이익을 위하여 수용을 하는 과정에서 필요한 절차를 무시하는 경우가 있고, 이러한 상황은 더욱 효과적인 권력통제를 필요로 한다. 절차적으로 국가기관에 대한 권력행사의 통제는 유한정부의 건설 및 법치국가 건설의 요청에도 부합하는 것이다.[34]

공공이익의 실현을 위한 재산권 수용 과정에서 일어나는 많은 문제는 절차적 문제로 해결이 가능하다는 것이다. 공공이익의 확정과 보장은 완비된 절차를 통하여 가능하고, 비록 공공이익의 실현을 위한 수용이라 하더라도 적법한 절차를 통하여 실현될 수 있는 것이다. 적법한 절차를 거치지 않는

33) 许中缘, "论公共利益的程序控制," 『宪法学 行政法学』 人大书报资料 2008年 9期, p.63.
34) 汉斯·J·沃尔夫 等 著, 高家伟 译, 『行政法』 第2卷(商务印书馆, 2002年), pp.323-324.

공공이익의 실현은 그 자체로 정당성을 갖기 어렵고 그 자체로 곧 공공이익에 위반되는 것으로 이해할 수 있다. 공공이익은 그 목적 자체의 정당성뿐 아니라 형식적 절차의 적법성을 요구하며, 절차적으로 정당성이 확보되어야 비로소 공공이익은 진정한 가치를 지니기 때문으로 인식된다.

2. 공익성 여부 판단 기준으로서의 절차제도

어떤 의미에서 공공이익은 절차법을 통하여 실현되는 이익이라고도 할 수 있다. 공공이익의 확정이 실체법을 통하여 망라될 수 없는 것이므로 절차법적으로 보완할 수밖에 없다. 학자에 따라서는 절차상 공정, 공평, 공개에 의하여 공공이익이 실현될 수 있다고 하고, 공공이익의 본질은 국민의 동의와 지지를 어떻게 획득하는가에 있다고 한다.[35]

공익 주체의 다양성과 공공이익 자체의 내용상 동적인 특성은 공공이익의 내용을 상대적인 것으로 만들기 때문에 절차법적 각도에서 공공이익을 판단할 필요가 있는 것이다. 따라서 어떠한 이익이 공공이익에 속하는가는 그 결정과정에 국민의 참여가 충분히 보장되었는가 하는 것으로도 결정된다. 구체적으로는 정보의 공개나 투명성을 보장하여 국민 특히 이해관계자의 참여가 충분히 보장되었느냐 하는 것에 의하여 결정될 수 있는 것이다.

국민의 재산권에 대한 수용이 결정되는 경우에, 상대방인 국민에게 의견진술의 기회가 부여되었는지, 공개적인 청문이 실시되었는지, 수용결정의 절차가 공개, 공정, 합리적으로 진행되고, 그 수용에 반대하는 의견이 결과에 충분히 반영되었는지 여부로 공익성 인정 여부를 결정할 수 있다. 엄밀한 절차적 심사를 통하여 행정주체가 공공이익의 이름을 빌어 행하는 공권력 남용을 방지할 수 있고, 예컨대 비 공익적인 목적의 개발사업 추진을 기타 목적의 사업으로 전환시킬 수 있고, 이러한 점에서 공공이익의 인정에

---

35) 蕭瀚, 土地征收与非公推定, 南方周末, 2007.4.5 B15.

대한 절차법적 판단은 중요한 역할을 할 수 있는 것이다.[36]

VII. 결어

오늘날 대다수 국가는 공공이익을 위해서 기본권을 제한할 수 있도록 기본권 제한의 기준과 방법 및 한계를 헌법에서 명문화하고 있고, 중국 헌법의 경우에도 사유재산권의 보장을 명문화하면서도 법률에 의한 사유재산권의 제한을 인정하고 있다. 사유재산의 신성불가침이나 절대성을 인정하지 아니하고, 일반적인 법률의 형식으로 사유재산권을 제한할 수 있도록 하고 있으며, 재산권의 내재적 한계나 공익상의 제한을 확인하고 있다.

특히, 공공이익에 따른 사유재산의 수용은 개인의 권리에 대한 제한으로 이해되고 있고, 일정한 범위 내에서 사회적 공익의 필요에 의한 개인의 권리에 대한 침해는 합리적이며, 이러한 침해의 용인은 개인의 이익과 사회적 이익은 서로 밀접한 연관성이 있기 때문인 것으로 이해한다. 즉, 공공이익은 개인의 권리를 분배하거나 행사할 경우 결코 외부적 한계를 초과할 수 없고, 그렇지 아니한 경우에는 전체 사회구성원에 대하여 중대한 손실을 입힐 수 있다는 것으로 이해된다.

그러나 공공이익의 필요에 의한 재산권의 수용을 헌법에서 구체적으로 인정하고 있지만, 공공이익의 개념 자체가 가지는 불확정성[37]으로 인하여 지방정부 등 행정기관의 현실적인 해석 및 운용의 결과 다양하게 표출되고,

---

36) 王克稳, 전게서, p.112.

37) 독일학자 클라인의 견해에 의하면 이익주체의 다원화로 인하여 이익 내용의 확정은 가치판단을 통하여 이루어지고, 이러한 가치판단은 인간이 행하는 정신적 행위로서 주관적 판단과 관련된다. 다라서 가치판단으로 형성되는 이익내용은 다양성과 불확정성을 가진다. 陈新民, 『德国公法学基础理论』(山东人民出版社, 2001), pp.182-183.

이러한 결과로서 서론에서 예시한 행정기관과 상대방인 국민 사이의 갈등이 빈번히 야기되고 있는 것이다. 즉 일부 지방정부가 재정수입의 증대를 위하여 공공이익이라는 명분아래 토지를 징수한 후, 고가로 개발업자에게 토지사용권을 이전한다. 이러한 연유로 이해관계가 있는 당사자뿐만 아니라 많은 학자들도 지방정부의 투자유치 등을 위한 징수를 상업적 목적으로 이해하고, 상업적 목적의 토지는 상업적 방법에 의하여 취득할 것을 주장하고 있는 것도 이상과 현실을 반영하고 있는 것이라 할 것이다.[38]

중국에서 사유재산권의 제한이나 토지사용권의 회수를 중심으로 한 행정기관과 상대방인 국민 간의 갈등을 해소하는 방법으로 본문에서 소개한 공공이익의 개념 확정을 위한 구체적 방법론은 그 적용상 상당한 현실적 의의가 있을 뿐 아니라, 특히 재산권의 수용과 관련하여 비례의 원칙에 입각한 이익의 형량이나 공공이익의 인정 및 정당성 확보를 위한 절차법적 통제와 판단은 중요한 의미를 가진다고 할 것이다.

현실에서 법률을 집행하는 행정기관이 상대방인 국민의 재산을 수용하거나 토지사용권을 회수하는 경우에 진정한 공공이익의 목적을 실현하기 위한 목적과 노력으로 이러한 재산권의 수용이 이루어져야 하고, 또한 이러한 상황이 담보되는 경우에 비로소 행정기관과 국민 간의 갈등은 많은 부분 해소될 수 있을 것이다.

---

38) 정이근, 전게논문, p.449.

■ 참고문헌

姜明安 编著. 『行政法与行政诉讼法』. 北京大学出版社, 1999.

徐显明. 『人权研究』. 山东人民出版社, 2003.

城仲模. 『行政法之一般法律原则』. 三民书房, 1994.

王克稳. 『城市拆迁法律问题研究』. 中国法制出版社, 2007.

周叶中. 『宪法』. 高等教育出版社, 2005.

陈新民. 『德国公法学基础理论』. 山东人民出版社, 2001.

焦洪昌. 『公民私人财产权法律保护研究』. 科学出版社, 2005.

汉斯·J·沃尔夫 等. 高家伟 译. 『行政法』 第2卷. 商务印书馆, 2002.

胡锦光·杨建顺·李元起. 『行政法专题研究』 中国人民大学出版社, 1998.

戴涛. "修宪背景下的城市房屋拆迁若干问题." 『宪法学 行政法学』 中國人民大學復印報刊資料 2004年 7期.

楊峰. "財産徵收中公共利益如何確定." 『憲法學 行政法學』 中國人民大學復印報刊資料 2006年 第1期.

余少祥. "论公共利益的行政保护." 『宪法学 行政法学』 中國人民大學復印報刊資料 2008年 9期.

姚佐莲. "公用征收中的公共利益标准." 『宪法学 行政法学』 中國人民大學复印报刊资料 2006年 4期.

张军·李佳蔚. "论公共利益之合理界定." 『宪法学 行政法学』 中國人民大學復印報刊資料 2008年 8期.

许中缘. "论公共利益的程序控制." 『宪法学 行政法学』 中國人民大學復印報刊資料 2008年 9期.

제4장 |
행정법상 평등원칙

Ⅰ. 평등 개념의 복잡성

1. 평등의 개념

평등이란 대개 동일한 사물은 동일하게 대우를 해야 하고 서로 다른 사물의 경우는 상응하게 서로 달리 대우해야 한다는 것을 의미한다. 평등은 만물의 자연적 차이에 기초하여 합리적인 차별을 행하는 것을 의미한다. 즉 본질적으로 동일한 사물에 대하여 동일한 취급을 하면 평등한 대우가 되지만, 본질적으로 동일한 사물에 대하여 차별적인 취급을 하면 불공정한 불평등을 야기하는 것이다.

현실생활에서 평등의 문제는 대개 두 가지 면에서 전개된다고 볼 수 있다. 즉 사물에 대한 분류 작업을 한 후, 그 사물의 본질에 따라 공정하고 합리적인 대우를 한다는 것이다. 예컨대, 현실 세계에서는 완전히 동일한 나뭇잎은 존재할 수 없음에도 불구하고 흔히 볼 수 있는 식물의 잎과 희귀 식물의 나뭇잎에 대하여 서로 다른 대우를 하고 있는 것이 당연한 것으로 받아들여진다. 즉 세상 만물에 대하여 우선 적절한 구분을 한 후 서로 상응하는 불평등한 대우를 한다. 그 구분은 대개 미추, 선악, 고결함과 천박함, 사회적 효율 및 사회전체의 이익 등을 기준으로 구분하고 이에 대한 대우를 하게 된다.

"All men are created equal." 이라는 문구는 모든 인간은 동등한 가치를 지니고 태어났음을 잘 표현하고 있다. 타고난 용모, 지력, 체력 등 어떠한 차이에도 불구하고 출생과 동시에 인간으로서 평등한 대우를 받아야 함을 의미한다. 또한 "법 앞의 평등(equality before the law)" 이라는 말로 우리는 법적인 평등원칙을 표현하고 있다. 또한 "법 아래의 평등(equality under the law)"으로, 또는 "법적인 평등보호(equal protection of law)"로 표현되기도 한다. 법 앞의 평등과 법적인 평등보호 개념은 구분되어 사용되기도 한다. 법 앞의 평등은 국가 법률은 모든 사람에 대하여 편파적이지 않고 차별 없이 적용하여야 하고, 누구든지 법률을 초과하는 특권을 행사하지 못함을 의미한다. 법적인 평등보호는 법률 내용상 평등한 보호를 의미한다. 프랑스나 독일의 경우는 전통적으로 법 앞의 평등이라는 용어를 사용하고, 영미의 경우 법 아래의 평등이라는 표현을 사용한다.[1]

2. 평등 개념의 복잡성

인간의 지위가 평등하고 법 앞에 평등하다는 등의 말은 그리 오래된 표현이 아닌 듯하다. 서구 유럽에서는 프랑스 대혁명으로 대표되는 계몽운동 시기를 시점으로 강조되었다고 볼 수 있다. 또한 평등에 대한 갈망, 불평등에 대한 시정, 특권이나 멸시, 차별에 대한 시정의 역사는 끊임없이 지속되

---

1) 林来梵, 『从宪法规范到规范宪法』(法律出版社, 2001), p.106.

고 있다. 미국에서 여자의 선거권도 미국헌법이 형성된 지 130년 이상이
지난 후 비로소 헌법에 반영된 것을 알 수 있다. 인류 역사상 불평등에 대
한 투쟁 과정에서도 평등은 복잡한 내용을 포함하고 있다는 것을 쉽게 이해
할 수 있다. 경제적 평등에서의 획일적인 평등도 가능하고, 국가권력을 동
원한 부의 배분을 위한 적정한 수정을 포함하는 경우도 있으며, 더욱 복잡
한 상황도 존재한다. 중국의 경우 공무원의 정년 규정으로 여성의 경우 만
55세로 하고, 남성의 경우 만 60세로 하고 있는데,[2] 이러한 규정이 여성에
대한 평등한 보호일까 아니면 여성의 근로권에 대한 차별에 해당하는 것인
가? 매우 현실적 문제이며 여러 가지 다양한 견해의 대립이 예상된다.

II. 법 앞의 평등

1. 평등 개념의 변화

평등사상의 기원은 그 역사가 오래된다. 고대 희랍의 아리스토텔레스는
평등을 정의의 핵심으로 학설을 전개하였다. 그 후 스토아학파는 인간이
이성을 향유한다는 이유로 인간의 본질적 평등을 주장하여 고대 자연법상
의 평등학설을 구체화하였다. 16세기에 일어난 종교혁명 시기에는 '신 앞
의 평등'이라는 관념이 제시되었고, 그 후 계몽사상에 의하여 인간의 생래
적 평등이 주장되었으며, 이 원칙은 근대 헌법의 기본적 이념의 하나가 되
었다. 그리하여 일부 사회국가 내지 복리국가에서는 실질적 평등의 원리를
평등원칙 중에 반영하게 되었다. 역사적 과정을 살펴보면 평등에 관한 투
쟁은 인류사회의 중대한 과제임을 알 수 있다. 무수한 반항과 투쟁운동은

---

2) 중국 국가공무원잠행조례 제78조 참고.

평등의 기치 아래 일어선 것이고 갖가지 유형의 불평등을 시정하고자 투쟁한 것이다. 현대 사회가 비록 물질적인 기본 수요를 만족시키고 있고 기본적인 평등대우가 보장되고 있지만, 여전히 평등에 대한 요구가 높아지고 있는 실정이기도 하다.

현대 사회에서 법은 사회질서를 유지하고 사회분쟁을 해결하는 기능을 한다. 법은 사회를 지탱하는 없어서는 안 될 중요한 기능을 하고 있는 것이다. 그러나 법은 많은 경우 인간관계에서 평등을 촉진하는 작용을 하지만 동시에 불공정 내지 불공평을 조장하기도 한다. 불평등에 대한 시정과 평등의 추구는 법에 대한 투쟁을 빌어 나타나기도 한다. 인간은 때로는 법에 대한 비평과 공격을, 때로는 법에 대한 찬양을 하게 된다. 법의 형식적 불평등이 평등이라는 욕구를 만족시킬 수 없는 경우, 사람들은 정의의 이름 아래 실질적 평등을 외치게 된다.

2. 법 적용상의 평등과 법 제정상의 평등

평등의 개념에 대하여 많은 학자들은 입법적 평등과 사법적 평등으로 구분하기도 하며, 법 앞의 평등이 입법적 평등을 말하는 것인지 아니면 사법적 평등을 포함하는 개념인지 각자의 주장에 따라 견해를 달리할 수 있다.

중국의 경우 현행 헌법은 1954년 헌법에서 규정한 중국 인민은 "법률상 모두 평등(法律上一律平等)"이라는 표현을 "법 앞의 평등(法律面前人人平等)"이라는 표현으로 변경하였고, 이에 따라 법학계의 주류 관점은 헌법상 법 앞의 평등이 의미하는 바는 법 적용상의 평등을 의미하고 주로 사법적 평등을 의미하는 것으로 이해한다. 독일과 일본의 경우, 학설은 대개 평등의 의미를 적용상의 평등뿐만 아니라 법제정상의 평등을 포함하는 개념으로 확대하고 있다.3) 미국의 경우 수정헌법 제14조 통과 후 법적인 평등보호(equal

---

3) [日]三浦 隆, 『实践宪法学』(中国人民公安大学出版社, 2002), p.99.

protection of law)가 역사상 처음으로 헌법에 명기되었고, 법 집행기관에 대한 형식적 원칙에서 점차 입법기관을 구속하는 실질적인 원칙으로 발전해 왔다.[4]

입법자의 입법에 대한 제한 가능 여부와 관련하여, 법 적용상의 평등설은 입법자 비구속설이라 부르며, 법 내용상의 평등설은 입법자 구속설로 부른다.[5] 법 내용상 평등설의 핵심은 불평등한 법 적용의 금지에 그치는 것이 아니라 불평등한 내용으로 법이 제정되는 것을 금지한다. 이는 입법에서 생길 수 있는 자의적 입법을 고려한 것이다. 형식적인 법적 평등을 고수하는 경우 법의 힘으로 새로운 불평등을 야기할 수 있고 이로 인하여 법적인 평등원칙은 그 본래의 의미를 상실하게 된다. 따라서 법의 형식적 평등은 반드시 실질적 평등을 통하여 보충되어야 하고, 이로써 법률의 정의 수호 기능 및 공정한 질서 확립이라는 본연의 임무를 유지할 수 있다.

III. 법률상의 평등원칙

1. 입법적 평등, 사법적 평등 및 행정상 평등

법 앞의 평등은 평등원칙을 지칭하는 것이지만 이러한 표현으로 평등원칙의 모든 내용을 표현하기 어렵다. 중국 법학계의 통설적 입장은 법 앞의 평등이 곧 법 적용상의 평등으로 이해하고 있기 때문에 서방 법학의 개념과 다소 거리가 있고 특히 법 제정상의 평등을 간과하고 있다. 그러나 최근 헌법상 기본권에 관한 소송과 관련하여 관심이 고조됨으로써 여러 가지 불

---

4) 张千帆, 『西方宪政体系(上册)』(中国政法大学出版社, 2000), p.278.
5) [日]三浦 隆, 『实践宪法学』(中国人民公安大学出版社, 2002), p.104.

평등 현상 및 국민의 평등권 보장에 관한 논의와 입법적 평등에 관한 검토가 논의되고 있다. 교육권의 평등한 보호, 농민출신 노동자에 대한 평등대우, 취업 시 키와 관련한 차별, 성별에 따른 차별, B형 간염 보균자에 대한 차별 등이 사회적 이슈가 되었고, 이와 관련하여 평등권에 대한 관심이 고조되고 있다.

또한 현실적으로 입법적 평등에 관한 관심도 고조되고 있지만 평등원칙 자체가 고도의 가치와 추상적인 성질을 갖기 때문에 그 내용은 실질적 사건에 대한 판단을 통하여 보충될 수밖에 없다. 입법에 대한 사법심사에 관한 시스템이 열악한 중국의 경우 실질적 평등원칙을 구현하는 데 상당한 시간이 필요할 것으로 보인다.

상술한 바와 같이 입법적 평등에 관한 관심이 고조되고 있다고 하지만 법 적용상의 평등 문제가 해결되었다고 보기도 어렵다. 법 적용상의 평등은 법질서의 확립과 유지에 관계되고 일반 국민의 공정한 사법에 대한 기본적인 신뢰는 불완전한 사법독립, 사법부패, 지방보호주의 등으로 인하여 훼손되고 있다.

법 적용상의 평등은 법 앞의 평등을 포함할 뿐만 아니라 법정에서 모든 사람의 평등을 포함하는 개념이다. 법정에서의 평등은 각 법률 분쟁사건의 해결에 있어 독립적이고 공평무사한 법정에서 공개적이고 공정한 심판을 받는 것을 의미하며, 소송상 원고와 피고 쌍방의 소송상 평등원칙이 적용되고, 어떠한 형사 피의자 또는 피고인도 최소한의 실체적 및 절차적 권리를 갖는다는 것이다.

넓은 의미로 법 적용상의 평등은 사법적 평등뿐만 아니라 법 집행의 평등을 포함한다. 입법기관이 법률을 제정한 후 행정기관은 사법기관과 마찬가지로 법 집행에 있어서 공정하게 적용하여야 하고, 다른 특별한 의도 또는 동기로 차별적인 대우를 할 수 없다. 그동안 사실 입법적 평등과 사법적 평등에 대한 구분은 관심을 두었지만 행정과정에서 평등원칙이 적용되어야 한다는 점은 무시되었다. 입법기관이나 행정기관 모두 자의적인 결정을 할 가능성이 있고 이로 인하여 사회적 불평등을 조장할 가능성은 늘 존재한다.

비록 입법기관이 고도로 완벽한 입법을 한다 하더라도 행정기관은 여러 가지 차별적 방식으로 법률을 집행할 가능성이 있고 국민이 법에 의하여 당연히 가져야 할 평등권을 침해할 수 있다.

평등원칙은 행정기관의 기속행위가 이러한 원칙에 기속되어야 함은 물론 재량행위 역시 평등원칙에 기속되어야 함을 요구하고 있다. 평등원칙은 행정기관의 모든 활동에 대하여 사법기관의 통제를 빌어 공정하고 합리적일 것을 요구한다. 최근 중국 행정법학계는 합법성 원칙과 합리성 원칙이라는 두 가지 원칙을 수용하고, 행정상의 평등원칙은 합법성의 요구와 합리성의 요구를 포함하는 것으로 인정한다.[6]

결국 평등원칙의 표현은 세 가지 범주로 구분된다. 입법적 평등, 사법적 평등 및 행정상 평등이다. 입법적 평등은 법률상 평등의 기초가 되며, 법률 자체가 불평등한 경우는 아무리 공정한 법관이라 하더라도 달리 방법이 없는 것이다. 사법적 평등은 법정에서의 모든 사람의 평등과 사법심판의 실체적 평등을 포함하고 사회적 공정의 확보를 위한 최후 수단이 된다.[7] 행정상 평등은 행정기관의 행위가 합법은 물론 합리적이고 공정할 것을 요구한다.

2. 평등원칙의 내용

평등원칙은 헌법이 채택하고 있는 가장 기본적인 원칙이기도 하다. 이 원칙은 입법, 사법 및 행정을 구속하며, 외부적으로는 입법적 평등, 사법적 평등 및 행정상 평등으로 나타난다. 그러나 평등원칙도 개인에 대하여는 특정한 권리를 부여하는 성질을 가진 원칙이며, 국가적으로는 일체의 국가행위를 지도하고 구속하는 원칙이다.[8] 이러한 점에서는 헌법원칙으로서의

---

6) 张千帆, 『西方宪政体系(上册)』(中国政法大学出版社, 2000), pp.280-283.
7) 인민법원조직법 제5조에서는 모든 국민에 대한 법 적용상의 평등원칙을 규정하고 있다.

평등원칙과 국민 기본권으로서의 평등 사이에 내재적 관계가 있는 것으로 인식한다. 헌법상 평등원칙의 확립은 곧 헌법상 국민의 기본적 권리로서의 평등을 보장한다는 것을 의미한다.9)

입법적 평등, 사법적 평등 및 행정상의 평등은 국가행위의 각기 다른 영역에서의 평등원칙에 대한 외부적 형태에 지나지 아니하고, 평등원칙의 함의는 하나의 독립된 헌법적 기본권으로서 생명권 및 자유권과 대등한 평등권으로서의 의미를 가지고 있다. 평등권은 곧 평등원칙이 법 원칙으로서 견지하고 수호하고자 하는 가치의 핵심이다. 평등원칙의 인정이 단지 허구적인 법적인 형식상의 평등을 수립하고자 하는 것도 아니고 현실적으로 가능하지도 않은 절대적 평등을 확립하고자 하는 것은 아니다. 평등원칙의 견지와 수호는 바로 개인의 평등한 권익을 보호하는 데 있으며 개인이 국가나 사회로부터 불공평한 대우를 받지 않도록 하는 데 있다. 이러한 의미에서 평등원칙은 적어도 두 가지 의미를 포함하고 있다. 즉, 모든 사람은 법 앞에서 평등한 권리를 가진다. 이는 형식적 법 적용의 평등을 의미한다. 또한 모든 사람은 법적으로 평등한 보호를 받을 권리를 가진다는 것이다.

법 앞에서 평등할 권리와 법적으로 평등한 보호를 받을 권리는 평등원칙이 포함하고 있는 평등권의 가장 기본적이고 중요한 내용이다. 이것은 법률의 형식적 평등을 기초로 하여 실질적 평등의 원리를 내포하고 있는 것으로서 법 자체의 평등성을 요구하고 있다. 다만 법률의 운용은 소극적 측면에만 그치는 것이 아니고 법률은 그 자체로 정의와 공정을 구체화하여야 하고, 이로써 법률의 수단적 성질을 빌어 정의와 공평을 지향해 나갈 수 있는 것이다. 이러한 논리에서 국가의 적극적 의무를 제시하고, 국가가 여러 가지 적정한 수단을 동원하여 차별적인 조치를 시정하여 실질적 평등을 실현해 나갈 것을 요구하는 것이다.

이러한 요청에 근거하여 국가는 개인의 특징에서 오는 여러 가지 요소들

---

8) 林来梵, 『从宪法规范到规范宪法』(法律出版社, 2001), pp.110-111.
9) 이러한 견해에 의하면 평등권에 관련한 헌법소송의 가능성을 인정할 수 있다.

즉 종족, 피부, 성별, 언어, 종교, 정치적 견해, 국적 또는 사회적 신분, 재산 등의 차이에서 오는 차별을 금지할 의무가 있으며, 평등원칙이 요구하는 차별금지 그 자체로서 각 개별 영역에서의 구체적인 평등조치를 하여야 하는 것이다. 이러한 요청은 국제사회의 인권 문제에서도 이미 공통적인 인식에 도달하였다고 볼 수 있다. 국제연합 인권협약에서도 모든 사람은 법 앞에 평등하며, 법적으로 평등한 보호를 받을 권리를 가지고, 차별을 받지 않을 권리를 가진다고 표현하고 있고, 또한 법률은 모든 사람이 평등하고 유효한 보호를 받을 수 있도록 하여야 하며 종족, 피부, 성별, 언어, 종교, 정치적 견해, 국적 또는 사회적 신분, 재산, 출신 및 기타 어떠한 이유로 인한 차별을 받지 않도록 하여야 한다고 정하고 있다.

3. 평등원칙의 구체적 실현

1) 평등원칙의 적용대상

평등원칙의 적용대상은 법 적용평등설과 법 내용평등설의 입장에 따라 그 범위를 달리한다. 법 적용평등설의 입장에 의하면, 평등원칙은 법적으로 동일한 것으로 인정되면 동일한 대우를 하여 동일한 법적 효력을 발생시키도록 하고, 법적으로 동일하지 않은 것은 차별적으로 대우하여 상이한 법적 효력이 발생되도록 해야 한다는 것을 가리킨다. 따라서 평등원칙은 입법자에 대한 구속을 의미하지 아니하며, 입법자의 자율을 신뢰하고, 사법적 결정으로 입법에 영향을 미치지 아니한다. 따라서 법적인 평등은 사법적 평등과 행정상의 평등을 의미하게 된다.

법 내용평등설의 입장에 의하면, 평등원칙의 적용대상은 입법, 사법 및 행정을 포함한다. 국가가 국민에 대하여 실시하는 모든 작용은 공정 합리적이어야 하며, 이는 곧 실질적 평등을 지향하는 학설이다. 입법자의 입법적 결정 역시 사법적 심사를 받아야 하며, 독립적이고 공정한 사법기관에 의하여 심사가 진행될 것을 전제로 한다.

평등원칙이 국가의 모든 작용을 대상으로 한다면, 현대적 국가는 자유 자본주의 시대의 야경국가 특징을 넘어, 국민의 기본권 보장과 증진, 사회 발전과 사회적 분배의 공정성 확보에 전면적인 책임을 지게 되며 국민의 국가에 대한 권익의 증진에 대한 기대 역시 정당하고 합리적이다. 따라서 평등원칙은 사법적 평등이나 소극적으로 국민의 권리 침해에 한정하지 아니하고, 국가에 대하여 입법·사법 및 행정의 각 영역에서 적극적으로 국민의 평등권 실현을 요구할 법 원리가 된다. 따라서 입법, 사법 및 행정상 평등뿐 아니라 구체적으로는 기속행위나 재량행위를 불문하고 평등원칙의 적용대상이 된다.

2) 평등원칙의 판단기준 — 미국과 독일의 경우

무엇이 평등원칙에 부합하는 것인가? 무엇이 평등원칙에 위반되는 것인가? 평등원칙 자체로서 그에 대한 판단기준을 요구하고 있다. 이러한 판단기준은 또한 입법, 사법 및 행정작용에 모두 적용될 수 있는 기준이 되어야 한다.

입법적 평등을 판단하는 기준은 입법상 실질적 평등의 기준이며, 요약하면 "합리적 차별대우"의 기준이다. 이러한 입법적 평등을 판단하는 기준은 평등원칙의 사법 및 행정영역의 판단기준에도 적용될 수 있다. 합리적 차별대우는 자의적 차별대우를 금지하는 것이며, 멸시를 금지하는 것이다. 합리적 차별대우와 관련하여 미국과 독일의 법리를 고찰할 필요가 있다.

(1) 미국의 경우

미국의 경우 입법에 해당하는 규범은 헌법상의 평등보호조항이 요구하는 조건을 만족시켜야 한다. 우선, 법률은 합헌적 목적을 갖추어야 하며, 즉 법률의 목적은 공적 위해를 제거하는 목적에 부합하여야 한다. 평등보호조항에 대한 사법심사의 특징은 다음과 같다.[10]

---

10) 张千帆, 『西方宪政体系(上册)』(中国政法大学出版社, 2000), pp.284-285.

첫째, 인종 또는 국적에 관련된 입법은 의심해야 할 입법 부류(suspect classification)에 속하고 반드시 엄격한 심사를 받아야 한다(strict scrutiny). 법률이 의심할 수 있는 부류에 속하는 경우, 연방최고법원은 우선 당해 법률이 헌법에 부합한다는 추정을 배제한다. 연방최고법원으로 하여금 공공이익을 위하여 긴급한 필요성에 의하여 이러한 분류가 합리적이라고 증명된 경우로서, 또한 최소 침해의 수단으로 이러한 공공이익을 실현하는 것이 아니라면, 당해 법률은 위헌으로 판단되어야 한다.

둘째, 성별에 관련된 입법은 의심 가능한 입법 부류에 속하고(substantial relationship), 중간 정도의 심사를 받아야 한다. 입법자는 성별에 따른 분류가 중대한 정부목표에 봉사함을 증명해야 할 책임이 있고, 이러한 목표와 실질적인 관련성을 증명해야 한다.

셋째, 경제 영역의 입법은 매우 관대한 심사를 받는다(rational relationship). 경제 관련 입법은 합리적 기초심사(rational basis test)라는 심사기준을 적용한다. 법률에 대한 의심의 여지가 있고, 그 시행이 일부 불평등을 야기할지라도, 법률에 의한 분류가 일정한 합리성을 증명한다면, 당해 법률이 합헌적인 것으로 인정된다. 이때 당해 법률이 헌법상 평등조항을 위반하였다고 주장하는 자가 차별의 존재에 대한 입증책임을 진다.

넷째, 입법 자체로 의심해야 할 입법 부류에 속하지 않더라도, 연방최고법원은 기본권을 침해하는 법률에 대하여 엄격한 심사를 진행한다. 그 권리가 기본권에 속하는지 여부는 당해 권리가 헌법적 보호를 받는가에 달려 있다. 이러한 기본권은 정부에 의한 침해에 한정된다. 헌법에서 명확히 보호하고 있는 권리 외의 중요한 이익에 대하여도 법원은 헌법의 묵시적 보호를 받는 것으로 인정하여 엄격한 심사를 진행하기도 한다. 기본권에 관한 평등보호는 국민의 일반적 권리, 선거권, 사회복지 및 공교육 등 영역에 관련된다.

(2) 독일의 경우

첫째, 입법자의 이성적 결정이 평등원칙의 판단기준이 된다는 이론이 있다. 이 이론에 의하면, 입법자가 제정한 법률이 이성적 또는 합리적 고려를 하였다면 차별적 또는 동등한 대우를 할 수 있다는 것이다. 이 이론은 상당 정도 입법자의 입법 형성권을 인정한다. 입법자의 재량이 공익이 요구하는 이성적 이유에 부합하지 않게 행사되는 경우, 이는 곧 권력 남용이며 평등권을 침해하게 된다. 이는 미국의 합리적 기초 검사 기준과 유사한 것으로 볼 수 있다.11)

둘째, 사물의 본질(natur der sache)12)이 평등원칙의 판단기준이 된다. 독일 연방헌법재판소의 많은 판결에서 적시한 바, 사물의 본질은 입법자가 차별적 입법을 고려하는 요소가 되는 것으로 보고 있다. 초기 판례에서 동 재판소는, 평등권은 입법자가 이성적, 사물의 본질 및 충분한 이유에 근거하지 않은 경우 차별적 대우를 규정한 것으로서 헌법에 위반한 자의에 속한다고 하였다.13)

셋째, 정의의 이념이 판단기준이 된다. 정의의 이념은 법원이 법률의 평등성을 심사할 경우 의존하는 가장 광범위한 심사기준이다. 다른 심사기준으로 법률의 합헌성을 판단할 수 있다면 정의의 이념을 판단기준으로 가져올 필요가 없다. 이는 정의의 이념이 가장 추상적 개념에 속하기 때문이다. 연방헌법재판소 판례 중에는 입법자가 유의미한 생활관계의 사실상 평등 또는 불평등을 고려하지 못하고 규범을 입법한 경우 그 법률은 평등원칙에

---

11) 陈新民, "平等权的宪法意义," 『德国公法学基础理论』(山东人民出版社, 2001), p.675.

12) 사물이 본질이라는 개념은 법철학적 개념이다. 라드부르흐에 의하면 법질서 속에서 사물의 본질은 법적 명제를 위해 소재를 제공할 수 있는 것으로 일반인의 개념상 이미 존재하는 사회생활 사실로 인식하였다. 라렌츠에 의하면 사물의 본질은 규율성을 가진 의미 있는 생활관계, 즉 사회에 이미 존재하는 사실 및 존재하는 질서이며, 동시에 그것은 정신성 물질성 현실성 및 이상성을 겸비한 것으로, 법관을 인도하고 법률규정이 존재하지 않을 경우 새로운 법을 생산하고 새로운 법의 창조를 인정하는 정당성을 지닌 것으로 인식하였다.

13) 陈新民, "平等权的宪法意义," 『德国公法学基础理论』(山东人民出版社, 2001), p.675.

위반하는 것으로 본 사례가 있다. 유의미한 생활관계는 반드시 정의 사상에 의하여 관찰되어야 하고, 입법자는 이에 의거하여 매우 광범위한 입법형성의 자유를 가진다.

넷째, 자의적 금지가 평등원칙의 판단기준이 된다. 독일 연방헌법재판소는 법률상의 차별적 대우 또는 동등한 대우가 합리성을 획득하지 못하고, 사물의 본질 또는 기타 조리상 명백한 사유를 제시하지 못하는 경우, 즉 당해 법률이 자의적이라고 보아야 할 경우 평등원칙에 위반한 것이 된다. 이때 자의의 인정은 주관적 책임비난을 포함하는 것이 아니고, 법률 자체에 상응하여 규범되어야 할 사실적 상황을 말하는 것이다. 객관적으로는 규범의 사실상 및 명백한 부당성이 있는 경우를 말한다.

다섯째, 비례원칙이 평등원칙의 판단기준이 된다. 비례원칙은 국가의 행위가 국민의 기본권에 미칠 경우 그 수단과 목적 간에 적당한 비례관계를 가져야 한다는 원칙이다. 광의적 의미에서 비례의 원칙은 과잉금지원칙으로서 적합성과 필요성을 갖추어야 한다. 국가의 국민 권리에 대한 개입 수단은 반드시 달성하고자 하는 목적에 적합하여야 하고, 그 수단은 반드시 필요한 수단이어야 하며, 수단은 국가 목적을 구체적으로 완수함과 동시에 국민의 권리를 최소한으로 침해하는 수단이어야 함을 의미한다. 협의의 비례원칙은 수단은 그 추구하는 목적은 비례관계에 있어야 함을 의미한다. 비례원칙은 본래 국민의 자유권 제한에 적용되었는데, 이는 독일의 전통적 학설이 헌법이 보장하는 평등권 자체는 절대적 권리에 속하고, 자유권과 같인 사회공익의 필요에 의하여 법률유보원칙에 의하여 제한 또는 침해할 수 있는 것은 아니라고 본 것에 기인한 것이다. 그러나 현재 법률유보원칙은 상당 정도 확대되어 평등권 역시 포함하는 상황이 되었다. 따라서 독일 연방헌법재판소는 종종 비례의 원칙을 원용하여 합리적 차별대우를 심사하고 있다.

IV. 중국 행정법상 평등원칙의 실현과 과제

1. 평등원칙에 대한 헌법적 근거

신 중국 성립 후 최초의 헌법인 1954년 헌법 제85조에서는, 중화인민공화국 국민은 법률상 모두 평등하다고 규정하였다. 그 후 문화혁명과 같은 사회적 격변기에는 좌경사상의 영향으로 평등원칙 역시 비판을 받았다. 따라서 1975년 헌법과 1978년 헌법에서는 평등원칙에 관한 규정을 삭제하였다. 그 후 1978년 중국공산당 제11기 제3차 중앙당 전체회의에서는 모든 인민의 법 앞의 평등을 확인하고, 법률을 초월하는 특권을 인정하지 아니함을 확인하였고, 1982년 헌법에서 다시 평등원칙에 관한 규정을 회복시켰다.

현행 헌법에서 규정한 평등원칙의 일반규정은 제33조 제2항에서 확인할 수 있는 바, 동 조항에서는 중화인민공화국 국민은 법 앞에서 모두 평등하다고 규정하고 있다. 이 외에 헌법은 각 헌법 조항을 통하여 평등원칙을 확인하고 있다. 헌법 제4조 제1항은 중화인민공화국 각 민족은 모두 평등하다고 규정하여 민족적 멸시와 압박을 금지하고 있다. 제5조 제4항은 어떠한 조직 또는 개인도 헌법이나 법률을 넘어 특권을 행사할 수 없음을 규정하고 있고, 제34조에서는 법률에 의하여 정치적 권리가 박탈된 자를 제외한 만 18세 이상인 국민은 민족, 종족, 성별, 직업, 출신가정, 종교 신앙, 교육정도, 재산상태, 거주기간을 불문하고 모두 선거권과 피선거권을 갖는다고 규정하고 있다. 헌법 제36조 제2항은 종교를 신앙하는 국민과 종교를 신앙하지 않는 국민의 차별을 금지하고 있고, 제48조 제1항에서는 부녀자의 정치적, 경제적, 문화적, 사회적 및 가정생활의 각 영역에서 남자와의 평등한 권리 향유를 규정하고 있다.

상술한 평등원칙에 관한 헌법의 규정과 관련하여 평등원칙은 대개 다음과 같은 세 가지 의미를 내포하고 있다. 첫째, 모든 국민은 헌법과 법률이 규정한 권리를 평등하게 향유하고 동시에 평등하게 의무를 이행한다. 둘째,

국가기관은 법률을 집행하는 경우 모든 국민에 대하여 평등하게 보호 또는 처벌해야 하고 공평무사하게 대우해야 한다. 셋째, 누구든지 헌법과 법률을 초월하여 특권을 향유할 수 없다. 이러한 의미의 평등원칙은 국민 개인의 천부적인 차이를 고려하지 아니하는 형식적인 평등 즉 기회의 균등을 의미하는 것이다.[14]

2. 행정법상 평등원칙의 의미와 집행의 문제

현대적 의미의 법치행정원리는 행정으로 하여금 형식적 법률 외에도 행정의 실질적 법률(행정입법) 및 법의 일반원칙에 대한 구속을 요구하고 있다. 현대 행정의 적극성과 능동성에 비하여 상대적으로 성문법만으로는 주도면밀한 규율을 하기 어렵다는 한계가 인정되고 있기 때문이다. 특히 근거로 할 성문법이 존재하지 아니하는 경우 행정법의 일반원칙은 행정기관이 준수해야 할 실질적인 법규범으로 작용하여 이로써 행정기간의 행위를 규율하고 법치행정을 실현하게 되는 것이다. 이러한 점에서 평등원칙은 중요한 의미를 갖게 되는 것이다.

1) 행정법상 평등원칙의 의의

행정법상 평등원칙은 국민의 법 앞의 평등의 헌법원칙을 행정법 영역에서 구체적으로 실현하는 것이며, 그 의미는 행정기관이 행하는 행정행위는 추상적 행정행위든 구체적 행정행위든, 수익적 행정행위든 의무의 이행을 요하는 행정행위든, 또는 규제 행정행위든 급부 행정행위든 모두 행정의 상대방에 대하여 원칙적으로 평등하게 대할 것을 요청하는 것으로서 행정 상대방의 민족, 종족, 성별, 직업, 출신, 종교, 문화, 재산상황 및 거주기간

---

14) 張德瑞, "行政法的平等原則与行政机关的选择性执法,"『宪法学 行政法学』中国人民 大学书报资料 2008年 3期, p.40.

등의 차이에 따른 차별을 금지하는 것이다.

　행정법에서 행정상대방에 대한 평등원칙의 적용은 상대방의 적법한 권익 보호나 행정기관의 법치행정을 촉진하는 데 매우 중요한 의미를 가진다. 평등원칙은 행정법의 중요한 원칙으로서 헌법상의 평등원칙에 의하여 확대되는 외에도 실정법의 이념을 초월하여 즉 인간의 존엄과 정의 관념에 기하여 특히 행정상대방의 적법한 권익을 보호하는 데 있어 그 중요성은 의심할 여지가 없다. 현대적 행정이 상당한 정도의 재량권을 가지므로 법치행정의 실현에 여러 가지 문제점을 야기하고 있고, 이러한 상황에서 평등원칙은 행정기관의 재량권에 대한 통제를 가할 수 있는 중요한 기제가 되고 있다.[15]

　일반적으로 평등원칙에서 행정의 자기구속의 원리나 자의적 금지의 원칙을 도출해 낼 수 있다. 행정의 자기구속 원리는 행정기관이 행정행위를 할 경우 정당한 이유가 없는 경우 행정관례의 구속을 받아야 함을 의미하고 이에 위반하면 평등원칙에 위반하는 것이 된다. 자기구속의 원리는 다음과 같은 요건을 갖추어야 한다. 첫째, 행정관례의 존재가 있어야 한다. 둘째, 행정관례는 적법해야 한다. 셋째, 행정기관이 결정의 여지를 가져야 하며 즉 재량권을 가져야 한다. 이러한 세 가지 요건을 갖추지 못하면 이 원칙을 적용할 수 없다. 예컨대 이틀 전, 삼 일 전에 행한 과속운전자에 대한 과태료 처분액은 오늘의 다른 과속운전자에게도 동일하게 적용되어야 하고 그렇지 아니한 경우는 비록 재량의 한계 내라 하더라도 위법을 면하기 어렵다 할 것이다. 자의적 금지의 원칙은 고의에 의한 자의적 행위를 금지할 뿐만 아니라 헌법 정신 및 사물의 본질에 대한 객관적인 위반행위를 금지한다는 것이다. 따라서 자의란 실질적으로는 적절하고 충분한 이유의 결여와 동일한 개념으로 이해할 수 있다.

---

15) 杨建顺, "论行政裁量与司法审查 - 兼及行政自我拘束原则的理论依据," 『法商研究』 2003年 1期, pp.33-35.

2) 행정법상 평등원칙의 전통적 의미와 현대적 전환

전통적 의미의 평등원칙은 국가의사 형성에 대한 평등한 참여와 특권의 금지를 강조한다. 이러한 민주적 사조에서 형성된 평등권은 주로 국가에 대한 개념으로서 그 효력은 행정 및 사법을 구속하는 데 있었고 입법에 대하여는 평등권의 구속 범위에 두지 않았다. 전통적 개념의 평등원칙은 주로 법 적용상의 평등에 초점을 두어 법 집행기관으로 하여금 그 법률이 규율대상으로 삼고 있는 대상의 차이에 따른 차별을 하지 못하도록 요구하였다. 즉, 행정기관의 공정한 법 집행과 동일한 위법행위에 대하여 동일한 법 적용 및 동등한 조건에서 행정상대방이 행정기관에 대하여 동일한 대우를 해 주도록 요구할 수 있는 권리의 보장으로 요약된다.

평등원칙의 현대적 전환은 평등원칙이 형식적인 평등을 보장함에 그치지 아니하고 실질적인 평등의 추구를 구체화하고 있다는 것을 의미한다. 이와 관련하여 대개 다음과 같은 문제가 관련된다.

첫째, 입법상의 평등에 관한 문제다. 전통적 개념의 평등은 입법상의 평등을 소홀히 하였다고 할 것이며, 20세기 이후 전통적 개념에 대한 비판과 반성에 의하여 입법상의 평등이 제기되었다고 할 것이다. 입법기관이 제정한 법률이 불평등한 내용을 정하고 있는 경우 평등권의 실현은 어렵게 되는 것이다. 따라서 평등권은 입법기관이 불평등한 법률을 제정하지 못하도록 통제할 필요가 있는 것이다. 입법이 평등하게 이루어진 후 법 집행을 엄격히 하면 그나마 평등원칙은 무난히 실현될 수 있으며, 비록 획일주의를 반대하지만 입법의 평등을 포기할 수 없는 이유가 이와 같은 연유라 할 것이다.[16]

둘째, 위법한 평등에 관한 문제다. 전통적인 평등 개념에서 평등원칙은 일반적으로 적법한 권리의 보장에 있다. 그러나 사회가 복잡해짐에 따라 국민의 요구도 복잡한 상황으로 발전되었고, 따라서 평등원칙에 근거하여 자신의 위법적 행위가 다른 위법 사건의 경우와 동등한 대우를 받아야 하는

---

16) 周伟, "论立法上的平等,"『江西社会科学』2004年 2期, pp.22-24.

것이 아닌가 하는 의문을 제기하기에 이르게 된다. 교통경찰이 다수의 교통법규 위반 차량 가운데 특정인에 한정하여 범칙금을 고지한 경우가 그 예가 된다. 경찰의 이러한 선택적인 처벌에 대하여, 경찰은 과연 이러한 선택적 집행을 할 권력을 가지는지 여부와 국민은 구제를 청구할 수 있는가 하는 문제에 관심이 집중될 수 있다. 독일 및 여타 국가의 사례를 보면, 위법적 평등을 인정하는 예를 찾기 어렵다. 따라서 일부 학자는 평등원칙과 신뢰보호원칙을 결합하여야 한다는 주장을 하고 있으며, 이는 신뢰보호 이익을 언제나 정당하고 합리적인 이익이라고 보기 어렵고 경우에 따라서는 행정상대방도 위법적인 행정행위로 획득한 이익을 보호받기 때문이라고 주장한다.17) 그러나 이러한 주장과 관련해서는 법치주의의 실현 및 이익의 균형을 위한 다각적인 이론적 검토가 필요할 것이다.

3) 평등원칙과 행정기관의 선택적 집행

행정기관의 선택적 집행은 행정주체가 각 행정상대방에 대하여 차별적인 대우를 함으로써 발생하는 공정한 법집행과 관련된 문제이다. 중국의 경우도 정실관계의 영향으로 선택적 집행의 문제는 사회적 비판의 대상이 되기도 한다.

국공립학교에 대한 감독과 사립학교에 대한 감독 통제의 현격한 차이나 국공립 병원과 사립병원의 부당의료나 부당진료 등에 대한 조사 처벌에서도 현격한 차별이 매체를 통해 알려지고 있다. 예컨대 신문 매체의 보도로 인하여 알려진 모 의과대학에서 발생한 천만 위엔이 넘는 의료비 청구에 대한 조사가 지지부진했던 점에 비하여 한 사립병원에 대해서는 개업 다음 날 해당지역 위생국에서 조사에 착수하고 고액의 범칙금을 부가한 것이 이러한 상황을 대변한다.

행정기관의 선택적 집행이 왜곡된 경우 법 집행자의 권위 실추는 물론

---

17) 张德瑞, "行政法的平等原则与行政机关的选择性执法," 『宪法学 行政法学』 中国人民大学书报资料 2008年 3期, pp.42-43.

법률에 대한 준수 의지를 기대하기 어렵다. 또한 선택적 법 집행은 정부의 공신력을 훼손할 뿐만 아니라 법치주의에 대한 회의를 불러오게 할 수 있다. 행정기관의 선택적 집행과 관련하여, 우선은 행정기관이 위법행위에 대하여 법률이나 법규에 의하여 처벌해야 한다는 점을 명확히 할 필요가 있고, 이것이 곧 행정기관의 책무라 할 것이다. 유사한 위법행위에 대하여 양자의 성질을 명확히 확정하여 적절한 조치를 할 필요가 있다. 100만 위엔의 뇌물을 받은 자와 200만 위엔의 뇌물을 받은 자를 처벌하는 경우에서, 양 당사자의 뇌물 수수나 범죄 양태가 비슷한 상황임에 불구하고 전자에 대한 처벌이 후자에 비하여 중한 경우에는 행정법의 평등원칙에 비추어 마땅히 불평등한 대우를 받았다고 할 것이다. 중국의 경우, 전자의 경우에서 해당 당사자는 평등원칙을 이유로 사법적 구제를 신청하여 법원에 그 처벌의 감경을 요구하기 어렵다. 이러한 위법적 평등에 관한 문제는 법원에 대한 재판감독이나 검찰의 항소를 통하여 해결될 수 있는 여지는 있다. 행정법의 평등원칙은 주로 행정기관 및 사법기관의 자의적 행위를 구속하고, 당사자 간의 평등 문제는 행정기관 및 사법기관의 재량권에 대한 통제를 통하여 실현될 수 있는 것이다.

V. 결어

법치국가에서 입법, 사법, 행정은 어떤 형태로든 평등원칙에 구속되고 있다. 이와 관련하여, 우선 사법과 행정 모두 반드시 법에 따라 운용되도록 하고 법의 구속을 받게 된다. 여기서 말하는 법은 성문법 및 불문법을 불문한다. 법치국가 실현을 목표로 하는 대부분 국가의 헌법서언 또는 본문 중에는 '평등'을 헌법이 추구하고 보장하는 최고의 가치로 인정하고 있다.[18] 즉, 평등원칙 또는 평등권의 형식으로 표현하고 있다. 다만 평등원칙 내지 그 이념의 내용이 각국의 현실적 상황에 따른 제약을 받는 것은 불가피하다.

중국에서도 국민의 평등권에 대한 관심은 갈수록 높아지고 있다. 이는 국민들의 교육수준 향상과 권리의식의 확대와 상당한 관련이 있다고 볼 수 있다. 평등권에 대한 국민의 의식이 높아짐에 따라 평등권에 관한 소송 사안이 증대되고 있지만, 아직 헌법소송 등의 실효성 있는 제도가 마련되지 않았기 때문에 행정기관이 제정한 행정법규, 규장 등에 대한 실효성 있는 적법 여부를 심사할 수 없는 것도 현실적 상황이다. 일부 불평등한 현실 상황이 불공정하고 불합리한 법률에 의하여 야기된 경우에도 피해자는 법 제도적 구제 방법을 찾기 어렵다. 입법권한 및 입법절차 등을 정하고 있는 입법법에서도 추상적인 범위 내에서 제한적인 심사 제도를 규정하고 있을 뿐이다. 입법법에서는 다만 국민이 관련 기관에 신소(申诉) 및 건의를 할 수 있도록 하고 있다. 이러한 체제의 가장 큰 문제는 독립적 기관에 의한 심사가 이루어질 수 없다는 것으로, 법규 내용의 평등성과 법규 자체의 합헌성을 담보하기 어렵다는 것이다. 평등원칙의 관철, 특히 실질적 평등원칙을 실현하기 위해서는 무엇보다 유효하고 실질적인 사법심사 제도를 수립하는 것이 시급하다고 본다.

---

18) 1868년 미국헌법 제14조, 프랑스 인권선언 제1조, 1848년 프랑스 헌법서언, 독일기본법 제3장, 일본 헌법 제14조 제1항 등에서 평등원칙을 선언하고 있다.

■ 참고문헌

林来梵. 『从宪法规范到规范宪法』. 法律出版社, 2001.

[日]三浦　隆. 『实践宪法学』. 中国人民公安大学出版社, 2002.

张千帆. 『西方宪政体系(上册)』. 中国政法大学出版社, 2000.

张德瑞. "行政法的平等原则与行政机关的选择性执法." 『宪法学　行政法学』 中国人民
　　　大学书报资料　2008年　3期.

周伟. "论立法上的平等." 『江西社会科学』 2004年　2期.

陈新民. "平等权的宪法意义." 『德国公法学基础理论』 山东人民出版社, 2001.

제5장 |
행정법상 비례의 원칙

I. 서언

법치국가원리의 중요한 내용이 되고 있는 비례의 원칙은 그동안 발전을
거듭하여, 오늘날에는 입법을 비롯하여 기타 국가적 조치에 대한 합헌성을
판단하는 중요한 원칙이 되고 있다. 비례의 원칙은 법치국가원리와 기본권
보장의 요청 및 그 정신에서 출발하여 실질적 규범으로서의 특수성과 융통
성 및 광범위한 적용 가능성으로 인하여 많은 현실적 문제를 해결해 주고
성문법제가 해결하기 어려운 법적 공백을 보완하기 때문에 법치국가원리를
더욱 의미 있게 해 주는 법 원칙으로 자리 잡고 있다.
오늘날 비례의 원칙은 특정한 법계에 산물로 한정할 수 없는 법 원칙이
되고 있다. 비례의 원칙은 대륙법계나 영미법계를 불문하고 각 법계에서
공통된 특징을 보여주기도 한다. 즉, 비례의 원칙은 주로 국가행위에 초점
이 맞추어져 있고 특히 재량권의 행사에 적용되고 있다는 것이 공통점이며,

비례의 원칙은 그 자체가 다양한 의미를 가지며 구체적 사법심사에서 서로 다른 정도로 적용되는 공통점이 있다. 또한 비례에 위반하는지 여부에 초점이 맞추어져 심사되고 있다는 공통점도 있다.

본 장에서는 중국 행정법 영역에서 비례의 원칙이 어떻게 적용되고 있는가를 검토하는 것이 주요 목적이다. 특히 중국은 2001년 WTO 가입 이후 법제의 민주화에 대한 관심과 국민의 기본권 보장에 역점을 두고 있고, 최근 조화사회라는 국가 통치이념의 강조와 더불어 공법영역에서도 많은 변화가 있다. 각 법 영역에서는 과거에 비하여 국민의 기본권 보장이 중요한 과제가 되고 있고, 공법영역에서는 특히 공익과 사익의 형량 문제는 주된 화두가 되고 있는 것이다.

이러한 인식의 틀에서, 행정법의 일반 원칙인 비례의 원칙이 중국에서 어떻게 이해되고 적용되는가를 이해함으로써 중국 행정법 영역의 발전 상황을 부분적으로나마 이해할 수 있다. 따라서 본 장에서는 우선 비례의 원칙에 대한 일반론, 영미법계의 합리성 이론을 간략히 검토하고, 나아가 중국에서의 비례의 원칙에 대한 이론적 논의, 입법적 근거, 구체적 판결 사례 등을 검토하면서, 중국의 학계에서 제기되고 있는 비례의 원칙에 대한 정착 및 발전 방향에 대한 내용을 고찰하고자 한다.

II. 비례의 원칙 일반론

행정법 영역의 중요한 문제 가운데 하나는 국가권력의 행사에 적정성과 필요한 한도를 어떻게 확보할 것인가 하는 것이다. 즉 행정법상의 공권력 행사나 경찰법상의 경찰권 행사에 있어 법률이 불가피하게 법 집행자에 대하여 상당한 재량의 공간을 부여할 수밖에 없는 상황에서, 재량의 행사에 대한 적정성을 확보하고, 목적에 부합하지 않는 불필요한 수단을 사용하지 못하도록 제지하고, 또한 사회적 소요 비용이 얻고자 하는 사회적 이익을 초과하지 못하도록 하는 것은 매우 중요한 문제다. 이러한 문제는 대개 수단과 목적의 형량을 통하여 이루어지고, 특히 수단과 목적이 갖는 각 이익 간의 형량을 통하여 실현되는 것으로서, 특히 비례의 원칙이라는 법 원리를 빌어야 가능한 것이다.

　비례의 원칙의 이론적 형성은 독일 해석법학의 역할이 매우 크며, 이 원칙은 추상적 법 원칙에 그치는 것이 아니며, 규범적 성질을 가지고 사법실무에 적용되고 있는 이론이다. 이 원칙은 대개 3단계 이론으로 구성되며 수단의 적합성, 필요성 및 법익 상당성의 원칙을 내용으로 하고 있다. 이하에서 비례의 원칙의 내용을 살펴본다.

1. 적합성 원칙(principle of suitability)

　적합성은 "행정청이 선택하는 수단은 추구하는 행정목적을 실현하기에 적합해야 할 것"을 의미한다. 즉 행정목적과 수단의 관계에서 수단이 목적에 적합해야 하고, 이 원칙은 목적 지향성을 의미한다. 통설적 견해는 부분적 목적 실현의 수단이라 하더라도 적합성의 원칙에 반하지 않는다고 본다. 이러한 최저 기준은 객관적 결과에 의거하는 것은 아니고 행정관청이 관련 결정을 할 경우 행정목적을 고려하였는가를 기준으로 한다. 이러한 이유로 적합성 원칙은 3단계 이론의 구성요소로서는 비판을 받는다.[1]

　그러나 적합성의 원칙은, 예컨대 경찰법상 추구하는 행정목적은 법률이 규정하게 되고, 경찰은 경찰목적의 실현을 위한 적절한 수단을 선택하게 된다. 물론 수단에 대하여 법이 정하고 있는 경우에는 선택의 여지가 없다 할 것이다. 이러한 수단의 선택 과정에서는 당시의 자연 또는 사회적 환경, 관련 경험이나 지식의 적용, 당해 수단을 이용할 경우의 효과, 수단이 관련

---

1) 胡敏洁, "比例原则," 『论公法原则』(浙江大学出版社, 2005), p.538.

법률의 목적과 충돌하는지 여부 등을 종합적으로 고려하여야 한다. 이러한 고려가 있는 경우 비로소 적합성의 판단에 대하여 상당한 정도의 객관성을 부여하게 되는 것이다.

　행정청이 행정목적을 달성하기 위하여 채택하는 수단이 행정목적에 부합하지 않는 경우는 대개 다음과 같이 분류할 수 있다. 첫째, 채택된 수단이 추구하는 목적이 법정 목적을 초과하는 경우로서, 예컨대 범죄 피의자에게 수갑을 채워 난방장치인 히터에 묶어 제대로 서 있지도 못하게 하는 경우, 이때의 수단은 신체의 자유를 제한하고자 하는 목적을 초과하여 징벌목적으로 사용되고 있는 경우이다. 둘째, 행정상대방에 대하여 실행하는 수단이 법률상 불가능 하거나 사실상 불가능한 경우로, 예컨대 불법 건축물을 임대하여 거주하는 자에게 당해 불법 건축물을 철거하도록 명하는 경우나 자동차 운전을 할 수 없는 자에게 그의 가족이 불법적으로 주차해 둔 차량을 운전해 가도록 명하는 경우가 이에 해당할 것이다. 셋째, 법률규정을 위반하는 수단을 채택하는 경우로, 경찰이 소음의 방지를 위하여 개의 사육자에 대하여 밀폐된 공간에 개를 묶어 두도록 명령함으로써 동물보호법을 위반한 수단이 채택되는 경우 등이다. 넷째, 행정목적의 달성 후 또는 그 목적을 달성할 수 없음을 인식하고도 채택한 수단을 즉시 제거하지 않는 경우 등으로 구분할 수 있다.[2]

2. 필요성 원칙(principle of necessity)

　필요성 원칙은 최소 침해의 원칙, 가장 완화된 방식의 원칙, 또는 대체불가 원칙이라고 한다. 전술한 적합성 원칙이 확보됨을 전제로 하여, 법률목적의 달성이 가능한 여러 수단 가운데 국민의 권리 침해를 최소화하는 수단

---

2) 余凌云, "论行政法上的比例原则," 『宪法学 行政法学』 人民大学书报资料中心 2002年 5期, p.58.

을 선택할 것을 요구하는 원칙이다.

　다시 말하면, 필요성은 경험적 법칙에서 여러 가지 수단 가운데 취하는 선택의 문제라 할 것이다. 기존의 경험과 지식을 바탕으로 하여, 추구하는 행정목적과 취하는 수단 간의 비례성을 판단하여, 채택되는 수단이 선택 가능한 수단 가운데 최적의 수단이고 최소 침해의 수단이 취해질 것을 요구한다. 흔히 "참새를 잡는 데 대포를 쏘지 마라."는 격언에서 이를 이해할 수 있다. 예컨대, 주점 영업에서 소란이 빈번히 발생하는 경우, 그 영업시간을 제한함으로써 해결될 수 있다면 벌금이나 영업정지 등 행정상 제재 수단을 사용할 필요가 없게 되는 것과 같은 원리라 할 것이다.[3]

　결국 필요성 원칙은 기타 수단의 배척과 선택하는 수단의 특정화이며, 채택하는 수단이 당사자 및 사회에 야기하는 손해가 최소화될 필요성을 요청하는 것이며, 목적과 수단 관계의 균형을 구체화하는 것이다. 따라서 필요성 원칙은 법적인 효과의 측면에서 행정 권력과 그 채택하는 수단 간의 비례관계를 규율하는 것이다.[4]

3. 법익 상당성 원칙(principle of interest balancing): 협의의 비례원칙

　행정목적과 사용하는 수단 간에 적합성과 필요성이 존재한다고 하여도 여전히 충분한 상황은 아니다. 행정목적을 위한 행정행위의 실시는 쌍방 또는 다수 당사자 사이의 이익 충돌을 유발하고 있기 때문이다. 예컨대 경찰공무원이 가두에서 총기를 사용하는 경우에도 공공이익, 경찰 개인의 이익, 제3자(행인, 거주자 등), 범죄행위자로부터 피해를 입는 자의 이익, 총기 발사 대상자의 이익 등이 관련되고, 이들 주체 사이의 이익에 대한 충돌문제가 발생할 수 있다. 따라서 여러 가지 법익에 대한 형량이 필요하게 되는

---

3) 胡敏洁, "比例原则," 전게서, p.538.
4) 胡敏洁, "比例原则," 전게서, p.538.

것이다.

구체적으로는 공권력의 행사와 인권에 대한 형량으로써 당해 행정행위의 적법 여부를 판단하고, 헌법적 질서 속에서 행정행위의 실질 이익과 국민이 부담하는 상응하는 손해 사이에 법익형량을 하고, 행정행위로 인하여 국민이 입게 되는 손해 또는 특별한 희생과 공권력의 행사로 얻는 이익을 비교하여 국민이 최소한의 손해를 입도록 하고 국민이 합리적으로 수용할 수 있는 정도의 행정행위를 하여야 한다. 그렇지 아니한 경우에 그 공권력의 행사는 위법한 것으로서 위헌의 소지가 발생하는 것이다.5)

법익 상당성 원칙 또는 협의의 비례원칙은 가치적 측면에서 행정 권력과 그 수단 간의 비례관계를 규율하는 것이다. 그러나 달성하고자 하는 목적과 수단 간의 고려는 여전히 개별 사건에 따라 판단되어야 한다. 비례의 원칙은 완벽히 정립된 법 원칙이 아니고 여전히 추상적인 개념 규범이기 때문이다.6)

III. 영미법상의 합리성 원칙 검토

영국, 미국 등 영미법계 국가의 경우 법원에서 재판을 하면서 간혹 비례 (proportion)라는 용어를 사용하여 판결을 하거나 비례 개념을 채택하여 법 조항에 대한 해석을 내리는 경우도 있지만, 행정법상 비례원칙이라는 법 원칙 또는 규정을 찾아보기는 어렵다. 독일을 비롯한 대륙법계 국가에서

---

5) 예컨대 대로상에서 도주하는 범죄 피의자에 대하여 경찰이 발포 사격을 하는 경우에, 행인의 안전을 고려하지 않거나 주위의 상가 또는 주택에 대한 손해 발생 또는 도주자의 총기소지 여부나 경찰에 대한 대응사격 등을 고려하지 않고 발포하는 것은 상당성의 원칙에 반한다고 할 것이다.

6) 胡敏洁, "比例原则," 전게서, p.539.

채택하고 있는 비례의 원칙에 상응하는 것으로서 영미법계 국가에서는 대개 합리성 원칙이 적용되고 있다고 할 것이며, 이 원칙은 비례의 원칙에 유사한 법 원칙이지만 내용상 동일한 원칙이라고 보기는 어렵다.

1. 합리성 원칙의 내용

영미법상의 합리성 원칙은 행정행위를 심사하는 중요한 기준으로서, 합리성 원칙의 실체법상 공헌도는 자연적 정의가 절차법 발전에 공헌한 정도에 상당하는 것으로 평가된다.[7] 합리성 원칙은 대개 "불합리" 개념에 대한 확정을 통하여 상대적으로 이해할 수 있다.

영미법상 "불합리"라는 것은, "이성적인 행정기관이라면 그러한 결정을 하지 않을 것이라고 가정한다면, 그러한 결정은 곧 위법하다."는 것으로 표현되고 있다. 내용상으로는 매우 추상적이고 광범위한 표현이라 할 수 있고, 법관이 이러한 원칙을 채택하여 판결을 하는 데는 대륙법계 국가의 법관에 비하여 더 많은 재량을 행사할 수 있을 것으로 오해할 여지도 있다. 그러나 실지로 영미법계 국가의 법관은 이러한 원칙의 운용에 있어 더욱 자제하고 있으며 사법심사의 문턱은 대륙법계에 비하여 더욱 엄격한 것으로 평가된다. 영미법계 국가의 법관은 합리성의 원칙은 정책이나 결정이 지혜롭지 못하거나 과오가 있다는 판단을 하는 것이 아니라, 당해 정책이나 결정이 행정기관의 권한을 일탈하였는지를 심사하고, 따라서 법원은 객관화된 심사기준을 찾고자 노력하며, 입법이 허용한 최대한의 재량의 여지를 행정기관에 맡겨 두고자 노력한다.[8]

"불합리"라는 것은 개괄적 표현으로서 완전한 불합리, 반복무상 등을 포

---

7) H. W. R Wade & C. F. Forsyth, *Administrative Law* (Clarendon Press, 1994), p.390.
8) 余凌云, "论行政法上的比例原则," 『宪法学 行政法学』 人民大学书报资料中心 2002年 5期, p.60.

함하는 개념이자 또한 불법적 동기나 목적, 관련성 없는 요소의 고려, 방향 설정상의 착오 등을 포함하는 개념이다.9)

2. 미국법상 합리성 원칙의 표현

영국의 보통법 영향을 받은 미국의 경우, 합리성 원칙(the Principle of Reasonableness)이라는 직접적인 표현을 사용하고 있지는 않는 듯하다. 다만 미국헌법 제5조 수정안의 적법절차(Due Process of Law) 조항을 통하여 확인할 수 있다. 정부가 합리적으로(reasonably) 재량권을 행사하도록 요구하고 있다. 연방행정절차법 제706조는 전횡(arbitrariness), 자의(capricious), 재량의 남용(abuse of discretion) 등 합리성 원칙과 밀접한 관련이 있는 표현을 하고 있다.10) 또한 행정재량에 대한 사법심사에서 엄격심사원칙(hard look doctrine) 또는 합리적 재결기준(reasoned decisionmaking standard)은 합리성 원칙의 표현 방식이라 할 것이다. 뿐만 아니라 풍부한 사법심사 경험을 통하여 부정당한 목적, 관련 요소의 소홀, 선례 및 자기 승낙의 미준수, 현저히 공평성을 상실한 제재, 불합리한 지연 등의 표현에서도 합리성 원칙의 인정을 확인할 수 있다.11)

미국의 경우 합리성 원칙 또는 불합리의 기준은 영국의 경우와 마찬가지로 주로 법원의 판결에 의하여 발전된 것으로, 주로 재판 과정에서 불합리한 상황의 묘사에 의하여 도출된 것으로 영국의 경우에 비하여 더욱 구체적으로 평가된다. 미국의 법원은 "불합리"라는 용어를 각종 부당행위와 관련하여 사용하고 있고, 예컨대 "부당한 목적을 위하여", "권한의 행사에 있어 편견에 기초하여", "차별적인 행사", "이유의 부가 없이 종전의 결정과

---

9) H. W. R Wade & C. F. Forsyth, *Administrative Law* (Clarendon Press, 1994), pp. 399-402.

10) 5 U.S.C.A. §706(2)(A).

11) 王名扬, 『美国行政法(下)』(中国法制出版社, 2001), p.96.

불일치한 결정", "절차의 불공평", "부당한 태만" 또는 "지연" 등으로 표현하고 있다.[12]

3. 합리성 원칙과 비례의 원칙의 구별

중국 학계에서 통설적 견해는 영미법상의 합리성 원칙과 대륙법계에서 발전된 비례의 원칙은 서로 독립된 법 원칙으로 보고 있는 듯하다. 이러한 견해에 따라 양자를 이론상 구분하고 있는데 요약하면 다음과 같다.[13]

합리성 원칙은 16세기 영국에서 기원하여 그동안 끊임없는 발전을 해왔다고 본다. 합리성 원칙은 부적당한 동기 또는 목적, 상관성 없는 요소의 고려, 상관성 있는 요소의 무시, 비이성, 악의, 불성실, 자의, 반복, 과도, 금반언 위반, 공공정책의 무시, 법적 기대의 위반, 비례원칙의 위반, 법률해석의 착오 등과 함께 각각 상호 대체적 개념으로 이해되기도 하였다.[14] 또한 합리성 원칙은 주로 사법심사에서 재량행위의 합리성 여부를 확정하는 데 적용되므로 "정성(定性)"적인 원칙이며, 따라서 상대적으로 추상적이고 주관성을 가지며, 행정 재량권 행사 결과의 수익 정도에 비중을 두는, 즉 적극적 작위가 획득하는 수익의 추구에 집착하므로 적극적 기준이라 할 수 있다.

이에 비하여, 비례의 원칙은 모든 국가행위와 일체의 법 영역에 적용될 수 있다. 비례의 원칙 특히 협의의 비례의 원칙은 수단상의 양과 목적상의 양의 형량을 통하여 재량행위에 대한 판단을 하므로 "정량(定量)"적인 원칙이며, 따라서 합리성 원칙의 추상성 및 주관성에 비하여 비례의 원칙은 더욱 구체적이고 객관적이며 적용 가능성을 갖추고 있다. 비례의 원칙은

12) 胡建淼, 『行政法学』(法律出版社, 2003), p.65.
13) 郑琦, "比例原则的个案分析," 『宪法学 行政法学』人民大学书报资料中心 2005年 3期, pp.70-71.
14) 郑琦, 전게논문, p.70.

행정청의 재량권 행사에서 국민의 권리에 대한 소극적인 침해 회피에 비중을 두는, 즉 소극적 작위에 따른 비용의 제한에 중점을 두는 소극적 기준이라 할 수 있다.

이 외에 재량행위에 대한 심사정도에서 보아도 비례의 원칙은 합리성 원칙에 비하여 더욱 엄밀하다고 할 수 있다. 따라서 비례의 원칙과 합리성 원칙은 상호 매우 접근된 개념이지만 동일한 개념으로 보기는 어렵다. 즉 상술한 바와 같이 적용범위, 적용 가능성, 기본이념, 심사정도 등에서 구분이 가능하다 할 것이다.15)

IV. 중국 행정법상 비례의 원칙 적용

공법영역에서 특히 협의의 비례원칙에서 존재하는 이익충돌은 주로 개인의 이익과 공공이익 사이에 존재한다. 사실 공공이익은 어떤 의미에서는 공리주의적 시각에서 주장하는 최대 다수의 최대 행복을 추구하지만, 결국은 개인의 이익으로 귀착된다고 할 것이다. 즉 공공이익을 추구하더라도 그 수익자는 결국 다수의 개인이 되고 각 개인이 공익을 향유하게 되는 것이다. 그렇다고 하더라도 우리가 공공이익을 추구하는 과정에서 공익과 일부 개인의 이익 사이에 발생하는 이익충돌은 피하기 어렵다. 공공이익과 개인이익이 충돌하는 경우, 공공의 이익이 개인의 이익에 언제나 우선하는 것도 아니고, 개인의 이익이 공공이익에 우선하는 것도 아니다. 구체적 상황에 따라 유효한 형량기준을 이용하여 양자에 대한 법익을 저울질해야 할 필요가 생기는 것이다. 비례의 원칙은 공권력이 취한 조치가 추구하는 공익목적과 그로 인하여 개인이 입는 손해, 또는 공권력이 취한 조치가 추구

---

15) 鄭琦, 전게논문, p.71.

하는 개인의 이익과 그로 인하여 발생하는 공공이익의 손해를 구체적으로 형량하는 원칙이 된다.[16]

1. 비례의 원칙에 관한 학설

비례의 원칙에 관한 논의는 학설상 대개 비례의 원칙이 합리성 원칙에 포함된다는 견해와 비례의 원칙이 별도의 행정법 원칙이라는 전제하에 전개되는 형식으로 구분할 수 있다.

1) 합리성 원칙이 비례원칙을 포함한다는 주장

이 견해에 의하면 행정법의 기본 원칙은 합리성 원칙과 합법성 원칙을 포함하는 것으로 이해한다. 합리성 원칙을 합법성 원칙과 함께 행정법의 기본원칙으로 인식하는 것이다. 합리성 원칙의 어떠한 내용이 비례의 원칙을 구성하는가 하는 데는 의문이 있다. 일반적으로 적용되는 행정법의 기본원칙은 ①행정행위는 입법의 목적에 부합하여야 하며, ②행정행위는 정당한 고려를 바탕으로 이루어져야 하고 관련 없는 사항을 고려하여서는 아니 되고, ③법 규범은 평등하게 적용하여야 하고, 동일한 경우에 대하여 각기 상이한 대우를 해서는 아니 되며, ④자연법칙에 부합하여야 하고, ⑤ 사회상규에 부합하여야 한다는 내용을 포함하고 있다.[17]

합리성 원칙의 함의로부터 일부 학자는 중국에서 합리성 원칙은 비례의 원칙을 포함하고 있는 것으로 이해한다. 특히 예삐펑(叶必丰) 교수에 의하면, 합리성 원칙은 다음과 같이 설명된다. 즉 행정결정의 내용은 합리적 기본원칙을 갖추어야 하고 주로 평등대우, 비례원칙 및 정상적 판단을 포함

---

16) 王书成, "比例原则中的利益衡量," 『宪法学 行政法学』 人民大学书报资料中心 2008 年 6期, p.42.

17) 罗豪才, 『行政法学』(中国政法大学出版社, 1996), p.34.

행정법 쟁점 연구

하는 것으로 이해한다.[18]

2) 독립된 법 원칙으로서 비례의 원칙을 인정하는 견해

상술한 견해에도 불구하고 중국의 합리성 원칙은 비례의 원칙과는 별도의 원칙이라는 견해가 있다. 합리성 원칙은 개념이 모호하고 사법실무에서도 적용이 곤란하다는 것이다. 그러나 비례의 원칙은 기본 원칙으로서 그구조적 특성과 심사내용을 갖추고 있으며, 그 판단기준은 합리성 원칙에 비하여 더욱 간결하고 세련된 것으로 이해할 수 있고, 합리성 원칙에 비하여 적용가능성과 구체성을 구비하고 있다고 이해한다. 즉 비례의 원칙은 공공이익과 사익 간의 균형에 중점을 두고 있지만, 합리성 원칙은 주로 관련된 요소들을 고려하였는지를 판단하는 데 중점을 두는 것으로 이해한다.[19]

베이징대학의 장밍안(姜明安) 교수는 비례의 원칙을 행정법의 독립된 법 원칙으로서 이해하고 있고, 행정기관이 행정행위를 할 경우에는 반드시 행정목적의 실현과 행정상대방의 이익을 고려하여야 하는 것으로 하고, 행정목적 실현을 위해 행정상대방의 권리에 대하여 불리한 영향을 주는 경우, 이러한 불리한 영향은 최소한의 범위로 제한하여야 하고, 양자에 대한 적절한 비례가 이루어지도록 해야 하는 것으로 이해한다.[20]

비례의 원칙에 대하여는 많은 학자들이 나름의 주장을 피력하고 있다. 더 나아가 학자에 따라서는 비례의 원칙을 헌법적 원칙으로 이해하여 행정법 영역뿐만 아니라 형법이나 민법의 영역에 대한 적용이 가능하다는 주장도 있다.

---

18) 叶必丰, 『行政法学』(武汉大学出版社, 2003), p.111.
19) 胡敏洁, "比例原则," 전게서, p.557.
20) 姜明安, 『行政法与行政诉讼法』(北京大学出版社, 2005), p.71.

2. 비례의 원칙과 관련된 입법규정

중국의 경우 개별 입법이 명확하게 "비례의 원칙"을 보편적인 원칙으로 규정한 예는 찾아보기 어렵다. 그러나 개별 법률에서 비례의 원칙을 간접적으로 규정하고 경우를 확인할 수 있다.

중국의 행정처벌법 제4조는, 행정처벌[21]의 설정과 시행은 반드시 사실을 근거로 하여야 하고 위법행위와 관련된 사실, 위법행위의 성질, 상황 및 사회의 영향 정도에 상당하여야 한다고 규정하고 있다. 이 조문에서 비례의 원칙을 확인하고 또한 협의의 비례의 원칙을 확인할 수 있다. 또한 행정심판법 제28조는 구체적 행정행위가 현저히 부당한 경우 행정심판기관이 당해 행정행위를 취소 또는 변경할 수 있는 것으로 규정하고 있다. 여기서 "부당"은 비례의 원칙의 내용을 포함하고 있는 것으로 이해할 수 있다. 「인민경찰의 장비 및 무기사용 조례」 제4조 역시 경찰이 장비 또는 무기를 사용하는 경우에는 위법행위를 저지하고, 최대한 인사사고를 줄이고 재산손실을 최소화하도록 요구하고 있다. 이 규정 역시 비례의 원칙을 표현하는 것으로 이해된다.

3. 행정소송상 변경판결과 비례의 원칙

중국 행정소송법 제54조 제1항 제4호에서는, "행정처벌이 현저하게 공정성을 상실한 경우에는 변경판결을 할 수 있다."고 규정하고 있다. 이는 인민법원이 행정청의 구체적 행정행위를 변경하는 판결을 하는 경우 다음과 같은 조건을 갖추어야 된다는 것을 의미한다. 첫째, 행정청이 행한 구체

---

21) 행정처벌은 법정 권한을 가진 행정주체가 행정법 규범을 위반한 자에 대하여 내리는 일종의 행정상 제재를 말하며, 행정처벌의 종류는 벌금, 몰수, 생산이나 조업의 정지, 허가 및 자격 면허의 정지 및 취소, 경고가 있고 기타 법규가 정하는 행정처벌도 포함한다. 韓大元 外 9人, 『現代中國法槪論』(박영사, 2009), pp.142-143.

적 행정행위는 행정처벌행위에 한하고 기타의 행정행위에 대하여는 인민법원이 변경판결을 할 수 없다. 둘째, 행정처벌행위가 현저히 공정성을 상실한 경우에 비로소 인민법원이 변경판결을 할 수 있다는 것이다.

행정소송법 제54조에서 말하는 "……할 수 있다."는 표현은 현저하게 공정성을 상실한 행정처벌에 대하여 변경판결을 할 수 있고 또한 그대로 인정할 수 있다는 의미가 아니다. 이는 변경판결을 내릴 수 있고, 또한 취소판결을 하고 행정기관으로 하여금 새로운 처벌을 내리도록 할 수 있다는 의미이다. 현저하게 공정성을 상실한 경우는 행정기관의 직권 남용이 있는 경우를 말하고, 법원이 당해 행정행위의 취소를 하는 경우에는 행정소송법의 규정을 적용하여 직권남용을 이유로 취소하고, 행정기관이 새로운 행정처벌을 하도록 판결한다.[22]

다시 말하면, "현저하게 공정성을 상실한"이 의미하는 것은 행정처벌이 비록 외관상으로는 법률이나 법규의 강행규정을 위반하고 있지 않지만, 법률의 목적이나 이념을 위반하고 사회 또는 타인의 이익을 해치고 현저한 불공정을 표출하는 경우이다. 현저한 공정성 상실은 다음과 같은 의미를 포함한다. 첫째, 행정기관이 한 행정처벌이 외관상으로는 적법한 행위로 보이고, 최소한 법률이 명확히 금지 또는 의무를 정한 강행규정을 준수하는 것으로 보인다. 둘째, 행정기관의 행정행위가 비록 적법한 행위로 보이지만 현저한 불합리 또는 부적당이 존재하여야 한다. 셋째, 이러한 불합리나 부적당이 법률의 목적이나 입법정신을 위반하여야 하고, 이로써 합리성의 문제가 적법성의 문제로 전환된다. 넷째, 행정기관이 하는 행정처벌이 일관성이 없고 처벌대상자의 처벌행위에 비추어 경미한 행위를 중하게 처벌하거나 중한 행위에 대하여 경미한 처벌을 하는 경우이어야 한다. 그러나 중요한 문제는 역시 행정처벌이 현저하게 공정성을 상실하였는지 여부는 행정처벌행위에 대한 종합적 판단을 통하여 이루어져야 할 것이다.[23]

---

22) 姜明安, 전게서, p.593.
23) 姜明安, 전게서, p.593.

일반적으로 행정처벌이 통상적인 공정 관념과 통상적 판단능력을 가진 자가 모두 그 불공정성을 판별 및 인식할 수 있는 경우가 현저히 공정성을 상실한 행정처벌이 될 것이다. 즉 행정기관의 행정처벌이 통상적인 평등, 대등, 비례원칙을 위반하고 통상적인 가치관을 가진 사람이 판단할 때 행정기관이 공평하게 행정권을 행사하였다고 볼 수 없는 정도에 이르는 경우를 말한다.[24]

4. 비례의 원칙을 적용한 판결 사례

변경판결의 구체적 사례가 됨과 동시에 비례의 원칙을 적용한 최고인민법원의 판결[25]이 있다. 사건의 경과와 판결요지를 소개하면 다음과 같다.[26]

중국 흑룡강성 하얼빈시 소재 통리실업회사가 1993년 4월 하얼빈시토지관리국(이하 시토지관리국이라 한다.)에 하얼빈시 중앙대로 108호 소재의 2층 건축물에 대하여 2배수 규모의 확장공사 신청을 하고 난 후, 동년 6월 17일 통리실업회사가 후이펑실업발전유한회사(이하 후이펑실업이라 한다.)라는 회사와 부동산 매매계약을 체결하여, 후에 후이펑실업은 관련 제세공과금을 모두 납부하고 부동산 권리증을 취득하였다.

1993년 12월 7일 시토지관리국은 건설용지허가증을 발급하고, 원 통리실업회사의 확장공사를 승인하였다. 1994년에 시토지관리국은 건설용지허가증, 건설공사규획허가증을 차례로 발급하였다. 같은 해 6월 24일, 통리실업회사와 후이펑실업은 공동으로 시토지관리국에 확장 개축공사 신청과 더불어 4층 건물 건평 1,200평방미터의 신축공사허가 신청을 하였다.

---

24) 姜明安, 전게서, p.593.
25) 最高人民法院 1999 行終字 第20号 판결.
26) 王达, "比例原则在违章建筑处理中的运用," 『宪法学 行政法学』 人民大学书报资料中心 2007年 7期, p.52.

이후 시토지관리국의 허가 여부의 회신이 있기 전, 후이펑실업은 통리실업회사가 받은 건설공사규획허가증을 근거로 1994년 7월 공사를 시작하였다. 후이펑실업은 중앙대로 108호 지번 내 소재의 원래 2층 건물을 철거하고 지하 1층 지상 9층의 건물을 신축하였다. 또한 중앙대로 108호에 접한 원래 3층 건물을 철거하고 지하 1층과 지상 9층의 건물을 신축하였는데, 이 건물의 1층에서 6층은 중앙대로에 접하고, 7층과 8층은 중앙대로에서 2.2미터 후퇴한 상태로, 9층은 다시 중앙대로 기준하여 4.4미터 후퇴하여 건축하게 되었다. 또한 각각의 9층 건물은 서로 연결하여 일체화된 상태로 시공되었다.

이러한 건축행위에 대하여 하얼빈 시토지관리국은 1996년 8월 12일 후이펑실업에 대하여 행정처벌을 내린 바, ①중앙대로에 접한 부분 건축의 5층에서 9층을 철거할 것과 벌금 192,000위엔을 납부하도록 명하였고, ② 108호 번지 내 소재의 8층 및 9층을 철거하고 벌금 182,000위엔을 납부하도록 하였다.

후이펑실업은 이러한 행정처벌에 불복하여 흑룡강성 고급인민법원에 행정소송을 제기하였고, 흑룡강성 고급인민법원은 사건을 심리한 결과 시토지관리국의 행정처벌이 현저히 공정성을 상실하는 것으로 판단하여, 시토지관리국의 행정처벌 내용을 변경하여 철거 면적을 축소하고 벌금액을 일부 삭감하는 판결을 하였다. 시토지관리국은 판결에 불복하여 최고인민법원에 상고하였다. 최고인민법원은 판결에서, 시토지관리국이 후이펑실업에 내리는 행정처벌은 전체 영향의 정도에 맞추어 상응하는 시정조치를 요구하여야 하고, 행정 목적의 실현과 더불어 행정상대방의 권익 보호를 같이 고려하여야 하며, 마땅히 법 집행 목적을 한도로 하여 가능한 행정상대방의 권익이 최소한도로 침해되도록 하여야 한다고 판단하였다.

최고인민법원은 이러한 고려에서 고급인민법원의 판결을 지지하여 상고인(피고) 패소 판결을 내린 것이다. 이 사건 판결은 법원이 형식상으로는 현저하게 공정성을 상실한 것을 이유로 변경판결을 한 것이지만 사건의 심리에서 적용한 중요한 법 원칙은 비례의 원칙이라 할 수 있다.

5. 법익 형량의 주체

비례의 원칙은 입법기관과 행정기관을 포함하여 사법기관에도 적용된다. 법치국가에서 입법기관은 반드시 그 재량의 범위 내에서 비례의 원칙을 준수해야 하고, 행정기관 역시 재량의 범위 내에서 비례의 원칙을 준수해야 한다. 입법기관과 행정기관이 비례의 원칙을 적용하는 과정에서 그 재량의 범위 내에서 이익 형량이 존재한다. 예컨대 입법자는 입법과정에서 타당성 원칙의 목적에 부합하는 입법행위와 필요성 원칙의 최소 침해 및 협의의 비례원칙에 부합하는 이익형량을 하여야 한다. 그러나 입법기관 및 행정기관의 공권력 행사에서 법익형량은 공권력 주체의 주관적 판단에 기초한 법익형량이고 공권력 행사에 속한다. 비록 이러한 형량 역시 공권력 주체가 행하는 주관적 가치판단의 결과지만 그 자체에 대한 중립적 견제 시스템이 결여되어 있고 행위주체의 신분으로 행한 법익형량일 뿐이다.[27]

법원도 사법의 행위주체로서 비례의 원칙을 적용한다. 형사소송에서 범죄를 확정하고 양형을 하는 과정에서 법원이 적용하는 비례의 원칙은 그 행위주체에 의한 사법행위의 내용에 속하게 된다. 이 경우는 법원이 재판을 하는 과정에서 비례의 원칙을 적용하여 이익형량을 하는 것과 구별된다.

재판에서 사법주체가 행하는 이익형량은 판단주체로서 행하는 이익형량이고, 입법주체나 행정주체 등 공권력 주체의 이익형량에 대한 중립적 점검이라 할 수 있다. 판단주체로서의 사법주체는 사법권의 성질에 의해 정해지는 것으로서, 반드시 비례의 원칙을 적용하여 공공이익과 개인의 이익에 대한 형량을 해야 하는 것이다. 이러한 이익형량은 기타 공권력 행사 행위가 비례의 원칙에 부합하는지를 판단하는 사법적 판단이라 할 수 있다. 공권력 행사에 대한 사법적 판단은 법치주의의 핵심이 되고 있고, 국민의 권리구제에 관련된 최종단계인 소송의 단계에서 비례의 원칙에 의한 이익형량은 판단주체로서의 법원을 중심으로 전개되고 있다는 점에서 중요성이

---

27) 王书成, 전게논문, p.44.

더욱 강조된다.[28]

V. 비례원칙의 전망

1. 비례원칙의 발전 방향

중국에서 비례의 원칙이 공법영역에서 제대로 정착되고 나아가 법치주의의 실현을 위한 역할을 다할 수 있도록 하기 위하여, 그 발전 방향에 대한 요구도 다양하다. 중요한 견해의 내용을 요약하면 다음과 같다.[29]

첫째, 입법의 단계에서 비례의 원칙이 반영되어야 한다는 것이다. 현재 개별 입법에서 비례의 원칙이라는 명문 규정이 존재하지는 않는다. 향후 행정절차법과 같은 단행법을 제정하거나 기타법률을 개정하는 경우 비례의 원칙을 반영하여 입법할 수 있는 것이다. 또한 사회보장법, 도시계획법, 건축법 등 영역의 각 개별법에서 비례의 원칙을 명시하여 이에 부합하는 재량권의 행사를 요구할 수 있는 것이다.

둘째, 권리침해 영역뿐만 아니라 급부영역에서도 비례원칙의 적용을 통하여 국민의 권리를 유효하게 보장할 수 있고 재량권의 남용을 통제할 수 있다. 예컨대 급부행정의 시행을 위하여 행정기관이 규범성문건을 공시하는 경우, 그것이 일정한 목적에 부합하는지 또는 비례의 원칙을 포함하고 있는지가 먼저 고려되어야 할 필요가 있는 것이다. 또한, 공공 서비스의 실현 과정에도 필요성의 원칙은 유지되어 최소 침해가 가능한 수단이 채택되어야 하고, 비용과 수익의 평가를 통하여 필요한 수단이 확정될 필요가

---

28) 王书成, 전게논문, p.44.
29) 胡敏洁, 比例原则, 전게서, pp.558-559.

있다. 도시재개발 과정에서 환경녹화와 시민이 누릴 수 있는 환경상의 이익이 개인의 재산권 또는 생존권에 어떠한 영향을 주는지, 개인 또는 개발업자에게 어떠한 이익이 발생될 수 있는지도 고려되어야 함이 당연하다. 이러한 측면에서 비례의 원칙은 전통적 경찰행정 또는 침해행정에서 뿐만 아니라 행정법의 광범한 영역에서 중요한 의미를 가지는 것이다.

셋째, 사법심사 영역에서 비례의 원칙의 적용은 제도 정착에 결정적 역할을 한다. 이와 관련 법원의 재판을 예로 들면, 중국의 경우 법관은 실무상 대개 법률이나 규정, 당의 방침정책, 사회적 영향, 법관 개인의 직업적 양심 등의 순서에 의거하여 재판을 한다. 법원이 법의 일반원칙으로서 비례의 원칙을 판결에 적용할 수 있다면, 행정기관으로 하여금 재량권의 행사에 비례의 원칙을 준수하도록 영향을 주게 되는 것이다.

2. 법익형량에서 고려해야 할 사항

행정법 영역에서 비례 원칙의 적용이 다양하게 확대되고 있는 것이 현실이지만, 이러한 원칙의 적용이 맹목적으로 확장되는 되는 경우에는 법적 안정성이나 예측 가능성에 영향을 줄 수 있다. 따라서 법치주의원리 내에서 비례원칙의 구체적인 법익형량 기준을 찾아내는 내는 것이 필요하고, 중요한 해결 과제가 된다. 비례의 원칙에서 법익형량의 구체적인 기준이 확립될 수 있다면 비례의 원칙은 설득력 있는 규범으로 인정받게 될 것이다.

중국 학계에서 일부 학자는 법익형량을 하는 경우 다음과 같은 사항이 고려되어야 한다고 주장한다. 그 내용을 요약하면 다음과 같다.[30]

첫째, 규범의 위계를 준수할 필요가 있다. 법치행정은 법 규범을 중심으로 전개되는 것이고, 법 규범에는 상하 위계질서가 존재한다. 비례원칙의 적용에서 규범체계의 상하 위계질서의 준수를 통하여, 특히 하위법의 제정

---

30) 王书成, 전게 논문, pp.45-47.

시행은 상위법이 추구하는 법익과 일치하도록 하여 규범체계의 통일, 질서 및 조화를 유지시켜야 한다.

둘째, 기본권 존중을 우선해야 한다. 비례원칙의 범주는 공공이익과 개인이익의 관계를 기초로 하는 것이고, 개인의 이익은 기본권을 핵심으로 한다. 독일 연방헌법재판소의 판결이 인간의 존엄과 가치의 보호는 기본법의 제정 원칙에 밀접한 관련이 있고, 자유로운 인간의 인격 및 그 존엄은 헌법상 최고의 법적 가치를 지닌다고 선언한 바와 같이, 중국에서도 비례의 원칙상 법익형량 과정에서 기본권 보장을 핵심적 기준으로 하여 법익형량을 할 필요가 있다.

셋째, 사법자제 및 행정기관의 재량권 행사에 대한 존중이 필요하다. 사법자제는 법원이 비례의 원칙을 적용하여 재판을 하는 경우 행정기관의 재량권을 존중해야 하는 것을 의미한다. 법관이 행정권의 행사를 본질적으로 이해하게 되면, 비례의 원칙은 진정한 의미를 갖게 될 것이다. 권력의 분립과 행사는 각기 특수한 성질, 행사방법 또는 효과를 불러 올 수 있으므로 사법기관이 비례의 원칙을 적용하여 재판하는 경우 여타 권력의 정당한 행사를 충분히 고려해야 한다.

넷째, 개별 사건에 기초한 종합 형량의 필요성이다. 비례의 원칙은 비록 추상적 원칙이지만 구체적 사건에 적용하는 경우 개별 사건에 대한 종합적 형량이 필요하다. 개별 사건에서 이익형량의 정도 역시 개별적인 차이가 있고 다양하게 적용되어야 한다. 종합적 법익형량에서 고려되어야 할 요소는 예컨대 사회적 여론, 공간적·시간적 상황, 정책상황, 경제적 상황, 도덕적 기반 등이다.

VI. 결어

비례의 원칙은 주지하는 바와 같이 대개 3단계로 구성된 원칙으로 이해되고 있고 이는 각각 적합성 원칙, 필요성 원칙 및 법익 상당성 원칙으로 이해된다. 적합성 원칙은 수단이 행정목적의 실현에 적합해야 할 것을 요구하고, 필요성 원칙은 목적의 실현을 위해 채택하는 수단은 최소 침해를 야기하는 수단이어야 할 것을 요구하며, 협의의 비례원칙인 법익 상당성 원칙은 목적 본래의 적정성을 요구한다. 따라서 비례의 원칙의 내용이 되는 이 세 요소는 서로 밀접한 관계를 가지면서 각각 목적, 법적효과, 법적 가치를 지향하면서 비례관계를 규율한다.

독일의 경험에 비추어 보면, 비례원칙은 행정청의 재량권 남용을 통제하기 위한 기준으로 이해된다. 이 원칙 외에도 신뢰보호, 부당결부금지, 평등대우 등 많은 행정법상의 원칙이 존재하고 있고, 따라서 비례의 원칙만이 모든 행정기관의 재량을 유효하게 통제할 수 있다고 할 수는 없고, 여타의 법 원칙과 함께 재량통제의 유효한 원칙으로 이해하는 것이 타당하다.

중국의 경우 학계를 중심으로 비례의 원칙에 대한 논의가 활발히 이루어지고 있지만, 전반적인 상황으로 보아 사법실무에서 제대로 정착되었다고 보기는 어려운 상황이다. 비례의 원칙이 적용되는 사건 대부분은 행정처벌 사건에 국한되고, 특히 행정처벌이 현저하게 공정성을 상실한 경우로 한정되고 있음을 알 수 있다.

행정법 영역에서 비례의 원칙이 행정권의 재량을 통제하는 법 원칙으로 기능을 발휘하기 위해서는 특히 입법단계에서 비례의 원칙이 반영되어야 하고, 입법적 반영도 전통적인 경찰행정 또는 침해행정에 그쳐서는 아니 되고, 급부행정 또는 공공서비스 영역까지 확대되어야한다는 주장도 설득력 있어 보인다. 이로써 국민의 최종 권리구제 단계인 사법심사의 영역에서 비례의 원칙을 적용하여 행정기관의 재량권 남용을 방지할 수 있는 것이다.

중국학자의 주장대로, 협의의 비례원칙인 법익 상당성을 판단하는 법익

형량의 경우에도, 규범의 위계를 준수하여 규범적 조화와 통일을 기하도록 하고, 특히 인간의 존엄과 가치를 전제로 하여 헌법에서 정한 기본권을 존중한다는 전제하에 공익과 개인의 이익 간에 법익형량이 이루어져야 하고, 법원은 재판에서 법익형량을 함에 있어 행정기관의 재량권 행사를 최대한 존중하여야 하며, 구체적 사건의 특수성을 고려한 종합적 이익형량이 이루어져야 할 필요성이 있다.

끝으로, 중국의 공법영역 특히 행정법 영역에서 비례의 원칙이 법의 일반원칙으로 자리 잡기 위해서는 학자들의 지속적인 연구와 이러한 연구 성과가 우선적으로 입법에 반영되어야 하고, 아울러 법원의 재판을 통하여 비례의 원칙에 대한 개념 확정의 노력이 지속되어야 할 것으로 판단된다.

■ 참고문헌

姜明安. 『行政法与行政诉讼法』. 北京大学出版社, 2005.

[德]罗尔夫·斯特博. 『德国经济行政法』. 中国政法大学出版社, 1999.

罗豪才. 『行政法学』. 中国政法大学出版社, 1996.

王名扬. 『美国行政法(下)』. 中国法制出版社, 2001.

陳剛 外. 『中國司法救濟制度』. 세종출판사, 2005.

韓大元 外 9人. 『現代中國法概論』. 박영사, 2009.

叶必丰. 『行政法学』. 武汉大学出版社, 2003.

胡建淼. 『行政法学』. 法律出版社, 2003.

H. W. R Wade & C. F. Forsyth. *Administrative Law*. Clarendon Press, 1994.

余凌云. "论行政法上的比例原则." 『宪法学 行政法学』 人民大学书报资料中心 2002
　　年 5期.

王达. "比例原则在违章建筑处理中的运用." 『宪法学 行政法学』 人民大学书报资料中
　　心 2007年 7期.

王书成. "比例原则中的利益衡量." 『宪法学 行政法学』 人民大学书报资料中心 2008
　　年 6期.

郑琦. "比例原则的个案分析." 『宪法学 行政法学』 人民大学书报资料中心 2005年 3期.

胡敏洁. "比例原则." 『论公法原则』. 浙江大学出版社, 2005.

제6장 |
행정소송상 의무이행소송

I. 문제의 제기

  과거 우리나라 행정소송법의 입법과정에서 행정청의 일차적 판단권이 존중되어야 한다는 권력분립의 요청, 또는 법치행정의 요청 및 국민의 효율적인 권리구제의 요청, 사법권의 정치화 내지 행정화를 막고 부담을 경감해야 한다는 사법자제의 요청, 국가주도의 발전과정과 행정권의 역할에 대한 고려, 행정기관과 법원의 수용태세 등의 주장 등이 의무이행소송을 도입하지 않은 주된 사유로 파악되고 있다.[1]
  지금도 우리 대법원은 행정소송상 이행판결이나 형성판결을 구하는 소송이 허용되는지 여부에 대하여, 현행 행정소송법상 행정청으로 하여금 일정한 행정행위를 하도록 명하는 이행판결을 구하는 소송 등은 허용되지 아

1) 홍정선, 『행정법특강』 제8판(박영사, 2009), p.791.

니한다고 입장을 취하고 있고,[2] 헌법재판소도 행정소송법 제4조에서 의무이행소송을 도입하고 있지 않은 것을 헌법소원심판으로 다툴 수 있는지 여부에 대하여 소극적 입장을 취하고 있다.[3]

그러나 권력분립의 원리는 국가권력의 남용을 방지하고 이를 통해 국민의 기본권을 보장하려는 데 그 본질적 의미가 있고, 법원이 행정청에 일정한 의무를 명한다 하더라도 국민의 권리구제에 효율적이라면 의무이행소송의 인정이 권력분립의 원리에 모순된다고 볼 수 없는 점, 의무이행소송을 통한 이행판결을 내리는 것이 행정청의 거부나 부작위에 대응하여 가장 실효성 있는 소송유형이라는 점, 헌법에서 보장하고 있는 기본권인 국민의 재판청구권이 실질적으로 실현될 수 있도록 하기 위해서는 구체적 행정행위에 대응하는 다양한 소송유형을 마련해야 한다는 주장[4]이 더욱 설득력이 있다고 해야 할 것이다.

이처럼 국민의 재판권 보장과 권리구제의 중요성에 기초하여 2006년 대법원이 제출한 행정소송법 개정의견[5] 및 2007년 정부가 제출한 행정소송법 전면개정안에서는 행정작용의 다양화 등 변화된 행정현실과 한층 성숙된 국민의 권리의식을 반영하여 권익구제를 확대하기 위해 새로운 소송 제도인 의무이행소송과 예방적 금지소송을 채택하고 있다. 대법원 개정의견 제4조 제3호 및 제51조 및 정부의 전부개정안 제4조 제3호 및 제43조부터 제47조까지 의무이행소송을 규정하여, 허가 등 신청에 대한 행정청의 위법한 부작위 또는 거부처분을 다투는 경우 법원의 충분한 심리를 거쳐 승소할 경우 법원의 판결로 원하는 행정처분을 받도록 하는 의무이행소송제도를 규정하였고, 이러한 소송제도의 설치를 통하여 효과적인 구제수단을 마련하여 분쟁을 조속히 해결할 것을 기대한 바 있다.[6]

---

2) 대판 1997.9.30 97누3200.
3) 헌재 2008.10.30. 2006헌바80.
4) 류지태·박종수, 『행정법신론』 제13판(박영사, 2009), p.610.
5) 박균성, 『행정법강의』 제6판(박영사, 2009), 부록 p.6을 참조.
6) 2006년 9월 대법원이 제출한 행정소송법 개정의견 및 2007년 11월 정부가 제출한 행

행정소송법 개정안이 국회의 동의를 받지 못하였지만, 독일에서는 일찌 감치 의무이행소송제도가 시행되었고, 대만의 경우에도 1998년 개정된 행 정소송법에서 의무이행소송을 명문화하였고, 일본의 경우도 2004년 행정 사건소송법이 개정되어 의무이행소송을 도입하여 운용하고 있다는 상황과 특히 법을 집행하는 정부에서 의무이행소송의 도입을 내용으로 하는 법률 개정안을 내 놓고 있다는 점을 감안한다면 우리나라도 의무이행소송의 도 입이 이미 성숙단계에 이르렀다고 할 수 있다.

향후 우리 행정소송법이 개정되어 행정소송에서 의무이행소송제도가 채 택되면 의무이행소송의 원고적격이나 제기요건의 인정이나 심리규칙, 판결 형식 및 이행기간 등은 이론적으로나 실무상 해결이 필요한 중요한 문제가 될 것이다. 이러한 문제를 원만히 해결하여 의무이행소송을 국민의 권리보 장을 위한 소송제도로 정착시키기 위해서는 앞서 이러한 의무이행소송제도 를 채택하고 있는 국가들의 이론 및 실무상의 경험은 우리에게 중요한 참고 가 될 것이다.

이러한 관점에서 본서에서는 1989년 제정되어 1990년 10월 1일 이후 시 행되면서 의무이행소송의 판결 형식을 채택하고 있는 중국의 행정소송법 운용경험을 이론적으로 검토 소개하고자 한다. 비록 정치체제를 달리하고 전체적으로 이론적 체계의 확립이 절실한 사회주의 국가의 경험이긴 하지 만, 향후 우리의 현실적 법 해석 및 적용에 좋은 참고가 될 것으로 믿는다. 본 장에서는 중국의 의무이행소송에 대한 이론적 특징, 의무이행소송의 제 기 요건, 의무이행소송의 심리 규칙, 의무이행소송의 판결 형식, 이행판결 과 새로운 행정행위를 명하는 판결의 관계 및 이행기간의 확정에 관한 문제 를 중심으로 서술하고자 한다.

정소송법 전면개정안.

II. 의무이행소송의 특징

의무이행소송은 일반 국민이 행정기관[7]에 대하여 일정한 행정행위를 신청하고, 행정기관이 거부하거나 상당한 기간 내에 이를 이행하지 않아 손해를 야기하는 경우, 국민이 법원에 대하여 행정기관으로 하여금 그 신청한 행정행위를 하도록 명령을 구하는 소송형식이다.[8]

의무이행소송의 결과로 나타나는 이행판결은 성질상 급부판결에 해당한다. 급부판결은 당사자 간에 행정법관계가 존재한다는 전제 아래 판결을 통하여 의무를 부담하는 당사자에게 일정한 의무의 이행을 명하는 판결이다.[9] 취소소송에 비해 독자적 형식이라 할 수 있는 의무이행소송은 다음과 같은 특징을 가진다고 할 것이다.

1. 소송목적의 급부성

의무이행소송에서 원고가 소를 제기하는 목적은 법원이 행정기관으로 하여금 신청한 행정행위를 해 주도록 명하는 판결을 구하는 것이다. 행정기관이 원고가 청구한 행정행위를 한다는 것은 원고 측으로 보면 일종의 급부에 해당하고, 다만 급부의 내용이 특정한 행정행위일 뿐이다. 따라서 의무이행소송은 본질적으로 급부소송에 속한다.[10]

행정소송이론에서 급부소송은 대개 급부 내용의 차이에 따라 일반급부소송과 의무이행소송으로 구분하기도 한다. 의무이행소송은 별도의 특징을

---

7) 중국법상 행정기관이라 할 경우 행정청 또는 행정주체의 개념으로 이해할 수 있다.
8) 독일 행정법원법 제113조 제5항 참고.
9) 姜明安, 『行政法与行政诉讼法』(北京大学出版社, 2005), p.594.
10) 章志运, 『行政诉讼类型构造研究』(法律出版社, 2007), p.136.

갖는 급부소송이라 할 수 있고, 일반 급부행정소송과 소송대상에서 차이가 있지만, 양자는 공법상의 청구권을 행사하는 점에서는 일치하고 광의로는 모두 급부소송으로 이해할 수 있다.

의무이행소송의 기능은 국민이 국가에 대하여 가지는 공권을 보장하는 것이며, 법원의 판결을 통하여 행정기관으로 하여금 법정 의무를 적극적으로 이행하도록 하는 것이다. 이로써 현대 행정국가의 적극적인 급부목적을 실현하는 것이다.

2. 소송목적물의 소극성

의무이행소송의 소송목적물은 원고가 구체적 사실에 입각하여 제시한 주장에 의한다고 할 수 있다. 즉, 원고의 권리가 행정행위의 거부 또는 부작위로 인하여 침해를 받아 이에 대한 구제를 구하는 소송이 의무이행소송이며, 의무이행소송의 목적물은 순수한 행정 부작위와 작위의 해태(懈怠)라 할 것이다. 전자를 통상 작위의 거부에 대한 소송이라 하고, 후자를 작위의 해태에 관한 소송이라 할 수 있다.[11]

행정기관이 명시적으로 국민의 청구에 대하여 거부를 하든 합리적인 이유 없이 상당 기간 내에 신청에 따른 결정이 없는 경우 모두 행정 상대방으로서는 신청의 목적을 달성하지 못한 것이다. 이러한 점에서 독일을 대표로 하는 여러 대륙법계 국가의 입법에서는 소송의 원인에 따라 의무이행소송을 작위에 대한 거부소송과 부작위에 대한 소송으로 구분하고 있는 듯하다.[12]

이처럼 의무이행소송은 소극적 부작위 또는 작위의 거부에서 도출되고, 이는 적극적인 작위로 인한 취소소송과는 근본적으로 구분되는 소극성을

---

11) [德]弗里德赫尔穆·胡芬 著, 莫光华 译, 『行政诉讼法』(法律出版社, 2003), p.283.
12) 章志运, 전게서, p.138.

가진다고 할 수 있다.

3. 적용범위의 광범위성

급부소송의 한 형식으로서 의무이행소송은 급부소송의 발전에 보조를 맞추어 발전되어 왔다. 현대 행정의 발전에 적용하기 위하여 많은 경우 법적 출발점은 개별적 행위에 대한 원칙적 허가가 아니라 개별적 자유권의 행사에 대하여 일반적 금지를 해 두고, 법정 조건에 부합하는 경우에 한하여 신청에 근거하여 개별적인 해제를 하는 것이다. 여기서의 금지는 허가유보부 예방적 금지와 해제유보부 강제성 금지로 구분된다.13)

이러한 상황에서 국민의 신청에 대한 거부나 부작위에 대한 구제는 의무이행소송의 형식을 통하여 해결할 수밖에 없다. 따라서 의무이행소송은 급부행정의 영역에서 중요한 위치를 차지하고 있다. 그러나 의무이행소송을 급부행정의 전형적인 소송으로만 한정할 수 없다고 본다.

질서행정이나 급부행정뿐만 아니라 행정기관의 행정행위를 통하여 발생, 변경, 소멸되는 법률관계 및 기타 인적 물적 문제에 대하여도 의무이행소송이 적용될 수 있다. 예컨대 대학의 졸업자가 청구하는 졸업증서나 학위증서의 수여에 대하여 거부를 당한 경우 의무이행소송을 제기하여 구제를 도모할 수 있는 것이다. 또한 행정의 상대방이 행정기관에 대하여 제3자에 대하여 불리한 처분을 하도록 청구하여, 이에 대한 거부 또는 부작위가 있는 경우에도 의무이행소송을 통하여 구제를 도모할 수 있다. 이처럼 의무이행소송의 적용범위는 매우 광범위하여 현대 행정의 대부분의 영역에서 적용 가능한 것이다.

---

13) [德]弗里德赫尔穆·胡芬, 전게서, p.282.

III. 의무이행소송의 제기요건

1. 행정기관에 대하여 특정한 신청을 한 경우일 것

소송을 제기하려는 자가 사전에 행정기관에 신청을 하지 않은 경우에 있어 가장 적당한 권리구제 방법은 우선 행정기관에 대하여 특정한 행정행위를 하도록 신청하는 것이다. 이러한 경우에는 의무이행소송을 제기하여 권리를 구제해야 할 필요성을 인정할 수 없는 것이고, 소송의 신청 당사자가 관할권 있는 행정기관에 특정한 행정행위를 신청하여 상응하는 행위가 없는 경우 비로소 의무이행소송이 가능한 것이다. 즉, 의무이행소송의 종국적 목적은 행정기관이 상응하는 행정행위를 하도록 하는 것이다. 따라서 대개는 의무이행소송을 제기하기 전에 먼저 행정기관에 대하여 특정한 행정행위를 하도록 신청하여 그에 대한 만족한 결과를 얻지 못한 경우에 의무이행소송을 제기한다고 할 것이다.[14]

직권에 의하여 이루어지는 행정행위의 경우, 이러한 행정행위는 비록 행정기관이 당사자의 신청에 관계없이 직권에 의하여 능동적으로 하는 행위지만, 구체적 사건의 해결에서는 일반적으로 당사자의 신청이 전제가 되어야 한다는 것이 타당하다고 본다.[15]

이론적으로는 행정기관이 이미 직권으로 해야 할 행정행위와 관련된 사실을 인지하였다면 능동적으로 그러한 특정한 행정행위를 해야 할 것이다.

---

14) 章志远, 전게서, p.141.
15) 인민경찰법 제2조 및 제21조에 의하면 인민경찰은 공민의 신체, 재산을 보호하고 범죄의 방지와 제재를 위한 임무를 지고 있다. 공민의 신체, 재산이 범죄행위로부터 위협받는 경우 직권에 의해 능동적으로 상응하는 행정행위를 하여야 한다. 그러나 실지로는 경찰이 개별 공민이 구조의 신청을 하지 않는 경우 사건을 파악하기 힘들다. 이러한 경우 공민이 경찰에 고발 또는 신고를 한 경우 비로소 사실을 인지하게 되고, 공민의 신고 또는 고발이 있음에도 불구하고 적절한 조치를 취하지 않으면 행정부작위가 성립될 것이다.

직권에 의한 행정행위에 대하여 제기하는 의무이행소송도 주로 부작위에 대한 것이라 보면, 행정기관이 사건관련 사실을 언제 인지하였는지 여부도 확정하기 어렵고, 부작위의 인정은 기간의 계산과도 밀접한 관계가 있기 때문에, 분쟁을 원활히 해결하기 위해서는 역시 사전에 행정기관에 신청을 있었음을 전제로 할 수밖에 없다.16) 사실, 행정기관이 이미 관련 사실을 인지한 것이 명확하게 증명될 수 있다면 이때 의무이행소송의 제기에 신청이 전제될 필요는 없는 것이 당연하다.

2. 청구는 행정기관에 대해 특정한 행정행위를 요구할 것

금전의 급부, 사실행위 등을 청구하는 경우에는 일반 급부소송을 청구하는 것이 적당하다. 그러나 의무이행소송은 소송목적물이 특정한 행정행위에 한정된다. 이때 그 청구가 내용상 명확한 행정행위(허가증의 발급)인지 일반적 행정행위(신청한 자료에 대한 심사 및 처리를 요청하는 경우 등)인지는 소송의 제기가 가능한지 여부에는 영향을 주지 않을 것이다.

의무이행소송의 청구의 내용으로 보면 소송 청구인에게 유리한 행정행위라 할 것이다. 즉 영업허가증의 발급, 건축허가증의 발급 등이나 행정기관이 제3자에게 불리한 행정행위를 하도록 청구할 수 있는 것이다.17) 또한 행정심판기관의 부작위로 인하여 제기하는 의무이행소송은 그 소송목적물이 상응하는 행정심판결정이라 할 수 있다.

---

16) 「최고인민법원의 행정소송법 증거의 몇 가지 문제에 관한 규정」 제4조 제2항에서는, 피고가 직권에 의하여 능동적으로 법정의무를 이행해야 하는 경우의 부작위 사건에서는 원고가 신청을 했다는 사실을 증명할 필요가 없다고 하고 있다. 이 규정은 상대방의 적법한 권리를 보장한다는 측면에서는 높이 평가할 수 있다. 그러나 사건의 원활한 해결을 위해서는 진정으로 부작위 관련 소송에서 원고에게 유리할 것인가는 의문이 있다고 할 것이다.
17) 행정기관이 인근 주민이 설치한 위법한 건축물을 철거하도록 청구하는 경우 등.

3. 행정기관의 거부 또는 부작위로 인하여 권리침해 또는 그 침해 가능성이 있을 것

일본의 예를 들면, 행정사건소송법에서 이행소송의 원고적격은 취소소송의 규정을 준용한다.[18] 행정사건소송법이 자신의 권익 침해를 의무이행소송의 제기 조건의 하나로 하는 것은 민중소송을 배제하자는 것으로 이해되고, 즉 소송을 통하여 자신의 이익과 관련 없는 공공의 이익에 속하거나 제3자의 권익에 속하는 사항에 대하여 이행소송을 제기하지 못하게 하기 위한 것으로 볼 수 있다.[19]

의무이행소송의 원고적격에 대하여 취소소송의 규정을 준용한다고 할 때, 취소소송에서의 원고적격에 대한 의미를 이해할 필요가 있다. 대개 세 가지 내용으로 이해할 수 있다.[20]

첫째, 원고는 자신의 권익에 대한 침해를 주장해야 하고 공익이나 타인의 이익에 대한 침해를 주장할 수 없다. 원고가 주장하는 권리는 법률이 규정한 이익에 한정되지 아니하고 입법의 제정 목적이나 취지를 통하여 보호되고 있는 이익도 포함하는 것이다. 그러나 기본적으로 공법상의 법규범에 근거하고 있다는 점에는 공통점이 있다. 독일의 공법이론에 의하면 이러한 이익은 공법상의 주관적 권리에 해당하는 것이다.

둘째, 원고가 처한 실질적 지위로 보면, 행정기관이 직접 자신의 이익을 위해 특정한 행정행위를 하도록 청구하면 그 청구권의 근거가 되는 법규는 대개 공법상의 주관적 권리를 부여하고 있어 원고적격은 문제가 되지 않는다. 그런데 원고가 행정기관으로 하여금 제3자에 대하여 부담을 지우는 행정행위를 하도록 요구하여 자신의 권익을 보호하고자 하는 경우에 행정기관으로부터 거부 또는 부작위를 당한 경우에도 소송권리를 인정할 수 있다.

---

18) 일본 행정사건소송법 제37조.
19) 원고의 권리가 단순한 경제적, 종교적 또는 정신상의 이익인 경우에는 원고적격이 인정되지 아니한다.
20) 章志運, 전게서, p.143.

그러나 행정기관으로 하여금 제3자에 대하여 수익성 행정행위를 하도록 청구한 경우로서 그 청구가 거부된 경우에는 소송권리를 인정할 수 없다.

셋째, 원고가 제기한 권익침해는 그 침해의 가능성만 있으면 소송권리가 인정된다. 따라서 구체적 사건의 심리에서 법원은 의무이행소송의 원고가 원고적격을 가지는가 하는 문제에 대하여, 즉 법원은 주관적 공권의 존재나 침해의 가능성 등 불확정 개념에 대하여 신중한 판단을 할 필요가 있다.

4. 행정기관이 정당한 이유 없이 구체적 조치를 하지 않을 것

의무이행소송에서 관건이 되는 요건은 행정기관이 상대방이 신청을 한 후 그 요구를 만족시켜주지 못하는, 즉 특정한 행정처분을 거부하거나 부작위한 경우라 할 것이다. 거부의 경우 행정기관이 명확히 그 의사표시를 하였지만 상대방이 요구하는 신청을 만족시키지 못하기 때문에 의무이행소송의 대상이 되는 것이다. 이때 행정기관이 부작위하다는 것을 어떻게 판단할 것인가 하는 문제가 남는다. 대개 다음과 같은 조건에 부합하여야 할 것이다.

첫째, 법정기한이 경과하였을 것. 일반적으로 행정기관은 행정 상대방의 신청에 대하여 즉시 상응하는 처분을 하여야 한다. 예컨대 중국 행정허가법 제42조의 규정에 의하면, 즉시 행정허가결정을 할 수 있는 경우를 제외하고, 행정기관은 상대방의 신청을 받은 날부터 20일 이내에 허가결정을 해야 한다. 신청 후 20일이 경과한 후 행정기관이 여전히 상대방의 신청에 대하여 아무런 조치가 없으면 부작위에 해당한다. 그러나 많은 개별 법규는 행정기관의 직무이행에 대한 구체적인 기간을 정하고 있지 않다. 이때에는 최고인민법원의 사법해석, 즉 「행정소송법 집행에 관한 약간 문제의 해석」[21] 제39조에 따라 60일의 기준이 적용될 수 있다. 따라서 이러한 기

---

21) 최고인민법원이 공포한 이 사법해석은 2000년 3월 8일 공포되어 2000년 3월 10일부

간이 경과하지 않은 상태에 상대방이 의무이행소송을 제기하면 사건의 성
숙성에 반하여 제소가 각하될 수 있다.[22]

둘째, 행정기관이 정당한 이유 없이 구체적 조치를 하지 않을 것. 이 경
우는 행정기관이 마땅히 해야 할 조치를 취하지 않는 것이다. 행정 상대방
의 이익보호라는 관점에서 보면, 구체적 조치는 제한적으로 해석해야 할
것이다. 즉 행정기관이 종국적 행정처분을 완전하게 하지 않아야 한다. 행
정기관이 중간적 결정을 하는 경우, 예컨대 조사활동에 착수한 상태이거나
또는 현재 대책을 강구 중이라는 회신을 하는 등은 모두 구체적 조치를 하
지 않는 것에 해당한다.[23] 이때 법정 처리기간이 경과하면 명백한 부작위
에 해당한다.

셋째, 거부 또는 부작위의 경우 행정기관 쪽에 정당한 이유가 없어야 한
다. 부작위의 구성상 작위의 유무에 대한 가능성 역시 중요한 부분이다.
행정기관이 확실히 어떠한 조치를 취할 수 있는 가능성이 없는 경우에는
부작위로 단정하기 어렵다.[24] 부작위를 인정하기 위해서는 행정기관이 신
속한 조치를 하지 못하는 충분한 이유가 존재하는지, 행정기관의 업무부담,
사건의 구체적 상황 및 원고 측의 긴급한 청구 이익이 존재하는지를 고려하

터 효력을 발하고 있다.

[22] 독일의 경우, 특별한 사유가 있는 경우 법정기간 전에 소송을 제기할 수 있는 것을
알 수 있다. 특별한 사유의 존재 여부에 대하여는, 원고에 대한 신속한 권리보호의
필요 여부에 따라 결정한다.

[23] 江苏省南通市中级人民法院 2004通中行字第058号 사건, 즉 원고가 난통시 도시계획
국을 상대로 제기한 근린권 보호의무 불이행 관련 사건에서 2심 법원은 같은 취지로
원고 승소판결을 하였다.

[24] 예컨대, 어린이가 물에 빠진 경우 주민의 신고로 경찰이 출동하였으나 출동한 경찰이
수영을 할 수 없는 경우에는 그 어린이를 구할 수 없다. 이때 현장에 즉시 도착하였지
만 정당한 이유로 어린이를 구출하지 못한 것이므로 부작위에 해당하지 않는다고 주
장하면 정당하지 못하다. 이미 어린이가 물에 빠졌다는 신고를 받았다면 수영을 할
수 있는 경찰이 출동해야 하는 것이다. 그러나 때로는 정당한 이유의 존재에 대하여
논란이 있는 경우도 있다. 경찰이 퇴근 후에 퇴근을 이유로 국민의 출동요청을 거부
할 수 있는가 하는 것이다. 퇴근 후의 출동 거부가 부작위에 해당하는지에 대하여
견해가 일치하지 않고 있다. 검찰일보 2005년 11월 22일자 제9면.

여 객관적으로 판단하여야 한다. 예컨대 사안이 매우 복잡하여 법정기간 내에 적절한 조치를 내리기 어려운 경우라면 정당한 이유가 있는 것으로 인정될 수 있다.25)

5. 법정기간 내에 소송을 제기할 것

취소소송이 명문으로 소송의 제기 기간을 두고 있는 데 비하여 의무이행소송의 경우에는 대개 명문의 규정이 없다. 예컨대, 독일의 행정법원법 제74조에 의하면, 처분의 거부로 제기하는 의무이행소송은 취소소송의 심판결정 송달 후 1개월 내 또는 행정처분 고지 후 1개월 내의 규정을 준용하도록 하고 있다. 동법 제75조의 규정에 의하면, 처분의 지체로 인하여 제기하는 의무이행소송은 원칙적으로 행정처분을 신청한 날 또는 행정심판의 신청 후 3개월 후에 제기할 수 있다. 제74조나 제75조의 규정은 모두 제소기간을 정한 것으로서, 전자는 제소의 최후시점이라 하고 후자를 제소의 개시시점이라 한다. 독일의 경우 작위의 해태에 대한 의무이행소송에서 명문의 제소기간을 정하고 있지는 않지만 법원실무에서 1년의 기간을 법률이 보호하는 기간으로 하고 있다.26)

중국 행정소송법 제39조와 행정소송법 관련 사법해석 제39조에 의하면, 작위의 거부에 대한 의무이행소송에 대하여, 당사자가 직접 법원에 소송을 제기한 경우 그 거부행위를 안 날로부터 3개월 내에 소를 제기할 수 있도록 규정하고 있고, 부작위에 대한 의무이행소송은 당사자가 행정기관에 신청한 날부터 60일 이후에 소송을 제기할 수 있다. 이는 제소의 개시가 가능한 시점이며, 시효의 기간에 대해서는 인민법원의 행정소송법 사법해석 제42조27)를 참조할 수 있다.

---

25) 章志运, 전게서, p.149.
26) [德]弗里德赫尔穆·胡芬, 전게서, p.293.

이처럼 원고가 의무이행소송을 제기하기 위해서는 법규가 정한 기간 내에 소송을 제기하여야 하고 소송을 제기할 수 있는 개시시점 이전에 제기하거나 소송시효를 경과하여 제기하는 의무이행소송은 부적법한 것으로 판단되어 각하될 것이다.

6. 의무이행소송을 통한 구제가 가능할 것

의무이행소송에서 행정기관의 위법행위는 주로 거부와 의무의 불이행(부작위)이라 할 것이다. 원고적격의 문제에서도 다루어질 내용이지만, 행정소송을 통한 구제에서 행정기관의 위법행위와 원고의 법률상 권리 침해는 상당한 인과관계가 있어야 한다. 때로는 상당인과관계를 판단하기 어려운 경우도 있을 수 있다. 즉 행정기관이 적극적으로 원고의 법률상 이익을 침해하는 것이 아니고 행정기관의 거부나 부작위가 원고의 법률상 이익을 해치는 경우에는 더욱 그러하다.

또한 상당인과관계를 인정할 수 있지만 의무이행소송을 통하여 구제하는 것이 적절하지 않은 경우도 있다. 예컨대 행인이 강도를 만나 경찰에 구조를 요청하였지만 그 경찰이 이를 무시하여 구조를 받지 못하고, 결과적으로 행인이 재산을 강탈당한 경우이다. 이때 행인의 재물 강탈로 인한 손해와 경찰의 부작위는 상당한 인과관계를 인정할 수 있을 것이다. 그러나 의무이행소송은 통상 원고가 피고에 대하여 구체적이고 명확한 의무의 이행을 청구하는 것인데, 이 경우 의무이행소송을 통한 구제는 그 의의를 상실하고 있다.[28] 이러한 경우에는 다른 소송 방법을 통하여 구제를 모색해야 할 것이다.

---

27) 동 조문에 의하면, 부동산에 관련된 구체적 행정행위는 그 행정행위가 있은 날부터 20년, 기타의 행정행위는 그 행위가 있은 날부터 5년이 경과하면 인민법원이 사건을 수리하지 않는다.
28) 梁风云, 『行政诉讼判决之选择适用』(人民法院出版社, 2007), p.155.

IV. 의무이행소송의 심리규칙

법원은 원고가 제기한 의무이행소송을 수리한 후, 원고의 청구에 대하여 이유가 있는지 여부를 판단한다. 즉 소송을 수리하여 원고가 원하는 판결을 할 것인지를 결정하게 된다. 대개 원고의 청구에 대하여 이유가 있는지를 판단함에 있어서, 그 관심의 초점은 행정기관의 거부 또는 부작위가 위법한지, 원고의 손해가 이로 인하여 발생하였는지, 사건이 재판을 하기에 적절한 성숙단계에 있는지 등에 집중된다. 행정기관의 거부 또는 부작위에 대한 위법성의 인정은 사실상 원고가 상응하는 청구권을 가진 것인가 하는 판단을 통하여 한다. 원고가 이러한 권리를 가짐에도 불구하고 행정기관이 거부 또는 부작위한 경우 당해 거부 또는 부작위는 위법하게 된다.

대개 원고의 제소 이유가 성립되지 않는 경우 법원은 원고의 청구를 기각하고, 이유가 인정되는 경우에는 사안에 따라 그에 상응하는 이행판결을 하게 된다. 이하에서는 의무이행소송의 심리과정에서 중요한 문제인 청구권의 존부에 대한 심사와 재판의 가능성에 대하여 검토하고자 한다.

1. 청구권의 존부에 대한 심사

당사자가 행정기관이 적극적으로 개입하도록 청구할 권리가 있는가 하는 것은 의무이행소송의 중요한 문제가 된다. 독일법의 경우 이러한 청구권의 기초는 법률의 규정 또는 기본권 내지 공법상 계약 등에 의한다. 중국의 경우 행정 부작위 사건에서 청구권 존부의 심사는 다음과 같이 세 가지 사항에 집중된다.

첫째, 법률에서 명확히 규정하고 있는 경우이다. 원고의 행정기관에 대한 청구권을 가장 간단하고 직접적으로 설정하고 있는 것은 법률의 규정이다. 중국의 입법체계로 볼 때 이때의 법률은 법률, 법규, 규장 등의 형식을 가지는 규범을 포함하여 행정기관의 규범성문건을 포함한다. 또한 법률 규범이 직접 당사자의 청구권을 규정하고 있는 경우는 물론 간접적으로 당사자의 청구권을 인정하는 경우도 해당한다.[29]

둘째, 행정허가의 적용범위에 대한 판단이 중요하다. 의무이행소송의 제기는 대개 행정기관의 허가권 행사와 이에 대한 상대방의 허가청구와 관련되는 경우가 많다. 이때, 행정허가의 적용범위를 확정하는 것은 법원이 청구권의 존부를 확인하는 과정에서 매우 중요한 사항이다. 중국에서 행정허가법이 실시된 지 7년이 지났지만[30] 집행 과정에서 여러 가지 문제점이 있는 것이 현실이다. 행정허가의 거부 또는 부작위로 인하여 발생하는 의무이행소송에서 법원은 행정허가의 적용범위에 대한 심사를 통하여 원고의 청구권 존부를 확인할 수 있는 것이다.

셋째, 행정기관의 선행행위를 통하여 청구권의 존부를 판단한다. 법률의 명문규정이나 행정허가의 범위를 통하여 청구권의 존부를 확인하는 외에, 행정기관의 작위의무는 그 선행행위로 판단할 수 있다. 행정기관의 선행행위가 자신을 위하여 특정한 의무를 설정하고 있는 경우 상대방이 그 설정된 조건을 만족시키는 경우 상응하는 청구권을 가질 수 있다. 상대방의 청구가 거부되거나 청구에 아무런 조치가 없는 경우 의무이행소송으로 구제를 시도할 수밖에 없다. 예컨대, 지방의 인민정부가 외자유치장려금을 지급하는 방법에 대한 규정을 공고한 경우, 당해 지방정부는 그 공고에서 조건에 부합하는 경우에 장려금을 지급한다는 공법상 의무를 설정한 것이고, 이때 외자를 유치하는 데 공헌한 당사자는 상응하는 청구권을 가진다. 이처럼 당사자의 청구권 존부에 대한 심사에서 법률의 규정이나 행정허가의 범위에 대한 판단뿐만 아니라 행정기관의 선행행위도 판단대상이 될 수 있다.

---

29) 중국 노동법 제88조 제2항의 규정을 보면, 누구든지 노동법률 또는 법규에 위반하는 행위에 대하여 고발할 권리를 가진다고 하고 있고, 제9조 제2항의 규정을 보면 현급 이상 인민정부 노동행정부처는 당해 행정구역 내의 노동업무를 주관한다고 규정하고 있다. 이처럼 명문 규정에서 당사자의 청구권을 직접 또는 간접적으로 인정할 수 있다.
30) 행정허가법은 2003년 8월 27일 제정되어, 2004년 7월 1일부터 시행되고 있다.

2. 사건의 성숙성에 대한 심사

사건의 성숙성 판단은, 당해 사건이 법원이 재판으로 해결하기에 시기적으로 성숙했는가를 판단하는 것으로 이해할 수 있다.[31] 재판 시기의 성숙은 사건의 사실관계가 확정되고 적용할 법률 규정이 확정되어 재판을 하기에 적적한 시점에 이르렀음을 말한다. 취소소송의 경우에는 행정처분의 취소를 구하는 권리 구제에 관한 것이므로, 법원은 공권력 행위의 행사 후 그에 대한 취소 여부만 판단하면 되기 때문에 사건의 성숙성은 일반적으로 문제되지 않는다. 그러나 이행판결의 경우 재판 시기의 성숙은 사법권과 행정권의 한계를 구분하는 의미를 가지고, 이행판결의 경우에는 법원이 일정 정도 행정기관의 역할을 대신하기 때문이다.[32]

독일 행정법원법 제113조 제5호를 예로 들면, 재판의 성숙성 즉 사건의 성숙성을 의무이행소송의 판결요건으로 하고 있다. 사건이 재판을 할 수 있는 정도에 이르러서야 법원은 행정기관에 대하여 원고가 신청한 내용의 행정행위를 이행하도록 판결할 수 있다. 사건이 재판을 할 정도에 이르지 아니하면 법원은 행정기관이 법원의 법적 견해에 따라 상응하는 조치를 하도록 판결할 수밖에 없다.[33]

재판시기의 성숙에 대하여는 주로 사건의 사실관계와 법적 요건이 모두 갖추어진 상황을 말하고, 따라서 법원은 행정기관이 원고에 대하여 특정한 행정행위를 이행하도록 판결할 수 있는 것이다.

재판시기의 성숙은 주로 두 가지 요소로 결정된다. 첫째는 사건의 사실관계가 명확해야 한다. 법률요건과 관련된 사실관계가 명확한 정도에 이르

---

31) Ripeness asks whether the issues presented are appropriate for judicial resolution. See, Schubert, *Introduction to Law and the Legal System* (7th edition) (Houghton Mifflin Co., 2000), p.641.

32) 梁风云, 전게서, p.156.

33) 즉, 판결에서 법원 자신의 법적 견해를 표시하고, 동시에 행정기관이 이러한 법적 견해를 준수하는 전제 아래, 원고의 신청에 대하여 새로운 행정처분을 하거나(거부의 경우) 근본적으로 작위의 처분을 하도록(부작위의 경우) 명하는 경우이다.

고, 이리하여 법원이 그에 대하여 판결을 할 수 있는 경우여야 한다. 둘째, 원고가 행정기관에 신청한 행정행위가 기속행위이거나 또는 재량행위라 하더라도 재량권이 영으로 수축되는 경우여야 한다. 기속행위는 명확한 법률의 규정에 의하고, 행정기관 스스로 재량이나 판단의 여지는 없다. 이때 법원은 특정한 행정행위를 이행하도록 하는 이행판결을 할 수 있다. 그러나 행정기관이 재량이나 판단의 여지를 가지는 경우, 법원은 행정기관의 자율적 선택을 존중하여야 한다.

중국의 사법실무에서, 특히 최고인민법원은 원고가 베이징과기대학을 상대로 제기한 졸업증 및 학위증의 발급 거부에 대한 소송에서 소송청구 항목별로 해당하는 이행판결을 내린 바 있다.[34] 첫째 내용은, 베이징과기대학은 판결의 효력이 발행한 날부터 30일 내에 원고에게 졸업증서를 발급하라는 판결을 하였다. 두 번째 내용은, 학위조례에 근거하여 피고 베이징과기대학은 판결의 효력이 발생한 날부터 30일 내에 학교의 학위평정위원회를 소집하여 원고의 학사학위 자격부여에 대한 심사를 하라는 판결을 하였다. 판결의 세 번째 내용은, 일반 대학교 졸업생의 취업업무 잠행규정에 근거하여, 피고 베이징과기대학은 판결의 효력이 발생한 날부터 30일 내에 당해 지역 교육행정부서에 원고의 졸업 파견에 관한 보고절차를 이행할 것을 판결하였다. 이 판결의 경우는 기속행위에 속하는 경우에 해당하며 비교적 간단히 사건의 성숙성을 인정할 수 있는 경우다.

그러나 경우에 따라서는 사건이 의무이행판결을 내리기에 적당할 정도로 성숙되어 있는가 하는 것을 판단하기 쉽지 않은 경우가 있다. 행정기관의 판단 여지나 상대방의 적법한 권익 사이의 균형점을 찾는 것이 중요한 과제로 남는 것이다.

---

34) 田永诉北京科技大学案(톈용이 베이징 과학기술대학을 상대로 제기한 소송사건) 참고.

V. 의무이행소송의 판결형식

의무이행소송에서 원고가 의도하는 것은 법원이 행정기관에 대하여 그가 신청한 실현되지 못한 특정한 행정행위를 하도록 판결로 이행을 명하도록 하는 것이다. 그러나 법원이 의무이행소송에서 어떠한 판결을 해야 할 것인가 하는 것은 사법권과 행정권의 한계에 관한 문제이기도 하다. 법치국가의 권력분립 원칙에 비추어 보면 사법권의 주된 기능은 당사자의 제소를 통하여 행정상 분쟁 사건에 대하여 판단을 내리고, 행정권의 행사에 대하여 외부적 감독을 하는 것이다.35)

중국 행정소송법 제54조 제2호에 의하면, 피고 행정기관이 법정 직무를 불이행 또는 지연하는 경우, 법원은 기한은 정하여 이행을 명하는 판결을 내릴 수 있다. 그러나 판결에서 구체적인 이행내용을 정할 수 있을 것인가 하는 문제가 존재한다. 행정부작위는 행정주체가 절차상의 수리 또는 처분 등 의무를 이행하지 않음으로써 실체상의 작위의무가 실현되지 않음으로써 구성되는 것이다. 따라서 이행판결을 적용하는 경우 이행 내용에 대한 문제가 생긴다. 이행판결에서는 절차상의 의무를 이행하도록 명하는 것인가 아니면 실체상의 의무를 명하는 것인가, 그렇지 않으면 양자를 모두 명하는 것인가 하는 점이다.36)

이점에 대하여 학계에서는 원칙성 이행판결설, 구체적 이행판결설 및 상황론적 이행판결설의 견해가 있다.37) 그러나 학설상의 대립에도 불구하고 중국의 법원이 내리는 판결 동향을 보면 구체적 판결설에 따라 판결이 이루어지고 있다고 해야 할 것이다. 학설의 내용을 요약 소개하면 다음과 같다.

원칙성 이행판결설의 입장은, 이행판결의 내용은 오직 행정주체로 하여

---

35) [日]盐野宏 著, 杨建顺 译, 『行政法』(法律出版社, 1999), p.415.

36) 张尚鹜, 『走出低俗的中国行政法学』(中国政法大学出版社, 1991), p.549.

37) 姜明安, 『行政诉讼与行政执法的法律适用』(人民法院出版社, 1995), p.465.

금 정해진 기간 내에 법정직무 즉 절차적 의무를 이행하도록 하는 것이고, 행정주체에 대하여 어떻게 그 직무를 이행할 것인가 하는 즉 실체적 의무에 대한 요구를 할 수 없는 것으로 본다. 그렇지 않은 경우 재판권이 행정권을 침해한다고 한다.[38] 즉 원칙성 판결설을 지지하는 입장은, 법원이 행정기관에 대하여 일정한 기간 내에 법정 의무를 이행하도록 하는 원칙적인 요구를 함에 그치고 구체적인 직무의 이행 방법에 대하여 명할 수 없다는 견해를 취한다.

구체적 이행판결설의 입장은, 판결의 내용은 당연히 행정기관이 이행할 구체적인 내용을 포함할 수 있는 것으로 인식한다. 구체적 판결을 하지 않는 경우 무익한 반복 소송 등으로 인하여 소송효율에도 해롭다는 입장이다. 즉, 이행판결은 당연히 행정주체에 대하여 일정한 실체적 내용을 가진 행위를 요구하는 것을 포함하여 이행사항, 이행요구, 이행기간 및 이행의 구체적인 액수 등을 포함하는 것으로 해석한다. 그렇지 않은 경우 소송상 경제성을 해치게 되고 소송의 중복을 가져오게 된다. 구체적 이행판결, 즉 실체적 내용을 가진 또는 행정주체로 하여금 실체적 의무를 이행하도록 요구하는 이행판결은 다음과 같은 요건에 부합하여야 한다. 첫째, 행정행위에 대한 부작위에서 행정주체가 행하여야 하는 행위는 기속행위에 속해야 하고 재량의 여지가 없어야 한다. 둘째, 사실관계가 명확하여야 하고 원고가 확실하게 신청조건을 갖추어 행정주체가 선택의 여지가 없어야 한다.[39]

상황론적 판결설은 상대방이 신청한 행위가 기속행위인지 재량행위인지, 자신의 수익에 직접 관계되는 행위인지 제3자에게 부담을 주는 행위인지를 구별하여 상황에 맞는 이행판결을 해야 한다는 견해이다. 또한 행정부작위

---

38) 제3자에 대한 의무를 부과하거나 행정재량에 관련되는 행정부작위에 대해서는 원칙성 이행판결을 채택하여야 할 것이다. 즉 행정주체로 하여금 기한 내에 법정직무 즉 회신 또는 처분 등 절차적 의무를 이행하도록 판결하여야 하고, 어떻게 실체적 의무를 이행할 것인가 하는 것은 행정주체의 권한에 속하는 것으로 법원이 관여할 바는 아니다.

39) 周右勇, 『行政不作爲判解』(武汉大学出版社, 2000), p.134.

에 구체적인 상황에 따라 각각 다른 내용의 이행판결이 필요하고, 행정 상
대방의 신청이 적법한지 또는 행정부작위의 상황에 따라 어떠한 판결을 적
용할 것인지를 구체적으로 결정해야 한다고 한다. 상황론적 판결설을 지지
하게 되면, 다시 판결의 내용과 관련하여 어떠한 경우에 원칙성 이행판결
을 채택하고 어떠한 경우에 구체성 이행판결을 적용할 것인가 하는 문제가
남는다.

한편, 법원이 원칙성 이행판결을 하든 구체적 이행판결을 하든 이행판결
의 내용은 명확하여야 한다. 그렇지 않은 경우 행정주체로 하여금 오해를
불러일으키게 할 수 있다. 이와 관련하여 이행판결 판결서의 주문은, 예컨
대 "피고는 판결의 효력발생일로부터 10일 이내에 원고에게 영업허가증을
발급하는 법정 직무를 이행하여야 한다."는 형식을 취한다. 주문은 너무
추상적이거나 원칙적인 내용으로 기술하지 말아야 할 것으로, 예컨대 "법
에 따라 그 직무를 이행하여야 한다."는 식의 모호한 내용으로 기술하는
것도 피해야 한다.[40)]

VI. 이행판결과 새로운 행정행위를 명하는 판결의 관계

행정소송법 제54조 제2호의 규정에 의하면, 인민법원은 판결에서 위법한
구체적 행정행위를 취소 또는 부분적인 취소를 한 후, 피고로 하여금 새로
운 구체적 행정행위를 하도록 판결할 수 있다. 이것은 인민법원이 행정사
건을 심리한 후, 피고가 행한 행정행위에 대하여 위법성을 인정한 후, 그
행정행위를 취소 또는 부분적인 취소를 하는 동시에 피고 행정기관으로 하
여금 다시금 어떠한 행정행위를 하도록 명하는 판결형식이다.

---

40) 周右勇, 전게서, p.136.

새로운 행정행위를 명하는 판결은 다음과 같은 특징이 있다. 첫째, 형식 상으로는 취소판결에 속하는 부대적인 판결이며 독립성을 갖지 못한다. 둘째, 내용상으로는 피고에 대하여 법에 따라 작위적인 구체적 행정행위를 하도록 요구하는 것이다.[41]

이행판결과 새로운 행정행위를 하도록 하는 판결은 매우 유사하다. 즉 양자는 내용적으로 모두 법원이 피고에 대하여 일정한 구체적 행정행위 또는 법정직무를 이행하도록 요구하는 것이다. 다음 사례를 통하여 이행판결 과 새로운 행정행위를 하도록 하는 판결을 구분할 수 있다.

〈사례 1〉 원고가 모 현의 노동국을 상대로 제기한 소송에서, 원심 인민법 원은 피고 노동국에 대하여, 당투현건축회사에 대한 노동법규 준수 상황을 조사하여 2개월 내에 원고에게 서면으로 결과를 회신하도록 판결하였다.[42]
이것은 전형적인 이행판결의 형식이다.

〈사례 2〉 리원옌이 베이징대학을 상대로 제기한 소송에서, 법원은 피고가 원고에게 박사학위를 수여하지 않은 것에 대하여 법정절차를 위반한 것으로 하여, 이 결정에 대한 취소판결을 하고, 피고에 대하여 새로운 결정을 하도록 명하였다.[43]
이 판결은 새로운 행정행위를 하도록 한 전형적인 판결이다.

상술한 두 사례에서, 법원의 판결 내용은 모두 피고에 대하여 일정한 구체적 행정행위를 하도록 요구하고 있다. 그러나 이 두 판결에는 다음과 같은 차이가 있다는 점에 주의할 필요가 있다. 첫째, 판결의 형식에서 차이가

---

41) 周右勇, 전게서, p.140.
42) 周右勇, 전게서, p.140.
43) 정이근, "박사학위 수여거부 사건과 관련법제 검토," 『부산법학』 제5권, 2002, pp. 43-45.

있다. 전자는 독립적인 판결인데 비하여 후자는 부대적인 판결이며 취소판
결에 종속된다. 둘째, 적용대상에서 차이가 있다. 전자는 피고가 상대방의
신청에 대하여 회신을 하지 않은 부작위에 대한 것이고, 후자 판결은 피고
가 상대방의 신청에 대하여 명백히 거부한 이러한 위법한 행위에 대한 것이
다.[44]

이행판결과 새로운 행정행위를 하도록 하는 판결의 각 적용범위에 대한
사항도 중요한 문제라 생각한다. 행정소송법 제11조 제4호, 제5호는 상대
방의 신청에 대하여 거부하는 행위와 회신하지 않는 두 가지 행위를 동일한
조문에서 규정하고 있고, 따라서 학계에서는 일반적으로 이 두 가지 유형의
사건은 모두 행정기관이 법정 직무를 불이행하는 사건에 속하는 것으로 이
해하고, 법원의 판결형식 역시 이행판결이 타당한 것으로 인식하고 있다.
또한 당사자의 소송청구와 이행판결의 요청에 따라, 행정부작위를 확대 해
석하여, 절차상 또는 내용상 작위행위를 해야 하는 경우에도 불구하고 부작
위하는 경우를 모두 행정부작위의 위법에 속하는 것으로 보고 있다.[45]

객관적인 행정행위가 존재한다고 가정하면, 법원은 당해 행위를 위법한
것으로 인정하는 경우 먼저 그 위법한 거부행위를 취소하여야 하고, 그 후
필요한 경우 부수적으로 새로이 구체적 행정행위를 하도록 판결한다. 법원
은 먼저 취소판결을 내리기 전에 직접 기간 내에 법정의 직무를 이행하도록
하는 판결을 할 수 없다. 중국 행정소송법 제11조 제4호, 제5호에서 규정한
상대방의 신청에 대한 명시적 거부 및 회답을 하지 않는 행위에 대하여 법
원은 이행판결과 새로운 구체적 행정행위를 하도록 하는 각각의 판결을 하
여야 할 것이다.

새로운 행정행위를 하도록 하는 판결을 하는 경우에는 반드시 취소판결
을 전제로 한다. 이러한 견해는 중국 행정법학계에서 널리 인정되고 있는
사항이다. 취소판결이 없는 경우에는 새로이 구체적 행정행위를 하도록 하

44) 周右勇, 전게서, p.140.
45) 姜明安, 『行政法学』(法律出版社, 1999), p.357.

는 판결을 할 수 없다. 다만 실무에서는 위 〈사례 2〉에서와 같이 직접적으로 새로운 구체적 행정행위를 하도록 판결하고 있는 바, 이것은 사실상 이행판결과 새로운 구체적 행정행위를 하도록 하는 판결이 혼합된 경우라 판단할 수 있다.

VII. 이행기간의 확정 문제

이행판결은 이행기간을 확정하여야 한다. 그렇지 아니하는 경우에는 이행할 내용이 실현되기 어려울 수도 있고, 이러한 경우에 이행판결은 그 의의를 상실하게 되는 것이다. 행정소송법 제54조 제3호는, 피고가 법정직무를 이행하지 않거나 이행을 지연하는 경우에 일정한 기간 내에 이행을 하도록 판결한다고 규정한다. 최고인민법원의 사법해석, 즉 행정소송법 집행에 관한 인민법원의 사법해석 제60조 제2항에서는 인민법원이 법정직무를 이행하도록 판결하는 경우 이행 할 기간을 지정하여야 하고, 특별한 사정이 있어 기간을 확정하는 것이 곤란한 경우에는 예외로 한다고 규정한다. 이 규정으로 보아 법원은 이행판결에서 그 이행기간을 확정할 권한이 있음을 알 수 있다. 그러나 행정소송법이나 사법해석에서는 법원이 어떠한 기준에 따라 이행할 기간을 정하는가 하는 점에 대하여 규정을 두지 않고 있다. 다음과 같은 내용을 적용하여 해결할 수 있다.

1. 법정기간을 적용하는 경우

법정기간을 초과한 행정부작위에 대하여 그 직무의 이행을 판결할 경우에는 원래의 법정기간과 동일한 기간 내에서 이행기간을 확정해야 할 것이다. 여러 가지 현행 법규에서 행정기관이 행하는 행정행위의 기간을 규정하고 있다.

예컨대 변호사법 제11조는, 변호사업무집행증서의 신청은 성, 자치구, 직할시 이상의 인민정부 사법행정부문의 심사를 거쳐, 본 법률의 규정에 부합하는 경우, 신청을 접수한 날로부터 30일 이내에 변호사업무집행증서를 발급하여야 한다. 변호사법의 규정에 부합하지 않는 경우에는 변호사업무집행증서를 발급하지 아니하고, 신청의 접수일로부터 30일 이내에 서면으로 신청인에게 통지하여야 한다.

구체적인 예를 들면, 원고가 모(某) 성(省)의 사법기관을 상대로 제기한 소송에서는 피고로 하여금 판결의 효력이 발생한 날로부터 1개월 이내에 원고의 신청에 대한 명확한 회신을 하도록 명하였다. 법률이나 법규에 명확한 규정이 없는 경우로서 규범성문건에서 정한 기간이 있는 경우 이에 따라 판결을 한 경우다. 또 다른 사례는 원고가 모 시 공안국출입국관리소를 상대로 제기한 소송에서, 법원은 피고 공안국에 대하여 출입국관리법이 출국카드의 신청에 대하여 3일 이내에 처리하도록 규정하고 있는 원칙을 근거로 하여, 판결의 효력이 발생한 날로부터 3일 내에 원고의 신청에 대한 구체적 행정행위를 하도록 판결하였다.[46)]

2. 합리적인 기간을 적용하는 경우

법정기간이 없는 경우에는 행정주체가 직무를 이행하도록 합리적인 기간을 확정하여야 한다. 이때 기간의 확정은 너무 길어도·아니 되고 너무 짧아도 곤란할 것이다. 이행기간이 너무 긴 경우에는 행정상대방의 권리보호와 행정효율에 문제가 있고, 너무 짧은 경우에는 행정주체가 직무를 이행하기에 적절하지 아니하며 이행가능성에 문제가 생겨 판결자체가 의미가

---

46) 周右勇, 전게서, p.138.

없을 수도 있다.

합리적인 기간의 설정은 사건의 성질에 따라 종합적으로 판단해야 할 것이다. 합리적인 간의 설정에 있어서 필요하고 적정한 기간을 고려해야 해야 할 것이다. 필요한 기간은 행정주체가 유사한 사항을 처리하는 데 필요한 최저한의 기간을 말하며 합리적인 기간을 정하는 최소한의 기준으로 삼을 수 있다. 적정한 기간은 행정주체가 유사한 사항을 처리하는데 필요한 약간의 여유가 있는 기간을 말하며 합리적 기간을 확정하는 최대한의 기간으로 삼을 수 있다. 이러한 범위 내에서 법관은 구체적인 기간을 선택하여 이행판결의 기간으로 판결에 적용하는 것이다.[47]

그러나 경우에 따라서는 법정기간도 존재하지 않고 또한 합리적인 기간을 설정하기 어려운 경우도 있다. 특별한 경우를 제외하고, 일반적으로 적용될 수 있는 기간을 고려할 필요가 있다. 예컨대 행정소송법 제38조 제1항에서 규정한 2개월의 심판 기간[48]이나 최고인민법원의 행정소송법 집행에 관한 사법해석 제39조가 규정한 60일[49]의 기간을 준용하여 적용할 수도 있을 것이다.

---

47) 姜明安, 『行政诉讼与行政执法的法律适用』(人民法院出版社, 1995), p.467.
48) 동 조항에 의하면, 국민이 행정기관에 행정심판을 제기한 경우, 행정심판기관은 신청을 받은 날부터 2개월 이내에 결정을 내려야 한다.
49) 행정기관에 대하여 국민이 직무의 이행을 청구한 경우, 행정기관이 신청을 받은 날부터 60일 이내에 불이행하는 경우 국민은 인민법원에 소송을 제기할 수 있고, 인민법원은 사건을 수리하여야 한다. 이 기간은 행정주체의 부작위를 판단하는 기간이라 할 수 있다.

VIII. 결어

국가의 본질이 무엇인가 하는 문제에 대한 궁극적 해답을 생각한다면, 또는 우리 헌법이 규정하고 있는 헌법이념과 국민의 기본권을 보장하고 국민의 자유와 재산을 보호하는 국가의 임무를 생각하면 다양한 소송제도의 운용은 필연적인 요청이라 할 것이다.

또한 현대 국가는 매우 다양한 행정행위를 구사하고 따라서 행정사건으로 말미암아 상대방인 국민이 법원에 대하여 구제를 요청할 수 있는 내용도 매우 다양하다. 이에 상응하여 현재 우리 행정법학계에서는 국민의 재판을 권리의 보장이나 행정의 복잡 다양성으로 인하여 전통적인 법정 항고소송만으로는 한계가 있고 이로 인하여 행정구제가 미흡하며, 권력분립원리를 당사자의 권리보호 측면에서 이해하고 행정구제의 실질적 보장을 위해 의무이행소송이 도입되어야 한다는 주장이 설득력을 얻고 있다. 이러한 사회적 주장이 반영되어 현재 행정소송법 개정안이 마련되어 있는 상황으로 볼 때, 행정소송법에서 의무이행소송제도를 도입할 시간적 성숙성은 충분한 단계에 이르렀다.

사실 본서에서 중국의 행정소송제도와 관련한 의무이행소송제도를 소개하였지만, 이러한 형식의 소송제도는 새로운 것이 아니라는 사실은 잘 알고 있다. 본문에서 소개한 바와 같이 독일, 일본, 대만 등 국가 및 지역을 비롯하여 삼권분립의 권력체제를 운용하고 있는 많은 나라들이 행정소송법에서 의무이행소송제도를 채택하고 있다. 다행히 우리 행정소송법 개정안에서도 이러한 제도의 채택이 시도되었다는 점에서 매우 타당하고 적절하다고 생각한다.

그동안 독일의 제도를 중심으로 의무이행소송에 대한 우리나라 학계의 이론적 연구는 간간히 이어져 왔지만, 우리나라 행정소송법에서 이러한 소송형식을 채택하고 있지 아니하였기 때문에 학계의 많은 관심을 끌지 못하고 있었던 것도 사실이다. 그러나 향후 행정소송에서 의무이행소송제도가 채택되어 시행되면 구체적인 운용에 있어 많은 문제점이 노출될 여지가 있다. 이러한 문제를 해결하기 위해서는 앞서 제도를 시행하고 있는 국가들의 경험은 매우 중요하다.

중국은 우리와 다른 정치체제를 가진 나라이다. 법 제도 영역의 전반적인 상황으로 보아도 우리나라와 많은 차이가 있다. 그러나 행정소송법 특히 의무이행소송과 관련한 의무이행판결의 시행 상황을 보면 상당히 체계적으로 운용되고 있음을 발견할 수 있다. 이러한 점에서는 앞으로 우리나라가 행정소송에서 의무이행소송을 채택 운용하는 경우 좋은 참고가 될 수 있을 것으로 본다.

■ 참고문헌

姜明安. 『行政法与行政诉讼法』. 北京大学出版社, 2005.

_____. 『行政法学』. 法律出版社, 1999.

_____. 『行政诉讼与行政执法的法律适用』. 人民法院出版社, 1995.

[德]弗里德赫尔穆·胡芬 著. 莫光华 译. 『行政诉讼法』. 法律出版社, 2003.

[德]平特纳. 朱林 译. 『德国普通行政法』. 中国政法大学出版社, 1999.

梁风云. 『行政诉讼判决之选择适用』. 人民法院出版社, 2007.

[日]盐野宏 著. 杨建顺 译. 『行政法』. 法律出版社, 1999.

张步洪·王万华, 『行政诉讼法律解释与判例述评』. 中国法制出版社, 2000.

张尚鷟. 『走出低俗的中国行政法学』. 中国政法大学出版社, 1991.

章志运. 『行政诉讼类型构造研究』. 法律出版社, 2007.

周右勇. 『行政不作为判解』. 武汉大学出版社, 2000.

韓大元 外 9人. 『現代中國法槪論』. 박영사, 2009.

제7장 │
행정소송상 변경판결

I. 서언

중국 행정소송법 제54조에 의하면, 행정처벌[1]이 현저히 공정성을 상실한 경우에는 법원이 변경판결을 할 수 있도록 규정하고 있다. 중국에서 행정소송법상 변경판결이라는 판결 형식의 존재는 대개 행정효율과 소송의 경제성을 고려한 것이라고 볼 수 있다. 다만 변경판결은 현저히 공정성을 상실한[2] 행정처벌에 한정되고 있음에 주의할 필요가 있다. 입법 당시에 고

---

[1] 행정처벌의 종류는 경고, 벌금, 위법소득의 몰수, 불법재물의 몰수, 조업정지명령, 허가증 또는 영업증의 압수 또는 취소, 행정구류, 법률 또는 행정법규가 규정한 기타 행정처벌 등이 있다. 행정처벌법 제8조 참조.

[2] 현저하게 공정성을 상실한 경우에서 강조하는 것은 객관적 결과로, 행정처벌이 비록 형식적으로 위법이 아니라 하더라도 처벌의 정도에서 명백히 불공정한 상태를 야기한 객관적 결과라 할 것이다.

려된 것은 법원에 사법변경권을 부여하여 국민의 권익에 중대한 영향을 미치는 행정행위, 즉 행정처벌에 대하여 사법적 감독3)을 강화한다는 것이다.

또한 중국의 경우 변경판결이 적용될 수 있는 이론적 가능 영역은 행정기관이 재량권을 가지는 영역이며, 이러한 점에서는 다른 여러 국가에서 재량의 위반으로 보고 법원이 취소판결로 처리하는 것과 차이가 있다고 할 것이다. 변경판결의 경우 법원의 판결에 의하여 당사자 사이에 새로운 행정법 관계가 형성되고, 즉 법원의 판결이 적극적으로 행정법 관계를 형성시키는 행정행위의 성질을 가진다. 이러한 상황에 대하여는 사법이 행정을 침해하는 것이 아닌가 하는 의문이 제기되고 있고, 또한 그러한 판결이 존재하는 데 대한 의문이 제기되기도 한다. 그러나 여타 국가의 상황을 살펴보아도, 예컨대 독일, 프랑스, 대만 등에서도 제한된 범위 내에서 변경판결의 존재를 인정하고 있다는 것을 알 수 있다.4)

본서에서는 중국의 행정소송상 변경판결에 대한 내용과 관련 법리를 고찰해 보고, 우리의 현 상황에서 이러한 변경판결의 형식을 도입할 필요성은 없는가 하는 의문을 가지면서 중국 행정소송법상 변경판결이 갖는 시사점을 살펴보고자 한다. 사실 입법, 사법, 행정의 삼권분립체계하에서 사법부

---

3) 중국에서 국가 사법기관의 행정법제 감독은 인민법원의 감독과 인민검찰원의 감독으로 구분된다. 인민법원은 행정법제 감독의 주체로서 행정소송을 통하여 구체적 행정행위의 적법성을 심사하고, 위법한 행정행위를 취소하고 현저히 공정성을 잃은 행정처벌을 변경함으로써 그 감독기능을 수행한다. 또 인민법원은 사법건의 형식을 통하여 법원의 취소 범위에 속하지 않는 위법한 행정행위에 대하여 행정기관이 시정토록 건의하며 위법행위를 한 공무원에 대한 처리를 건의한다. 참고, 姜明安,『行政法与行政诉讼法』(北京大学出版社, 2005), p.171.

4) 독일연방공화국 행정소송법 제113조 제(2)항, 대만 행정소송법 제197조 7항의 예로 보면, 변경판결은 대개 두 가지 점에서 특징을 가진다. 첫째, 변경판결과 취소판결은 서로 연관성이 있다. 그러나 중국의 변경판결이 독립적 판결형식인 것과 차이가 있다. 둘째, 법원이 판결로써 변경을 할 수 있는 것은 기본적으로 행정기관의 재량권이 없는 경우, 또는 판단여지의 경우, 또는 행정기관의 재량이 특수한 사정으로 영으로 축소되는 경우이다. 독일과 대만의 경우에는 금전 또는 재물의 급부나 확정에 관련된 사건에 한정된다(예컨대 세액의 결정 등). 프랑스 행정법원의 사법변경권은 주로 당사자의 주관적 권리를 보호하는 데 치중되고 있다는 점에서 특징이 있다.

가 행정부의 권한을 침해할 소지가 있다는 우려에도 주의할 필요가 있는 것은 사실이지만, 진정으로 국민의 권리를 보장한다는 측면에서는 법원이 한정된 범위 내에서 제3자적 입장에서 구체적인 처분의 내용을 변경시킬 수 있도록 하는 것도 타당할 것이라는 생각을 해 본다.

이러한 상황 인식을 바탕으로, 본 장에서는 주로 중국의 행정소송상 변경판결과 효력, 변경판결의 적용영역과 관련된 법리, 법원의 사법변경권 행사에 대한 논의와 변경판결의 문제점 등을 검토하고 시사점을 도출해 보는 것으로 한다.

II. 행정소송상 변경판결과 효력

1. 행정소송상 판결의 종류

중국의 행정소송에서 판결은 소송의 대상이 되는 행정행위의 적법성 심사를 통하여 내리는 법적 구속력이 있는 판단으로서, 행정소송상 판결에 대한 개념은 대개 다음과 같이 요약된다. 첫째, 행정소송상 판결은 법적 구속력을 가지는 사법적 판단 및 처리이다. 둘째, 행정소송상 판결은 인민법원이 국가 재판권을 행사하여 내리는 의사표시이며 국가 사법의지의 구현이다. 셋째, 행정소송상 판결은 행정상 분쟁에 대한 처리 결과이다.[5]

행정소송에서 판결의 종류는 그 분류방법에 따라 여러 가지로 구분할 수 있지만 행정소송법의 규정을 참고하면 대략 유지판결, 기각판결, 취소판결, 이행판결 및 변경판결로 구분된다. 유지판결은 소송의 대상이 되는 행정행위를 원 처분대로 인정하는 판결이다. 기각판결은 원고의 청구를 기각하는

---

5) 姜明安, 『行政法与行政诉讼法』(北京大学出版社, 2005), p.580.

판결이다. 취소판결은 행정행위를 취소하는 판결이며 일부에 대한 취소 또
는 전부에 대한 취소판결을 할 수 있다. 이행판결은 피고로 하여금 일정한
기간 내에 법정 직무를 이행하도록 하는 판결이다. 변경판결은 소의 대상
이 되는 행정행위를 법원이 변경하는 판결이다.[6] 각 판결 유형에 대한 상
세한 논의는 생략키로 하고 여기서는 변경판결에 관련된 내용만 논한다.

2. 변경판결의 사례[7]

첸(錢) 모(某)가 모 시(市) 노동교양위원회를 상대로 제기한 노동교양 관
련 사건을 예로 들면, 첸 모는 쥐스촌(巨石村)의 촌민으로서 모 시 노동교양
위원회의 조사에 의하면, 1996년 8월부터 1998년 1월까지 모 유전(油田)을
배회하면서 폐품 수집을 명목으로 유전의 생산용 동관 및 공구 등을 절취한
바, 그 횟수가 13차례에 이르렀다. 노동교양위원회는 첸 모의 절도 횟수가
빈번하고 수차례의 노동교육에도 개선의 여지가 없다고 판단하였다. 이에
노동교양시행판법 제9조, 제10조 제3호의 규정에 의하여, 첸 모에 대하여
노동교양 3년을 결정 통보하였다. 첸 모는 이에 불복하여 행정심판을 청구
하였고, 행정심판에서는 원 처분을 그대로 인정하였다. 행정심판 결정에 불
복하여 첸 모는 인민법원에 소송을 제기하였다.

이 사건에 대하여 해당 인민법원은 심리를 거쳐 첸 모의 행위는 노동교
양시행판법이 규정한 노동교양의 대상에 속하는 것으로 인정하였고, 비록
그 절도 액수가 경미하지만 횟수가 빈번하였다는 점을 인정하였다. 다만
13차례의 절도행위 중 4차례에 대해서는 증거부족으로 범죄를 인정할 수
없는 것으로 하였다. 이에 인민법원은 중화인민공화국행정소송법 제54조
제4호 및 노동교양시행판법 제9조, 제10조 제3호의 규정에 의하여, 피고

---

6) 姜明安, 전게서, p.580.
7) 方世榮, 『行政訴訟法案例教程』(中國政法大學出版社, 1999), p.284.

노동위원회의 결정을 변경하는 판결을 하여 첸 모에 대하여 1년의 노동교
양을 선고하였다.[8]

3. 변경판결의 효력

전술한 예와 같이, 변경판결은 인민법원이 판결의 형식으로 다툼이 있는
당사자 사이의 법률관계를 다시금 확정하고, 이로써 행정기관의 원래의 행
정처벌결정은 그 법적 효력이 상실되는 것을 알 수 있다.[9] 또한 변경판결이
확정되면 당사자는 다시 법원에 소를 제기할 수 없고, 피고 행정기관 역시
판결에 기속되어 재차 행정처분을 할 수 없다. 당사자가 새로 형성된 법률
관계를 소송목적으로 하여 소송을 제기하면 법원은 일사부재리원칙에 입각
하여 각하한다. 이후의 소가 본 판결에서 형성된 법률관계와 관련된 경우에
인민법원은 본 판결의 취지에 위반되는 판결을 할 수 없다. 또한 변경판결
을 내린 법원이 임의로 당해 판결을 변경, 취소 또는 폐지할 수 없다. 이처
럼, 변경판결은 법률관계를 변경하는 판결로서 변경 후에도 판결의 효력이
발생한다. 따라서 변경판결은 형성판결의 한 유형이라 할 수 있다.

변경판결의 효력이 생긴 경우로 일방 당사자가 의무를 이행하지 않는 경
우에는, 상대방 당사자가 판결을 근거로 인민법원에 강제집행을 신청하거
나, 또는 행정기관이 법에 따라(강제집행권을 가지는 경우) 직접 강제집행함
으로써 국가 강제력을 통하여 판결내용을 실현할 수 있다.[10]

---

8) 노동위원회의 노동교양결정이 행정처벌에 해당하는가 하는 문제에 대하여 학설상 논
   란은 있으나, 현재 중국의 법원에서는 이를 모두 행정처벌로 인정하고 있다. 필자의
   견해로서, 법원의 판단은 행정처벌법 제8조가 규정한 "법률 또는 행정법규가 규정한
   기타 행정처벌"로 해석하는 것처럼 생각된다.

9) 姜明安, 전게서, p.583.

10) 현실적으로 판결의 집행에 어려움이 있는 것도 사실이다. 특히 행정기관의 판결에
    대한 소극적 태도는 그 중요한 원인이 될 것이다.

III. 변경판결의 적용이 가능한 영역

변경판결은 취소판결에 비하여 더 적극적인 사법재량을 갖는 판결 형식이다.[11] 이러한 의미에서 변경판결에서는 판결에 특별한 요건이 필요하다고 보는 이러한 견해는, 현저히 공정성을 잃은 공권력 행위를 위법행위로 보고 있고 단순한 재량의 문제로 보고 있는 것은 아니다.[12] 물론 적법성 심사에서는 행정소송법 제54조가 규정한 사실의 명확 여부, 법률이나 법규의 적용의 적절성, 권한의 일탈 및 남용 여부[13] 및 법정절차 위반 등이 고려될 것이라고 한다. 이하에서는 변경판결의 특징이 되는 변경판결의 적용이 가능한 이론적 영역으로서 주로 행정기관의 전속적 재량에 속하지 않는 사항, 법규가 변경판결을 명확히 규정한 경우 및 원고의 주관적 권리에 관련되는 경우를 중심으로 검토한다.

1. 행정기관의 전속적 재량에 속하지 않는 사항

행정기관의 전속적 재량에 속하는 사항에 대하여 법원은 변경판결을 내

---

11) 행정소송법 제54조가 규정한 변경판결을 할 수 있다는 것은 변경 또는 취소할 수 있다고 보고, 변경 또는 유지판결을 할 수 있는 것은 아니라고 본다. 현저히 공정성을 상실한 행위는 행정소송법 제54조 제2항에서 열거한 다섯 가지 상황에 속하고, 이는 직권 남용의 행위에 속한다고 본다. 江必新, 『行政訴訟法 — 疑難問題探討』(北京師范學院出版社, 1991), p.72.

12) 江必新, 『行政訴訟法 — 疑難問題探討』(北京師范學院出版社, 1991), p.72.

13) 권한의 일탈 및 남용의 구별에 대하여는 다음과 같은 견해가 있다. 행정법학자 方世榮 교수에 의하면, 양자의 구별은 우선 주관적 요건에서 차이가 있다. 권한의 일탈은 고의 또는 과실에 의하지만 남용은 고의에 의한다. 행위의 외부적 표현에 차이가 있다. 권한의 일탈은 형식상 위법이고, 남용은 표현 형식상 적법하다. 권력의 귀속에서 양자는 차이가 있다. 일탈은 다른 기관의 권한을 행사한 것이고, 남용은 당해 기관의 권한을 행사한 것이다. 方世榮, 전게서, p.289.

릴 수 없고, 전속적 재량에 속하지 아니하는 사항에 대하여 변경판결을 내릴 수 있다. 행정기관의 전속적 재량은 행정기관이 특정 법규와 그 전문성의 우월성에 기하여, 행정사항에 대하여 전속적으로 향유하는 종국적 결정사항이다.[14] 행정기관이 종국적 재결권을 행사하도록 하기 위한 조건으로는 대개 국가의 중요 기밀 또는 중대 이익에 관련된 경우, 전문성이 강한 사항, 행정기관 내부에 공정성을 담보할 수 있는 구제수단이 확립된 경우, 법원에 의한 사법구제가 심히 곤란한 경우, 공민의 권익을 침해할 가능성이 극히 희박한 경우 등이 있다.[15]

행정기관의 전속적 재량사항은 행정기관에 대하여 종국적 재결권을 부여한다는 것 외에, 법원이 행정기관의 판단여지[16] 등 재량에 대하여도 존중을 한다는 의미로 이해한다. 판단여지에 속하는 사항의 판단은 주로 행정기관의 권한에 속하고 이에 의거한 행정행위가 주관적인 악의, 즉 직권의 남용에 속하지 않는다면 사법심사 대상에 속하지 않는다고 보기 때문이다.

2. 법규가 변경판결을 명확히 규정한 경우

1) 행정소송법상의 변경판결 규정

대륙법계 국가의 행정소송법에서 법원이 변경판결을 할 수 있도록 명확히 규정하고 있는 경우가 있다. 행정소송법에서 변경판결을 규정하고 있는 경우에 법원은 당연히 변경판결을 내릴 수 있다. 예컨대 독일의 행정법원

---

14) 중화인민공화국 행정심판법 제30조에 의하면, 국무원 또는 성, 자치구, 직할시 인민정부의 행정구획의 획정, 조정 또는 토지 징용의 결정에 근거하여, 자치구, 직할시 인민정부의 토지, 광산, 유수, 삼림, 산령, 초원, 황무지, 모래사장, 해역 등 자연자원의 소유권 또는 사용권에 대한 확인에 관한 행정심판결정은 종국재결로 한다.
15) 정이근, 『중국공법학연구』(도서출판 오름, 2007), p.186.
16) 중국에서 판단여지가 인정되는 전형적인 예로 고시의 성적 평가행위, 공무원 근무평정(임용 및 파면 제외), 위원회의 형식으로 내리는 공권력 행위, 행정사항에 대한 예고 예측행위, 기술적 한계가 수반되는 위험행위 및 행정계획행위 등이다.

법은 법원의 사법변경권에 대하여 명확히 규정하고 있다. 독일 행정법원법 제113조 제2항은, 원고가 행정행위에 대하여 변경을 요구하는 경우로서, 일정 금액에 대한 확정 또는 당해 변경에 기한 확인을 요구하는 경우에 법원은 다른 액수의 금액으로 확정하거나 원래의 확정에 대체하는 다른 판정을 할 수 있다고 규정한다.

변경판결의 적용범위에 대하여 특별한 규정을 두는 국가도 있다. 예컨대, 미국의 경우 재심(trial de novo)은 법원이 행정기관의 의견을 무시하고 독립적으로 사실문제에 대한 결정을 하는 것이다. 재심은 세 가지 경우에 적용되는데, 행정기관의 행위가 사법적 성질의 재결에 속하는 경우로서 행정기관의 사실관계에 대한 재결절차가 부적당한 경우,[17] 비사법적(非司法的) 행위의 집행과정에서 행정절차에서 예기하지 못한 문제가 발생한 경우,[18] 법률이 재심을 규정한 경우 등이다. 그러나 재심의 적용기준은 무엇인가에 대하여 법원은 법률의 규정, 사건의 구체적인 상황에 따라 결정한다. 법원은 일반적으로 행정기관의 의견을 존중하며 재심은 예외적인 경우에 속한다.

중국의 경우는 앞서 서술한 바와 같이 행정소송법 제54조에서 행정처벌이 현저히 공정성을 상실한 경우에 한하여 법원이 변경판결을 할 수 있도록 규정하고 있다.

2) 개별 법규가 규정한 경우

일반적으로 행정소송법을 제외한 개별 법률이 법원으로 하여금 변경판결을 할 수 있도록 규정한 경우는 드물다. 중국 역시 행정소송법을 제외하고는 법원이 변경판결을 할 수 있도록 규정한 개별 법률은 찾아보기 어렵다. 따라서 법원이 개별 법률에 의하여 변경판결을 내릴 수는 없는 것이며,

---

17) Citizens to preserve Overton Park, Inc. v. Volpe, 401 U.S. 402(1971) 참조. 王名揚, 『美國行政法』(中國法制出版社, 1994), p.694에서 재인용.
18) 王名揚, 전게서, p.694.

이는 법원의 판결형식은 행정소송법에서 규정하기 때문이다.

　개별 법률이 법원의 사법변경권을 규정한 예로는 프랑스의 공적인 공사(工事)계약에 관한 행정소송을 들 수 있는 바, 법원은 공적인 공사계약19)에 관한 내용에 대하여 변경판결을 할 수 있다. 또한 판례법 체계를 취하는 국가의 법원 판례는 사법변경권의 중요한 법원이 될 수 있다. 예컨대, 프랑스에서 행정주체의 배상에 대한 변경판결은 판례에 근거를 두고 있다는 것을 참고할 수 있다.20)

3. 원고의 주관적 권리에 관련되는 경우

　주관적 권리 개념은 독일 학자들이 확립한 개념이라 할 수 있는 바, 이는 법 규범이 법 주체에 부여한 권능을 말하며, 즉 개인의 이익 실현을 위하여 타인에 대하여 일정한 행위를 하도록 하거나 용인 또는 부작위를 요구하는 공법상의 권리21)를 의미한다. 주관적 권리의 실익에 대하여 논쟁이 있지만 그 실질적 의의는 사법구제에 있다는 점에서 인정을 받고 있다. 행정법학에서 주관적 권리는 방어권, 급부청구권 및 무하자재량행사청구권 등을 포함한다. 중국 학계에서 변경판결의 범위가 극히 한정되어 있어 이를 확대하자는 주장을 하는 학자들은 대개 원고의 주관적 권리에 속하는 경우 변경판결을 할 수 있다고 보고 있다. 이하에서는 이러한 것에 대한 검토를 한다.

---

19) 공공공사의 요건은 부동산을 대상으로 하고, 공공이익을 목적으로 하며, 행정주체가 실시하는 공사 또는 타인이 행정주체를 대신하여 실시하는 공사를 말한다. 王名揚, 『法國行政法』(中國法制出版社, 1997), pp.412-414.

20) 梁鳳云, 『行政訴訟判決之選擇适用』(人民法院出版社, 2007), p.119.

21) 2요소론에 의하면, 법률규정에 의한 공권의 성립은 공법상 법규가 국가 또는 그 밖의 행정주체에 행위의무를 부과할 것(강제규범), 관련 법규가 오로지 공익의 실현을 목표로 하는 것이 아니라 적어도 개인의 이익의 만족에도 기여토록 정해질 것(사익보호)을 요건으로 한다. 홍정선, 『행정법원론(상)』(박영사, 2008), p.136.

1) 방어적 청구권에 기초한 변경청구권

방어적 청구권과 관련하여 법률이 명확히 규정하면 원고는 방어적 청구권을 가진다. 과거 중국의 행정법에서 많은 법률규정이 관리에 치중하고[22] 행정상대방의 권익보호에 소홀히 하였으며, 이러한 의미에서 과거의 법률은 방어적 청구권에 대한 고려가 소홀하였다고 할 수 있고, 또한 행정법이 관리법으로 분류되기도 하였다.

또한 행정소송제도에서도 집행부정지 원칙이 적용되어 방어적 소송의 가능성 측면에서는 그 존재감이 상실되어 있는 것도 사실이다. 그러나 이러한 원칙의 고수는 공권력 행위의 집행이 상대방의 소송행위로 인하여 정지되지 않도록 조절하는 데 있고, 이는 곧 행정효율과 공공이익을 고려한 것이라 볼 수 있다. 그러나 목전에 행사되고 있는 공권력 행위가 사법적 방법으로 해결할 수 없게 되면 이해관계인으로 하여금 돌이킬 수 없는 손해를 입게 할 수도 있다는 점도 유의할 사항이다.

국민의 방어권은 일반적으로 헌법의 저항권 관련규정에서 근거를 찾을 수 있을 것이다. 중국 헌법은 국민의 방어권과 관련하여 국민의 저항권에 대한 규정을 두고 있지 않고, 다만 간접적인 규정을 두고 있다고 할 수 있다. 예컨대, 누구도 인민검찰원의 비준 또는 결정, 또는 인민법원의 결정이나 공안기관의 집행을 거치지 아니하고는 체포를 당하지 아니한다. 또한 국민은 어떠한 국가기관 및 국가기관 소속 인원의 위법 및 실직(失職) 행위에 대하여 관련 기관에 신소, 고발 및 검거할 권리가 있다는 규정이 있다.[23]

개별 법률에서도 저항권에 대하여 규정하고 있는 경우는 그 예를 찾기 어렵다. 다만 중국의 「농업법」에서는 불합리한 각종 징수행위에 대하여 국

---

22) 행정법의 기능에 관한 이론적 기초로서 과거 관리론, 통제론 및 평형론의 입장이 대립되었으나, 현재 행정법이 국민을 관리하기 위한 수단이라는 취지의 관리론을 주장하는 학자는 없다. 관리론은 국가이익을 중시하고 개인의 이익을 경시하며 행정주체가 관리를 유효하게 할 수 있도록 보장하는 것을 요지로 하고 있다. 정이근, 전게서, pp.100-103.
23) 중국 헌법 제37조 및 제41조 참조.

민의 거부권을 규정하고[24] 있음을 참고할 수 있다. 이 규정을 방어권으로 이해할 수도 있으며, 또한 민법통칙 제134조의 민사책임의 부담 방식 중에서 침해중지, 방해배제 및 위험제거 등의 규정도 방어권에 관한 것으로 이해할 수 있다. 그렇다면 국민의 방어적 청구권에 기초해서도 행정처분의 변경권이 인정될 수 있는 것이다.

2) 급부청구권에 기초한 변경청구권

급부청구권은 행정상대방이 가지는 권리로서 특정한 급부를 목적으로 하는 공권이다. 급부청구권은 급부소송에서 나타나며, 즉 행정계약 사건은 급부소송절차를 통하여 해결할 수 있다. 급부청구권과 관련하여 중요한 사항은 행정계약에 관한 급부청구권의 실현이다. 법원의 행정계약에 대한 변경권은 주로 중대한 하자가 아닌 행정계약에 국한된다. 중대한 하자가 있는 행정계약에 대하여 법원은 직접 변경할 수 없고, 이 경우에는 행정계약의 무효 여부를 판단하여야 한다.[25]

법원이 행정계약에 대하여 행하는 심사는 적법성 즉 행정계약이 법규에 부합하는지를 심사하고, 동시에 계약 내용에 대한 일부 조정이 가능하며, 즉 상황에 따른 변경을 할 수 있다. 상황에 따른 조정 변경의 요건은 대개 행정계약의 체결 후 계약 당시에 예측하지 못한 상황이 발생한 경우로, 상황에 따른 변경을 하지 않는 경우에는 원래의 계약이 현저히 공평성을 상실하는 경우이다. 이때 법원은 당사자의 신청에 의하여 급부를 증가 감소 또는 원래의 행정계약을 직접 변경 또는 소멸시킬 수 있다고 본다.[26]

3) 무하자재량행사청구권에 기초한 변경청구권의 인정

무하자재량행사청구권은 행정기관이 재량권을 가지는 상황에서 행정상

---

24) 중국 농업법 제67조 참조.
25) 吳庚, 『行政法之理論与實用』(中國人民大學出版社, 2005), p.284.
26) 참고, 독일 행정절차법 제60조의 규정(특수한 상황하의 계약 조정 및 해제).

대방이 가지는 권리로 행정기관에 대하여 하자 없는 재량 또는 특정한 결정을 요구하는 권리이다. 행정행위는 기속행위와 재량행위로 구분되며, 기속행위의 경우 행정기관은 반드시 유일한 공권력 행사만이 가능하다. 재량행위의 경우에는 법률이 선택을 허용한 범위 내에서 선택이 가능하다. 행정기관이 공권력을 행사하면서 재량에 대한 법률규정을 준수하지 않는 경우 그 행위는 재량권 행사상의 하자를 발생시킨다.

상대방은 행정기관의 재량행위에 대하여 통상 무하자재량행사청구권을 가지고, 재량이 영으로 수축하는 경우에는 특정한 공권력을 행사하도록 청구할 권리를 가진다. 행정기관이 재량의 여지를 가지는 전제하에 상대방은 공권력 행위에 대하여, 즉 행정기관에 대하여 적법한 재량권의 행사를 요구할 수 있다.

그러나 경우에 따라서는 재량행위에 대한 종합적인 판단이 필요하다. 재량이 남용되는 경우에 법원은 이에 대한 간섭을 해야 하고 당해 재량을 취소 또는 변경한다. 행정상대방이 오로지 행정행위의 불합리나 부적당함을 이유로 할 뿐이고, 재량의 남용 또는 현저히 불합리함을 이유로 하지 않는 청구에 대하여 법원은 수리하지 않는 것이 마땅하다고 보고 있다.[27]

4. 소 결

상술한 바와 같이 이론적 영역에서는 변경판결의 형식을 채택할 수 있는 영역은 상당한 것으로 보인다. 행정기관의 전속적 재량에 속하지 않는 사항, 행정소송법 또는 개별 법률이 변경판결 인정하는 경우, 또한 원고의 주관적 권리와 관련되는 경우로서 특히 방어적 청구권이 인정되는 경우, 급부청구권이 인정되는 경우, 무하자재량행사청구권이 인정되는 경우 등에서 변경판결이라는 형식의 판결이 운용될 수 있는 것이다.

---

27) 梁鳳云, 『行政訴訟判決之選擇适用』(人民法院出版社, 2007), p.122.

그러나 이론적 가능성에도 불구하고 중국의 경우에는 현재 행정처벌법상 현저히 공정성을 상실한 행정처벌에 한하여 매우 제한적으로 변경판결이라는 판결 형식을 채택하고 있다는 점에 주의할 필요가 있다.

IV. 법원에 대한 사법변경권 인정 여부

행정행위에 대한 소위 사법변경은 사법기관이 판결의 형식으로 행정상 다툼이 있는 당사자 간의 권리 의무관계를 다시금 확정하는 것이며, 행정기관이 원래 행한 결정의 전부 또는 일부에 대한 법적 효력을 상실시키는 것이다. 사법변경권은 법원이 사건을 심리하는 과정에서 행정기관 결정의 전부 또는 일부에 대한 효력을 개폐하는 권한이다. 사법변경권은 사법기관과 행정기관의 업무 분장에 직접적으로 영향을 미치기 때문에, 법원이 사법변경권을 가지는가 하는 문제에 대하여 학설상으로는 긍정론, 부정론 및 제한적 변경론이 대립되고 있다.[28]

1. 부정론의 입장

법원은 사법변경권을 갖지 못한다는 것이 부정론의 요지다. 주된 이유는 첫째, 법원이 사법변경권을 가지면 행정기관의 권한을 침해하는 것이며 국가기관 사이의 업무 분장을 훼손하는 것이다. 둘째, 실무적으로도 법원에 사법변경권을 부여하게 되면 사법기관이 행정기관을 대신하여 권한을 행사

---

28) 張步洪·王万華 編著, 『行政訴訟法律解釋与判例述評』(中國法制出版社, 2000), pp. 434-435.

하는 것이 된다. 셋째, 법원이 행정사건을 심리하는 것은 주로 구체적 행정
행위의 적법성 여부, 또는 위법한 행정행위가 사인의 적법한 권익을 침해하
였는가 여부이며, 따라서 법원의 행정판결은 구체적 행정행위의 위법여부
를 확인하는 것으로서, 다툼이 있는 행정행위에 대하여 변경을 할 수 없
다.[29] 그러나 학설상의 이러한 부정적 입장에도 불구하고 중국의 행정소송
법은 변경판결의 형식을 인정하고 있다.

2. 긍정론의 입장

법원이 사법변경권을 가진다는 것이 긍정론의 요지이다. 주된 이유는 첫
째, 행정소송은 사후적 구제수단이며, 행정기관이 충분히 권한을 행사한 후
에, 위법한 행정결정에 대하여 법원을 통한 구제를 하는 것이다. 따라서
법원이 행정기관의 결정을 변경하는 것은 성질상 법원이 행정기관의 과오
를 시정하는 것이며, 행정기관의 권한을 대신 행사하는 것은 아니다. 둘째,
행정소송에서 문제의 본질은 법원이 어느 행정기관의 권한을 대체하려는
것이 아니고 당사자의 권익을 구제할 수 있는가 하는 데 있고, 행정행위를
법적인 판단의 영역으로 끌어들일 수 있을까 하는 데 있다. 법원의 심리를
거쳐 판결을 내리기 적합한 조건을 갖춘 경우에, 법원이 행정행위를 변경하
는 것은 불필요한 절차를 간소화 하고 당사자의 적법한 권리를 신속히 구제
할 수 있다. 셋째, 실무상으로도 현재 법원은 행정기관이 법원의 판결을
엄격히 준수하도록 하는 특별한 조치를 가지지 못하고 있다. 취소권으로써
사법변경권을 대체한다고 하면, 이는 곧 행정기관의 모든 하자 있는 결정에
대하여 모두 취소의 방식으로 해결해야 한다는 것을 의미한다. 그러나 취
소판결은 행정행위에 대한 효력의 부정에 불과한 것이고, 행정기관이 거부
하는 경우 다툼은 장기간에 걸쳐 해결이 어렵게 되고, 국민의 권익은 보호

---

29) 張步洪·王万華 編著, 전게서, 같은 쪽.

받기 어렵게 된다.[30]

3. 제한적 변경론

제한적 변경론의 입장은 부정론과 긍정론의 입장을 절충한 견해라 할 수 있다. 사법변경권을 일률적으로 부정하기 어렵다는 것이 제한적 변경론의 요지이다. 사법변경권의 존재를 필요로 하지만 인정하는 경우에도 무제한 적으로는 인정할 수 없다는 것이다. 사법변경권에 대한 제한을 주장하는 이유는 첫째, 행정관리의 전문성이 강하고 재판을 하는 법관의 전문지식이 행정전문가에 미치지 못하는 경우가 많다. 둘째, 행정소송의 주된 임무는 구체적 행정행위의 적법성 심사이며, 따라서 행정판결의 주된 형식은 취소 또는 유지판결이며 일반적인 경우 변경판결을 할 수 없는 것이다. 행정기 관이 법규가 정한 한도 내에서 한 행정행위는 재량에 속하는 사항이고, 법 원은 일반적으로 이에 간섭할 수 없다는 것이다.[31]

4. 행정소송법 및 판례의 입장

행정소송법은 제한적 변경론을 따르고 있다고 볼 수 있다. 행정소송법은 "행 정처벌이 현저히 공정성을 상실한 경우 변경판결을 할 수 있다."고 규정하 고 있다. 이 규정에 의하면 법원의 사법변경권은 상당한 제한을 받고 있다 고 할 것이다. 즉 다음과 같이 이해할 수 있다. 첫째, 법원이 행사하는 사법 변경권은 행정처벌에 대하여만 적용한다. 행정처벌 외의 다른 행정행위에 대하여 법원은 변경 권한이 없는 것이다. 둘째, 법원은 오직 현저히 공정성

---

30) 張步洪·王万華 編著, 전게서, 같은 쪽.
31) 張步洪·王万華 編著, 전게서, 같은 쪽.

을 상실한 처벌에 대하여 변경을 가할 수 있다. 법원이 모든 행정처벌 영역에 대하여 변경권을 행사할 수 있는 것이 아니라는 점에 주의할 필요가 있다.

5. 사법변경권의 구체적인 적용 검토

1) 변경판결에서 가중처벌을 할 수 있는지 여부

법원이 변경판결을 하면서 행정기관의 처벌을 가중할 수 있는가 하는 점에 대하여 학자들의 견해는 일치하지 않는다. 다만 다수 학자는 가중할 수 없는 것으로 이해하며, 그 주된 이유는 즉 행정소송의 취지는 국민의 적법한 권리 보장이며 판결이 가중처벌을 하는 것은 행정소송법의 취지에 부합하지 않는다는 것이다.[32]

행정소송법해석 제55조에 의하면, 인민법원이 행정사건을 심리하면서 원고에 대한 처벌을 가중할 수 없고, 다만 이해관계인이 원고와 동일한 경우는 예외로 한다. 본 조항은 불이익변경금지에 관한 것이라 할 수 있다. 일부 학자에 의하면 이를 단순한 불이익변경금지로 볼 것만은 아니라고 한다. 현실에서는 이처럼 간단하지 않다는 것이다. 현저히 공정성을 상실한다 함은 현저히 중한 경우 및 현저히 경한 처벌을 포함한다는 것을 강조한다. 행정처벌이 매우 경미한 경우 처벌을 받는 자는 기소를 하지 않을 것이지만, 피해자가 가중처벌을 요구하는 경우, 법원이 가중처벌의 권한이 없는 경우, 피해자의 청구가 이유 있는 경우 법원은 판결을 하기 어렵게 된다는 것이다. 형사소송에서 적용되는 상급심에서의 불이익 변경금지는 행정소송에서 그 특징을 고려할 필요가 있다고 한다.[33]

---

32) 張步洪 · 王万華 編著, 전게서, pp.439-441.
33) 梁鳳云, 『行政訴訟判決之選擇適用』(人民法院出版社, 2007), p.119.

2) 법원이 제3자에게 불리 또는 유리한 변경판결을 할 수 있는가 여부

행정기관이 이해관계인에 대하여 처벌을 하지 않은 경우 또는 경미한 처벌을 한 경우로 판단되는 경우, 법원이 제3자에게 불리한 변경판결을 할 수 있을 것인가 하는 점이 문제로 될 수 있다. 이 점에 대하여 「관철의견(시행)」 제66조에 의하면, 법원은 행정사건을 심리하는 과정에서 행정기관이 행정처벌을 해야 하지만 행정처벌을 하지 않은 자에 대하여 직접 행정처벌을 할 수 없다고 규정하여 이 문제에 대한 답을 내리고 있다.

법원이 제3자에게 유리한 변경판결을 할 수 있는가 여부에 대하여 법원은 변경판결을 할 수 있다고 보는 견해가 타당하다. 법원이 둘 이상 행정상 대인에 대하여 행정처벌을 한 사건을 심리하는 경우에는 반드시 전면적인 심사를 통해야 사건의 진상을 파악할 수 있다. 따라서 법원은 재판과정에서 행정기관의 처벌이 제3자에 대하여 현저히 공정성을 상실한 경우로 판단하는 경우에는 행정기관의 처벌을 변경하여 판결하여야 할 것이다.

V. 변경판결의 문제점

변경판결에 대한 현행 행정소송법 규정은 대개 두 가지 문제점이 있는 것으로 평가되고 있다. 첫째는 그 적용범위가 매우 제한적이라는 것, 둘째 구체적인 적용 기준이나 조건이 불명확하다는 것을 문제로 지적하는 것이 학자들의 공통적 견해라 할 수 있다.

1. 적용범위에 대한 문제

변경판결의 적용범위가 매우 제한적이라는 문제와 관련하여, 예컨대 사

법변경권의 범위를 확대하여 행정재결사건에도 적용해야 한다는 주장이 있다.34) 행정재결은 행정기관이 법률의 수권에 의하여, 제3자의 신분으로 법정 절차에 따라 평등주체 사이의 행정관리와 관련된 민사 및 경제 분쟁을 해결하는 것이다. 손해배상의 재결, 권속분쟁의 재결 등이 여기에 속한다. 행정소송법은 행정재결의 특수성을 고려하지 못하고 있고 사법변경권을 부여하지 못하고 있다. 즉, 중국은 행정소송에서 부대민사소송35)을 채택하고 있지 않기 때문에 법원은 행정재결에 대하여 별다른 조치를 하기 어렵다. 행정재결의 특수성 및 소송효율의 측면에서 비추어볼 때 법원에 대하여 사법변경권을 인정해야 한다는 것이다.

물론 이러한 주장도 설득력 있는 것으로 판단되지만 필자의 견해로는, 변경판결의 영역을 확대한다면 앞서 적용 영역에 대한 이론적 검토와 관련하여 행정기관의 전속관할 사항이 아닌 영역, 원고의 주관적 권리가 관련되는 방어적 청구권이 인정되는 경우, 급부청구권이 인정되는 경우, 무하자재량행사청구권이 인정되는 경우로 확대될 수 있을 것으로 보인다. 또한 원고가 행정행위의 변경을 구하는 행정소송을 제기한 경우로 변경판결의 적용 영역을 확대하는 것도 검토할 필요가 있을 것으로 보인다.

2. 행정처벌상 현저한 공정성의 상실에 대한 개념 확정의 문제

또 하나의 문제로 지적되고 있는 것은 현저한 공정성의 상실에 대한 개

---

34) 江必新, 『中國行政訴訟制度之發展』(金城出版社, 2001), pp.236-237.
35) 중국의 형사부대민사소송의 개념을 이해함으로써 행정부대민사소송의 개념을 이해할 수 있다. 형사부대민사소송은 인민법원이나 인민검찰원이 당사자 및 기타 소송참가인의 참여 아래 피고인의 형사책임을 추궁하는 동시에 부수적으로 피고의 범죄행위로 인하여 야기된 피해자의 물적 손해에 대한 배상문제를 해결하기 위하여 행하는 소송활동이다. 본질적으로는 민사소송의 특징을 가지는 경제적 손해배상제도이며, 손해가 범죄행위로 인하여 야기되었다는 것에 주의할 필요가 있다. 程榮賦, 『刑事訴訟法』(中國人民大學出版社, 2000), p.240.

넘 또는 그 범위가 매우 불확정적이라는 것이다. 일부 학자들의 견해에 의하면, 현저히 공정성을 상실한다 함을 마치 취소판결의 조건에서 직권의 남용에 해당하다고 이해한다. 즉 행정처벌행위가 비록 형식상 법규에 위반하지 않는다 하더라도 사실상 법 정신에 위배하는 경우로 사회 또는 개인의 이익을 해치고 현저히 불공정한 경우이다. 현저히 공정성을 상실한 요건으로서 외형상의 합법, 행정처벌의 결과가 법의 정신을 벗어나고, 사회 및 개인의 이익을 해치고, 통상적인 법률 및 도덕 정도에 비추어 당해 공권력 행사가 불공정한 것으로 인정되는 경우이다.[36]

또 다른 견해에 의하면, 현저하게 공정성을 상실한 경우는 첫째, 행정처분에서 인정한 사실에 일부 착오가 있는 경우이며 이로 인하여 처분이 부당한 경우이다. 이러한 사건은 법원이 행정기관에 다시금 재결을 하도록 할 필요 없이 판결로써 사실관계를 인정하고 적절히 변경하여 판결한다는 것이다. 둘째, 행정처분이 인정한 행위의 성질에 착오가 있어 처분이 부당한 경우[37]이며, 이때 인민법원은 직접 변경판결을 한다.[38]

필자의 견해로는, 현저한 공정성의 상실에 대한 개념 확정의 문제는 변경판결의 판결형식의 적용에만 국한되는 문제는 아니라 할 것이다. 불확정 개념과 관련하여 법원은 사법심사에서 물론 전면적인 심사가 가능하다고 할 것이지만 행정권의 의사를 존중할 필요가 있고, 이러한 전제 아래 구체적인 사건에서 하나의 정당한 해석이 내려질 수 있다.

---

36) 張尙zhuo・張樹義 主編, 『走出低俗的中國行政法學』(中國政法大學出版社, 1991), p.544.

37) 행위자의 소득 계산에 착오가 있어 부당한 처분이 된 경우 등.

38) 張尙zhuo・張樹義 主編, 전게서, p.544.

VI. 결어 및 시사점

1. 취소판결과 변경판결의 적용에 대한 검토

중국 행정소송법 제54조 제2호의 규정은 직권의 남용에 대하여는 당연히 취소판결을 내리도록 규정하고 있다. 그러나 직권의 남용 역시 실질적으로는 재량권의 부당한 행사로 현저히 공정성을 상실한 위법한 행위를 야기하는 것이다. 따라서 현저히 공정성을 상실한 위법한 행위 역시 취소판결로 해결해야 하지 않을까 하는 의문이 생긴다.

이 문제와 관련하여 행정소송법은 제54조 제4호에서 다시 "행정처벌이 현저하게 공정성을 상실한 경우에 변경판결을 할 수 있다."고 규정하였다. 행정소송법 제54조 제4호가 의미하는 바는 모든 직권 남용행위가 아니고 현저히 공정성을 상실한 행정처벌에 한한다. 즉 처벌 재량권의 남용에 한하여 적용한다. 행정소송법 제54조 제2호 규정의 취소판결은 의무적으로 취소판결을 하도록 요구하는 것이고, 제54조 제4호의 "……변경판결을 할 수 있다."는 의미는 변경판결을 내릴 수도 있고, 변경판결을 내리지 않을 수도 있는, 즉 취소판결을 할 수도 있는 것으로 이해할 수 있다.[39]

또한 변경판결이라는 판결형식을 채택함에 있어 무엇보다 이론적 쟁점이 되는 중요한 문제는, 앞에서 논한 바와 같이 법원이 사법변경권을 가지는가 하는 문제다. 물론 학설상으로는 긍정론, 부정론 및 제한적 변경론이 대립되고 있지만, 일단 중국의 현재 상황은 제한적 변경론의 입장에서 행정처벌법상의 일부 국한된 경우에 제한적으로 법원의 사법변경권을 인정하고 있다는 점을 이해할 필요가 있다.

변경판결의 적용에 대한 필자의 이해를 종합하면, 중국의 행정소송제도에서 현저히 공정성을 상실한 위법한 행정행위는 취소판결로 해결하는 것

---

39) 胡建淼, 『行政違法探究』(法律出版社, 2000), p.303.

이 원칙이라 할 것이고, 다만 행정처벌이 현저히 공정성을 상실한 경우에
한하여 법원이 변경판결을 내릴 수 있음에 그친다고 이해하는 것이 바람직
할 것으로 본다. 즉 중국의 행정소송에서 변경판결의 적용은 매우 제한적
인 범위 내에서 인정되는 판결형식으로 보아야 하는 것이다.

2. 변경판결의 적용 영역에 대한 검토

중국의 현행 행정소송법에서 인정하고 있는 변경판결이라는 판결 형식
은 행정처벌의 경우에서만 인정되는 것으로, 특히 현저히 공정성을 상실한
행정처벌에 한하여 법원은 판결로써 행정처벌의 내용을 변경함으로써 사법
변경권을 행사하고, 이로써 법원은 법제감독기관으로서의 임무 가운데 일
부를 수행한다. 본문에서 살펴본 바와 같이 행정기관의 전속적 재량에 속
하지 않는 사항, 행정소송법 또는 개별 법률이 변경판결 인정하는 경우,
또한 원고의 주관적 권리와 관련되는 경우로서 특히 방어적 청구권이 인정
되는 경우, 급부청구권이 인정되는 경우, 무하자재량행사청구권이 인정되
는 경우 등에서 변경판결이라는 형식의 판결이 운용될 수 있다. 변경판결
의 적용 법리와 관련하여, 이론적 적용 가능성에도 불구하고 중국의 경우에
는 현재 행정처벌에 한하여 매우 제한적으로 변경판결이라는 판결 형식을
채택하고 있다는 점을 알았다.

이러한 상황에 대하여 중국의 학자들이 제기하고 있는 적용영역이 매우
제한적이라는 주장은 타당하다 할 것이고, 따라서 그 적용 영역을 확대한다
면 이론적 가능성이 인정되고 있는 행정기관의 전속관할 사항이 아닌 영역,
원고의 주관적 권리가 관련되는 방어적 청구권이 인정되는 경우, 급부청구
권이 인정되는 경우, 무하자재량행사청구권이 인정되는 경우로 확대되어야
할 것이다.

특히, 법원이 이론적으로 변경판결의 적용이 가능한 영역에서 스스로 변
경 판결을 하는 경우는 물론이지만, 필자의 견해로는 무엇보다 원고가 행정

행위의 변경을 구하는 행정소송을 제기한 경우에도 변경판결의 적용이 검토되어야 한다고 본다. 또한 이론적으로 가능한 영역이라 하더라도, 더 구체적으로 나아가 어느 범위로 한정하여 인정할 것인가 하는 문제는 여전히 남는다.

3. 시사점

오늘날의 현대 자유민주주의 국가의 통치구조에서는 국가권력의 엄격하고 기계적인 분리보다는 입법, 사법, 행정의 세 가지 기본적인 국가기능이 기본권적 가치의 실현을 위하여 서로 기능적인 협력관계를 유지하면서도 서로의 기능을 적절히 통제함으로써 국가의 통치권 행사가 언제나 협동과 통제 아래에서 조화될 수 있는 제도적인 시스템을 마련하는 데 주의하고 있다. 즉, 기계적이고 획일적인 권력분립에서 목적 지향적이고 유동적인 기능분리로 이해할 필요성이 있는 것이다.40) 예컨대, 미국의 경우에도 미합중국헌법은 연방정부의 통치기관을 분립시키고 있는 것이지, 권력을 분립시키고 있지는 않다. 입법부, 행정부 사법부로 배분된 권력은 견제와 균형의 원리에 기초하여 융합하고 있는 것41)에 주의할 필요가 있다.

우리 법무부가 2007년 제출한 행정소송법 전면 개정안에는 부작위위법확인소송의 폐지와 의무이행소송의 도입, 예방적 금지소송의 도입, 가처분제도의 도입 등을 내용으로 하였다.42) 사실 행정소송 특히 항고소송에서 형성판결이 가능할 것인가에 대해서는, 적극적 형성판결을 부인하는 견해와 적극적 형성판결을 긍정하는 견해의 각 태도에 따라 각기 다른 결론에 도달하게 될 것은 명확하다. 우리의 현행 행정소송법은 의무이행소송이나

---

40) 허영, 『헌법이론과 헌법』(박영사, 2003), p.826.
41) 아베 타케마츠 저·이병규 역, 『미국헌법과 민주제도』(세종출판사, 2005), p.88.
42) 박균성, 행정소송법 개정안의 주요 내용과 의미(http://www.lawtimes.co.kr).

예방적 금지소송을 인정하고 있지 않지만, 이러한 소송유형의 인정은 권력
분립의 원칙에 반하는 것이 아니고 입법정책의 문제에 속한다고 보는 것이
타당하다. 사법은 국민의 권익구제를 본질적 기능으로 한다는 것을 생각하
면 예방적 금지소송이나 의무이행소송을 부인하는 것은 타당하지 않다고
할 것이다. 행정권의 1차적 판단을 존중한다는 원칙과 국민의 권익구제라
는 헌법적 가치를 조절할 필요가 있는 것이다.[43]

  중국의 경우에는 정치제도상 삼권분립체계를 고수하지 않고 있기 때문
에 행정소송에서 변경판결이 인정될 수 있는 것으로 오해할 수도 있다. 그
러나 우리는 삼권분립체계를 인정하고 있는 독일이나 프랑스의 경우도 제
한된 범위에서 변경판결의 형식을 인정하고 있음을 잘 알고 있다. 따라서
본질적인 문제 해결의 실마리는 권력분립이라는 정치권력 배분상의 문제가
아니고 입법정책의 문제에서 찾는 것이 더 설득력 있어 보인다. 적용이 가
능한 영역에 대한 충분한 연구와 검토를 통하여 변경판결과 같은 판결 형식
을 채택할 필요성은 충분하다고 판단되며, 특히 우리가 행정법원을 설치하
여 본격적으로 운영하고 있는 이 시기에, 법원이 다양한 판결형식을 운용하
여 국민의 권익구제 기관으로서의 역할을 다할 수 있는 법적 근거를 마련하
는 것이 절실하다고 본다.

---

43) 박균성, 『행정법강의』(박영사, 2008), p.707.

■ 참고문헌

姜明安. 『行政法与行政訴訟法』. 北京大學出版社, 2005.

江必新. 『中國行政訴訟制度之發展』. 金城出版社, 2001.

_____. 『行政訴訟法 ─ 疑難問題探討』. 北京師范學院出版社, 1991.

梁鳳云. 『行政訴訟判決之選擇适用』. 人民法院出版社, 2007.

方世榮. 『行政訴訟法案例教程』. 中國政法大學出版社, 1999.

吳庚. 『行政法之理論与實用』. 中國人民大學出版社, 2005.

王名揚. 『美國行政法』. 中國法制出版社, 1994.

_____. 『法國行政法』. 中國法制出版社, 1997.

張步洪·王万華 編著. 『行政訴訟法律解釋与判例述評』. 中國法制出版社, 2000.

張尙zhuo·張樹義 主編. 『走出低俗的中國行政法學』. 中國政法大學出版社, 1991.

程榮賦. 『刑事訴訟法』. 中國人民大學出版社, 2000.

陳淸秀. 『行政訴訟法』. 翰芦圖書出版有限公司, 1999.

胡建淼. 『行政違法探究』. 法律出版社, 2000.

제8장 |
행정소송상 증거규칙

I. 서언

1989년 공포되고 1990년 10월 1일부터 시행되고 있는 중국의 행정소송법은 제5장에서 6개 조문을 할애하여 증거에 관한 규정을 두고 있다. 즉 행정소송법에서는 증거의 종류, 입증책임, 피고의 채증 제한, 인민법원의 증거수집, 감정 및 증거보전에 관한 원칙적 규정을 하고 있다. 행정소송법을 근거로 하여 최고인민법원은 증거제도의 운용을 위하여 행정소송법에 관련된 해석(본문에서는 "최고인민법원의 해석"이라 함)을 별도로 정하고 있고, 특히 증거제도의 운용을 위하여 별도의 규정(본문에서는 "최고인민법원의 규정"이라 함)을 제정하여 운용하고 있다.

그리하여 행정소송법의 증거에 관한 규정, 최고인민법원의 행정소송법에 관한 해석, 최고인민법원의 행정소송증거에 관한 규정은 증거제도를 운용하는 중요한 근거가 되고 있고, 특히 행정법의 법원(法源)으로 인정되고 있다.

　　중국이 이처럼 행정소송에서 증거제도를 별도로 규정하여 운용하고 있는 것과는 달리, 우리나라 행정소송법은 제8조에서 증거에 관해서는 민사소송법을 준용하도록 규정하고 있고, 행정소송의 특징을 반영한 별도의 증거제도를 운용하지 않고 있다는 것은 주지의 사실이다.[1] 민·형사소송이든 행정소송이든 현대의 소송이 증거재판주의를 취하고 있는 점을 생각하면, 증거제도는 소송에서 핵심적인 사항이 된다. 행정소송이 민·형사 소송과 다른 특징이 있다는 점을 인정하고, 또한 행정소송 이론의 발전을 위해서라도 증거제도의 독자적인 운용규정이 필요할 것으로 보는 것이 필자의 소신이다.

　　이러한 인식하에, 비록 우리와 정치적 체제를 달리하는 국가이기는 하지만 행정소송에서 증거제도에 대한 독자적인 운용규정을 가지고 있고, 또한 이들 법규를 중심으로 제도운용의 경험을 축적하고 이론적 연구 영역을 확대해 나가고 있는 중국의 예는 좋은 참고가 될 것으로 판단하면서, 본 장에서는 행정소송상 증거에 관한 규칙을 중심으로 주요 내용에 대한 평가 및 문제점을 제시하는 것으로 한다. 다만 현행의 중국 행정소송상 증거제도를 이해하기 위하여 본 장의 전반부에서 증거의 개념, 요건, 특징, 입증책임의 분배에 관한 원칙 등을 먼저 서술한다.

---

1) 대법원 민사소송규칙(제3장 증거)에 의하여 행정소송의 증거제도 운용에 관한 절차적 문제가 해결되고 있는 것 또한 사실이다.

II. 중국 행정소송법상 증거 일반론

1. 증거의 개념

행정소송에서 증거에 관한 제도를 논하는 경우, 우선 무엇이 증거인가 하는 것, 즉 그 개념을 확정하는 것은 중요한 문제다. 학자들은 각자의 견해에 따라 달리 주장하고 있는 바, 즉 증거는 사건의 사실관계를 반영하는 것이고, 사건의 사실관계 자체가 남긴 객관적인 흔적, 또는 당사자 및 증인의 사실관계에 대한 묘사라 할 수 있다. 따라서 증거는 사실관계의 진실한 상황을 반영하는 자료 또는 사실이라는 주장도 있고, 또 다른 견해에 의하면, 당사자가 주관적으로 기대하는 사건의 진실한 상황을 증명하는 자료와 최종적으로 법원의 심사를 거쳐 사실관계를 확정할 수 있는 자료의 경우도 있다. 아울러 사건의 진실상황을 반영하는 자료에 해당한다고 하여 바로 증거로 삼아서는 아니 되고, 최종적으로 사건을 확정하는 때에 인정되지 않는 자료는 증거로 삼을 수 없다는 견해가 있다.[2]

상술한 학자들의 주장은 모두 증거에 관한 개념을 설명하기 위한 노력으로 이해할 수 있다. 그러나 증거 자체의 복잡성에 따라 여러 가지 방향에서 증거에 대한 개념을 이해할 수 있다. 증거의 내용상으로는 증거는 사건의 사실관계를 증명하는 사실이며,[3] 증거의 형태로 보면 증거는 사건의 사실관계를 증명하는 관련 사실[4]을 말하고, 증거의 결과로 보면 증거는 사건의 사실관계를 인정하는 근거라고 할 수 있다.[5]

---

2) 张步洪·王万华, 『行政诉讼法律解释与判例述评』(中国法制出版社, 2000), p.234.
3) 행정소송법에서는 증거에 개념에 대하여 단독적으로 설명한 규정은 존재하지 아니하고, 형사소송법 제42조에 의하면 사건의 진실한 상황을 증명하는 일체의 사실을 증거라 규정한다.
4) 杨寅·吴偕林, 『中国行政诉讼制度研究』(人民法院出版社, 2003), p.187.
5) 姜明安, 『行政法與行政訴訟法』(北京大學出版社, 2005), p.517.

2. 행정소송상 증거의 요건

증거가 사건의 사실관계를 증명하기 위해서는 몇 가지 요건을 갖추어야 한다. 즉, 증거가 객관적 진실성을 갖추어야 하며, 증거는 사건의 사실관계와 일정한 연관성을 가져야 하고, 증거는 반드시 적법성을 갖추어야 한다. 행정소송상 증거의 요건에 대하여 다음과 같이 요약할 수 있다.[6)]

1) 증거의 객관적 진실성

증거는 객관적 진실성을 갖추어야 한다. 구체적인 행정행위는 현재의 사실을 기초로 하고 있을 뿐만 아니라 경우에 따라서는 장래에 발생할 사실에도 관련된다. 특히 장래의 가능한 사실은 법적인 범위 내에서만 의의가 있다. 장래 발생 가능한 사실은 행정기관과 상대방의 인식 및 활동을 벗어날 수 없다. 가능한 사실의 확정에 대하여 비록 사람의 인식과 실천의 영향을 받지만, 행정의 과학화는 행정활동에 대하여 객관적 규율을 준수하도록 요구하기 때문에, 장래 가능한 사실을 증명하기 위해서는 필연성이 존재하여야 하고, 그렇지 아니하면 행정목적을 달성할 수 없을 뿐 아니라 그 행정행위는 무효 또는 유해한 것이 된다.

증거의 진실성을 판단하는 기준으로는 「최고인민법원 행정소송증거에 관한 약간문제의 규정」(이하 최고인민법원의 규정이라 한다.) 제56조에서 규정한 5가지 내용을 참고할 필요가 있다. 즉 증거형성의 원인, 증거 발견시의 객관적 환경, 증거가 원물인지 복제품인지 여부 및 원본과 상이한지 여부, 증거의 제공자 또는 증인과 당사자 사이의 이해관계, 증거의 진실성에 영향을 줄 수 있는 기타 요인이다.

2) 증거의 관련성

증거의 관련성은 증거로서의 사실은 반드시 사건의 사실관계와 일정한

---

6) 張步洪・王万华, 전게서, pp.237-242.

관련성을 가져야 한다는 것으로서, 이러한 관련성으로 바탕으로 사실관계
를 증명할 수 있게 된다. 관련성을 갖지 않는 증거는 채택할 수 있는 증거
에서 배제된다. 대륙법계 소송법에서는 일반적으로 증거의 배제규칙에 대
하여 명확하게 규정하고 있지 않지만, 증거의 관련성이 가지는 의의는 증거
의 범위를 명확히 하고, 당사자가 관련 없는 문제에 매달려 시간을 허비하
는 것을 막고, 증거 조사에서 본안사실과 관련 있는 증거에 대하여 조사를
하도록 하며, 재판과정에서도 관련 없는 증거를 배제하도록 하는 데 있다.[7]
행정소송에서 증거의 관련성은 두 가지 경우로 나누어 고찰할 수 있다. 법
률이 구체적 조건을 명확히 규정한 경우에는 이러한 조건이 관련 증거가
된다. 이러한 상황에서는 법률은 다른 증거의 사용을 허용하지 아니하고,
오직 법률이 정한 직접 증거만을 사용할 수 있다. 증거의 관련성을 사건의
사실이 결정하는 경우가 있으며, 이때 법률은 단지 사건 관련사실의 범위만
을 설정할 뿐이며, 구체적으로 증거의 범위를 확정하지 않는다.[8]

3) 증거의 적법성

증거사실의 내용상 객관성을 보장하기 위하여 법률은 증거가 법정형식
을 갖출 것을 요구한다. 행정소송의 증거 유형은 행정소송법이 규정한다.
행정소송법 제31조는 행정소송상 증거의 유형에 대하여 정하고 있다. 행정
법규나 규장 또는 규범성문건[9]은 새로운 행정소송상 증거를 창설하지 못하
며, 행정소송법이 규정한 유형의 증거를 근거로 하여야 한다.

---

7) 蔡小雪, "行政诉讼证据关联性规则的理论及适用,"『诉讼法学 司法制度』 2003年 10期,
   p.75.
8) 구체적 증거의 범위를 획정하지 않는 경우로, 예컨대 치안관리 위반의 절도행위에 대
   한 처벌 및 소송에서, 법률은 상대인의 행위, 행정기관의 직권 및 법원의 소송행위
   등에 관한 사건 사실의 범위를 정할 뿐, 그 과정의 관련 증거에 대하여 구체적인 규정
   을 할 필요는 없다.
9) 규범성문건이라 함은 행정기관 및 법률의 수권을 받은 조직이 법률의 실시 또는 정책
   의 집행을 위하여 그 권한 범위 내에서 제정한 행정법규나 규장 이외의 결정, 명령
   등 보편적 행위규칙을 총칭하는 것이다.

법률은 증거의 채집, 심사 운용에 대한 절차적 적법성을 요구하고 있다. 행정소송에서 증거의 절차적 적법성 요구는 행정절차와 행정소송절차를 포함한다. 즉 행정기관의 행정행위는 반드시 법정절차를 준수하여야 하고, 법원이 사법심사 과정에서 채집, 심사 및 운용하는 증거의 절차가 적법하여야 한다. 이와 관련하여 「최고인민법원의 행정소송법 집행에 관한 몇 가지 문제의 해석」(이하 최고인민법원의 해석이라 한다.)10) 제31조 제1항을 참고할 수 있는 바, 이 규정은 법정에서 증거 대질을 거치지 않은 증거는 재판의 근거로 삼을 수 없다고 규정하고 있다.

법정절차의 위반과 증거배제규칙의 적용에 관한 논의가 있다. 증거배제규칙의 적용은 형사소송에서 발전한 것으로서, 법 집행자가 헌법과 법률을 위반하여 취득한 증거는 재판에서 범죄를 확정하는 근거로 채택할 수 없다는 것을 의미한다. 이러한 규칙은 위법하게 수집하고 취득한 물증 및 서증에 적용될 뿐 아니라 불법체포, 적법절차에 위반하여 취득한 진술에도 적용된다. 증거의 채택 여부는 증거채집절차의 적법성과 밀접한 관계가 있다. 증거배제규칙의 목적은 공무원의 정당절차 위반 방지와 형사피고인의 헌법상 권리 침해를 방지하는 데 있다고 본다. 일부 학자의 견해에 의하면 중국의 행정소송법 제5조(적법성심사에 관한 규정), 제32조(피고의 입증책임에 관한 규정), 제33조(피고의 증거수집에 관한 규정) 및 제54조(유지판결에 관한 규정) 등에서 증거배제규칙을 확인할 수 있다.11)

최고인민법원의 해석 제30조의 규정에 의하면, 피고 및 그 소송대리인이 행정행위를 한 후에 스스로 수집한 증거, 피고가 법정절차를 심히 위반하여 수집한 증거에 대하여 행정행위의 적법성을 인정하는 근거로 할 수 없다고 규정한다. 또한 동 규정 제31조는 법정에서 대질을 거치지 않은 증거, 심판기관이 심판과정에서 수집 또는 보충한 증거를 법원이 재판에서 행정행위

10) 행정법의 법원(法源)으로서의 법률해석에는 최고국가권력기관의 해석, 국가사법기관의 해석, 중앙국가행정기관의 해석, 지방 국가권력기관과 행정기관의 해석이 있다. 따라서 최고인민법원의 해석은 행정법의 법원에 속한다는 점에 주의할 필요가 있다.
11) 刘善春, "试论行政诉讼证据本质及其属性,"『政法论坛』1993年 6期.

를 유지시키는 근거로 삼을 수 없다고 규정한다. 이러한 규정에서 배제규
칙의 적용을 확인할 수 있다.

3. 행정소송상 증거의 특징

민사소송의 증거나 형사소송상 증거와는 달리 행정소송에서 증거는 다
음과 같은 특징이 있다.[12)]

1) 증명대상의 특수성
민사소송에서 증거가 증명하고자 하는 바는 쌍방 당사자가 민사법 관계
속의 어떤 행위 또는 사실의 존부를 확인하는 것이며, 형사소송에서 증거가
증명하는 바는 피고가 어떠한 범죄사실 또는 범죄행위를 행하였는지를 증
명하는 것이다. 그러나 행정소송에서 증거는 구체적 행정행위가 적법한지
또는 당사자의 적법한 권리를 침해하였는지 하는 것이다. 피고는 사건과
관련되는 일체의 사실관계에 관한 자료를 제출하여 그가 행한 구체적 행정
행위의 적법성을 증명한다. 원고 역시 소송 대상이 되는 행정행위가 위법
하다는 것을 증명하기 위하여 사실관계와 관련된 일체의 자료나 근거를 제
시하는 것이다.

2) 증거원천의 특수성
행정소송상 증거는 행정과정에서 비롯되며, 주로 피고 행정주체가 법원
에 제출한다. 행정주체가 행하는 구체적 행정행위는 행정과정에서 발생하
므로, 행정행위를 함에 있어 반드시 "증거를 우선적으로 확보한 연후에 재
결"하는 과정을 준수하여야 한다. 즉 행정주체는 먼저 충분한 증거를 확보
하고 사실관계를 분명히 한 다음, 관련 법 규범과 기타 규범성문건의 규정

---

12) 杨寅·吴偕林, 『中国行政诉讼制度研究』(人民法院出版社, 2003), pp.190-191.

에 따라 구체적 행정행위를 한다. 그렇지 아니하면 곧 위법한 행정에 해당한다. 법치행정의 측면에서 보면, 행정주체가 행정과정에서 획득한 증거는 반드시 행정문건에 귀속 또는 반영되어야 하고, 일단 해당 행정행위에 대한 소송이 제기되면, 이들 증거는 모두 법원에 제출되어 심사를 받는다. 또한 행정소송에서 법원이 비록 스스로 채증을 할 수 있지만 이러한 상황은 법원이 필요하다고 인정하는 경우에 한하여 진행된다.

III. 행정소송상 입증책임의 분배

1. 피고 입증책임의 원칙

행정소송에서 입증책임은, 행정사건에서 사실관계를 확정하기 어려운 경우 일방 당사자가 증거를 제출하여 증명하고, 증명이 상응하는 사실관계를 증명하는 증거를 제시하지 못하는 경우 패소의 위험 또는 불리한 결과를 부담하는 제도를 말한다.13)

중국에서 입증책임의 분배에 대하여 학설상으로는 피고가 입증책임을 져야 한다는 견해, 원고가 입증책임을 져야 한다는 견해, 피고가 설득책임을 져야 한다는 견해, 구체적 사정에 따라 입증책임을 분배하여야 한다는 견해가 있다.14)

---

13) 입증책임의 성질에 대하여는 여러 가지 주장이 있다. 당사자의 권리라는 주장, 당사자의 의무라는 주장, 절충적인 입장, 권리도 의무도 아닌 권리의 보장 및 의무 불이행에 대한 제재라는 주장이 있다. 柴发邦, 『当代行政诉讼基本问题』(中国公安大学出版社, 1989), pp.119-120.

14) 江必新, "适用〈关于行政诉讼证据若干问题的规定〉应当注意的问题," 『诉讼法学 司法制度』2004年 1期, p.68.

행정소송법 제32조에서는, 피고는 구체적 행정행위에 대하여 입증책임을 부담하고, 당해 구체적 행정행위의 증거와 근거로 삼은 규범성문건을 제출하여야 한다고 규정한다. 행정소송법이 정한 피고의 입증책임 원칙은 행정소송상의 특징이다. 중국 행정소송에서 피고의 입증책임 원칙은 다음과 같은 의의를 가진다.

첫째, 피고가 입증책임을 부담하는 것이 원고 측의 소송상 권리보호에 기여한다. 행정소송은 원고인 행정 상대방이 행정주체의 구체적인 행정행위가 그 법적 권익을 침해한 것으로 인정하여 제기한 것이다. 행정상대방은 행정에 관한 구체적인 지식이 부족하고, 원고가 입증책임을 지게 하고 구체적 행정행위의 위법성을 증명하게 한다면, 입증이 곤란할 뿐만 아니라 불합리하여 원고의 소송상 권리는 실질적인 보호를 받기 어렵기 때문이다.

둘째, 피고가 입증책임을 지는 것은 입증에 있어 행정주체의 우세한 지위를 이용할 수 있다. 행정주체는 행정에 있어 우세한 지위에 있고, 행정상대방에 대하여 구체적 행정행위를 함에 있어 상대방의 동의를 필요로 하지 않고 스스로 법률, 행정법규 또는 상응하는 사실에 따라 처분을 한다. 따라서 행정주체의 입증능력은 원고에 비하여 우세하고, 소송에서 입증능력이 우세한 자에 대하여 입증책임을 지도록 하는 것은 당사자 쌍방의 소송상 지위를 실질적으로 평등하게 하는 것이다. 중요한 것은 사건의 사실관계를 분명히 하기 어려운 경우, 행정주체로 하여금 증거를 제출하도록 하여, 이때 증거를 제출하지 못하는 경우는 위법 또는 근거가 없는 것으로 이해하여 패소의 결과를 부담시키는 것이다.

셋째, 피고가 입증책임을 지는 것은 행정주체로 하여금 법률에 의한 행정을 촉구하는 데 기여한다. 법률에 의한 행정은 행정법의 기본원리다. 이 원리는 국가 행정 권력의 행사는 반드시 적법하여야 함을 요구한다. 행정소송에서 행정상대방이 구체적 행정행위가 위법하다는 증거를 제출하는지 여부를 떠나 행정주체는 그가 행한 구체적 행정행위의 적법한 증거를 제출할 의무가 있다. 즉 법률에 의한 행정의 원리에 따라 행정주체는 행정소송절차의 개시 이전이나 구체적 행정행위를 할 경우 반드시 법적·사실적 근거를 갖추어야 하고, 그렇지 아니하는 경우는 위법 또는 무효가 되는 것이다.

입증책임에 대한 입법상의 규정은 비교적 간단하고, 모든 유형의 행정소송에 적용된다. 이에 대하여 각 소송의 유형에 따른 구분이 필요하고 개별적 입증규칙이 필요하다는 견해도 있다. 또한 행정행위에 대한 소송은 마땅히 피고가 입증책임을 부담해야 하고, 행정행위와 증거의 관계로 보면 피고는 당연히 행정절차 과정에서 입증의무를 완수해야 하고, 피고가 입증책임을 지는 것이 행정소송의 입법목적에도 부합한다. 그러나 비권력적 행정행위에 대한 소송에서는 민사사건과 유사한 점이 있으므로 원칙상 주장자가 입증책임을 부담해야 할 것이다.

2. 피고 입증의 범위

피고가 구체적 행정행위에 대한 입증책임을 진다는 것이 곧 행정소송에서 피고가 모든 사실에 대한 입증책임을 진다는 것을 의미하는 것은 아니고, 구체적 행정행위의 적법성을 확정하는 경우 피고가 입증책임을 져야 한다는 것이다. 이와 다른 경우, 예컨대 국가배상사건의 경우에는 피고가 전적으로 입증책임을 지는 것은 아니다. 행정소송법 제32조의 규정에 의하면 피고 입증의 범위는 다음과 같다.

행정소송에서 피고의 입증책임의 범위는 구체적 행정행위의 증거와 근거가 되는 규범성문건을 포함하며, 입증범위는 사실적 근거에 한하지 않고 행정주체가 구체적 행정행위를 행한 법적근거 및 행정규범을 포함한다. 행정소송법 제31조는 규범성문건을 법정 증거의 종류에 포함시키고 있지 않지만, 행정소송법 제32조, 최고인민법원의 해석 제26조 제2항, 최고인민법원의 규정 제1조에서는 모두 구체적 행정행위의 근거가 되는 규범성문건을 제출하도록 규정하고 있다. 행정소송에서 규범성문건을 입증에서 필수적인 것으로 강조하는 것은 행정소송이 민사소송이나 형사소송과는 구별된다는 것을 의미하고, 행정소송은 즉 구체적 행정행위의 적법성에 대하여 심사하

는 소송이라는 점에 입각하고 있다.[15]

3. 피고 입증책임 원칙의 예외 — 원고입증책임[16]

최고인민법원의 해석 제27조에서 다음과 같은 사항에 대한 원고의 입증책임을 규정하고 있다. 즉 ①제소가 법정조건에 부합하다는 것을 증명하는 경우에는 원고가 입증책임을 진다, 다만 피고가 원고의 제소가 제소기간을 초과한 것으로 인정하는 경우는 제외한다. ②피고의 부작위에 대한 제소를 한 경우 행정기관에 신청을 제출한 사실은 원고가 증명한다. ③행정배상소송을 같이 제기한 경우 당해 행정행위로 인한 침해와 손해가 발생한 사실의 증명에 대하여 원고가 입증책임을 진다.

그러나 사법실무에서 법원은 상술한 최고인민법원의 해석 제27조의 ①~③의 상황에 국한되지 않고, 경우에 따라서는 다음과 같은 경우에도 원고로 하여금 입증책임을 지도록 하고 있다. 즉, ①행정상 권속의 확정에 관한 사건에서, 원고는 자기가 소유권을 가지고 있음에 대한 입증책임을 진다. ②행정상대방이 행정허가를 취득하지 못한 것을 이유로 행정처벌을 한 데 대한 분쟁에서 원고는 자기가 이미 허가를 취득하였다는 것에 대한 입증책임을 진다.

공민, 법인 또는 기타 조직이 인민법원에 소를 제기하는 경우 제소조건에 부합하는 상응하는 증거자료를 제출하여야 하고, 제소가 법정조건에 부합한다는 것을 증명하여야 한다. 피고의 부작위에 대하여 제소한 사건에서는 그 신청한 사실을 증명하여야 한다. 원고는 행정 과정에서 그가 어떠한 신청을 하였다는 증거자료를 제출하여야 한다. 다음과 같은 경우는 예외로

15) 정이근, "중국 행정소송상 입증책임의 분배와 증명기준," 『공법학연구』 제9권 제3호, p.477.
16) 정이근, 전게논문, p.478.

한다. 피고가 그 직권에 따라 당연히 그 직권을 행사하여야 하는 경우, 원고가 피고가 신청을 수리한 등기제도의 불완전 등 정당한 사유로 관련 증거자료를 제출할 수 없고 합리적으로 설명이 가능한 경우이다.

손해배상을 병합 청구한 행정배상소송에서, 원고는 당해 구체적 행정행위로 인한 침해와 손해 사실을 증명하여야 한다. 행정배상소송에서 원고는 구체적 행정행위로 인하여 발생된 손해의 사실에 대한 증거를 제출하여야 한다. 원고는 구체적 행정행위의 위법성에 관한 증거를 제출할 수 있다. 이때 원고가 제출한 증거가 성립되지 않는 경우에도 피고의 적법성에 대한 입증책임은 면제되지 않는다.[17]

4. 소 결

행정소송법이 피고의 입증책임 원칙을 규정하고 있지만, 일부 학자에 의하면 절차적 문제에 대한 입증에서는 주장자가 입증책임을 져야 한다고 주장한다. 이러한 주장을 지지하는 경우 행정상대방에게 입증책임의 부담을 가중할 수 있다는 것이 염려된다. 행정공개가 미흡한 상황에서 행정상대방이 입증책임을 지기 곤란한 경우가 있고 경우에 따라서는 불가능한 경우도 있을 수 있다. 절차적인 문제에 대하여 원고가 입증책임을 지도록 하는 경우에는 행정기관이 절차적인 문제를 소홀히 하도록 조장할 수도 있다.

상술한 바와 같이 행정소송법, 최고인민법원의 해석 또는 규정이 입증책임의 분배에 대한 원칙을 규정하고 있음에 불구하고, 판결을 내리기 위해서는 여전히 해결해야 할 입증책임 분배에 관한 문제가 남는다. 이러한 상황으로 보아, 사실 입증책임에 대하여 법규가 규정하지 않는 사항은 법적 공백에 속한다고 할 수 있지만, 이러한 공백은 법 원칙이나 입법정신 등에 의하여 보충되어야 할 것이다.

---

17) 姜明安, 『行政法與行政訴訟法』(北京大學出版社, 2005), p.522.

IV. 행정소송상 증거규칙

1. 증거제출에 관한 규칙

행정소송법에서는 인민법원이 당사자에 대하여 증거를 제출하거나 보충하도록 요구할 권리를 부여하고 있다.[18] 어떤 경우에 이러한 권리를 행사하는가에 대하여 행정소송법은 구체적인 내용을 규정하고 있지 않지만 실무상으로는 다음과 같이 처리된다.

첫째, 인민법원은 다음과 같은 경우에 해당하면 당사자에 대하여 증거의 제출 또는 보충을 요구할 수 있다. 즉, ①피고가 구체적 행정행위를 실시한 경우에, 당연히 법원에 제출되어야 할 증거가 제출되지 않은 경우, ②당사자가 마땅히 제출하여야 할 증거자료의 원본 또는 원물이 있는 경우, ③당사자 중 일방 또는 쌍방이 행정 과정에서 제출하지 않은 특정한 사실에 관한 증거가 있는 경우, ④당사자가 새로운 소송청구를 한 경우, 기타 증거의 요구 또는 보충이 필요한 경우이다.

당사자는 인민법원에 대하여 적극적이고 신속히 증거를 제출할 권리와 의무를 진다. 인민법원이 법에 의하여 당사자에 대하여 증거의 제출 또는 보충을 요구할 권리를 행사하는 반면, 당사자 역시 적극적이고 신속하게 증거를 제출할 권리와 의무가 있다. 인민법원은 증거를 접수할 의무가 있고, 증거의 제출을 요구할 권리가 있다. 당사자가 법정의 의무이행을 거부하면 상응하는 법적 책임을 부담하여야 한다.

둘째, 다음과 같은 경우에 피고는 인민법원의 허가를 거쳐 관련되는 증거를 보충할 수 있다. 즉, ①피고가 구체적 행정행위를 실시한 경우, 불가항력 등 정당한 사유로 제출하지 못한 경우, ②원고 또는 제3자가 소송 과정에서 피고가 행정행위 과정에서 제시하지 않은 반박이유 또는 증거를 제

---

18) 행정소송법 제34조 제1항 및 제2항.

기한 경우이다. 최고인민법원의 해석에 의하면, 피고가 1심의 사실심 종결 이전에 행정행위와 관련된 주요 증거 또는 근거로 한 규범성문건을 제출하지 아니하거나 제출할 수 없는 경우에, 인민법원은 행정소송법 제32조의 규정과 제54조 제2항의 규정에 따라, 행정행위에 대한 취소판결 또는 행정행위의 위법을 인정하는 판결을 내릴 수 있다. 또한, 피고가 2심 과정에서 1심에서 제출하여야 할 증거를 제출하지 않은 경우에, 2심 법원은 이를 1심 재판을 취소하는 근거로 할 수 없다. 행정심판기관이 행정심판과정에서 수집하고 보충한 증거는 원래의 행정행위를 유지하는 사실적 근거로 삼을 수 없다. 다만 심판기관이 원래의 행정행위를 변경하는 경우에는 심판결정의 근거로 할 수 있다. 행정소송에서 피고가 원고의 소송 제기가 소송기간을 초과하였다고 인정하는 경우에는 피고가 입증책임을 부담한다. 원고가 제출할 수 있거나 제출하여야 하는 증거 제출의무를 불이행 하고, 피고가 이미 그 행정행위에 대한 적법성에 대한 입증책임을 다한 경우에, 원고는 패소의 위험을 부담한다.

셋째, 행정소송에서 전문 기술적인 문제는 법정 또는 지정된 감정기관이 감정한다. 행정소송법 제35조에 의하면, 행정소송에서 인민법원은 전문 기술적인 문제에 대하여 감정이 필요하다고 인정하는 경우, 법정 감정기관이 감정하도록 하여야 한다고 규정한다. 법정 감정기관이 없는 경우에는 인민법원이 감정기관을 지정하여 감정하도록 한다. 법정 감정기관은 전문 기술적인 문제에 대하여 감정을 하여 인민법원에 감정결론을 제출하여야 하고, 이는 감정기관의 중요한 법정의무에 속한다. 인민법원은 지정 또는 위탁한 감정기관이 제출한 감정서에 대하여 필요한 내용19)이 포함되어 있는지를 심사하여야 한다. 필요한 내용이 미비하거나 감정결론이 불명한 경우, 인민법원은 감정기관에 대하여 설명, 보충 또는 재 감정을 요구할 수 있다.

---

19) 감정의 내용, 감정 당시 제시한 관련 자료, 감정의 근거와 이용한 과학적 기술 수단, 감정의 과정, 명확한 감정 결론, 감정기관과 감정인의 자격, 감정인 및 감정기관의 서명 날인 등을 내용으로 한다.

2. 증거의 종류별 제출규칙

증거 종류별 제출에 관한 규칙은 최고인민법원의 규정에서 명확히 규정하고 있다.[20] 서증, 물증, 시청각자료, 증인의 증언, 감정결론, 현장기록, 국외증거의 제출 등에 대한 제출 규칙은 각각 다음과 같다.

첫째, 서증[21]의 제공에 관한 규정은 다음과 같다. 최고인민법원의 규정 제10조에 의하면, 서증을 제공하는 경우는 원본을 제공하고, 원본의 제공이 곤란한 경우에는 원본과 대조하여 차이가 없는 복사, 사진 및 초록을 제출하여야 한다. 관련 기관이 서증의 원본을 보관하고 있는 경우의 복제, 영인 또는 초록을 제출하는 경우에는 반드시 출처를 표시하여야 하고, 당해 기관의 대조 확인 날인을 받아야 한다. 도표, 회계장부, 전문기술자료, 과학기술문헌 등의 서증을 제출하는 경우에는 해설 자료를 첨부하여야 한다. 피고가 제출하는 구체적 행정행위의 근거가 되는 자문, 진술, 담화 등 기록의 경우에는 반드시 행정 담당자, 자문 대상자, 진술인, 담화자 등이 서명 날인하여야 한다. 법률, 법규, 사법해석 및 규장이 서증의 작성에 대하여 달리 규정하는 경우 이에 따라야 한다.

둘째, 물증[22]의 제공에 대한 규정 내용은 다음과 같다. 최고인민법원의 규정 제11조는, 당사자가 물증을 제출하는 경우에는 원물을 제공하도록 규정한다. 원물의 제공이 심히 곤란한 경우에는 원물과 대조하여 차이가 없는 복제물을 제출하거나 당해 물증을 증명하는 사진, 녹음 녹취 등 기타 증거를 제출하여야 한다. 원물의 수량이 많은 경우에는 그 중 일부를 제출할 수 있다.

---

20) 「최고인민법원 행정소송증거에 관한 몇 가지 문제의 규정」 제10조에서 제15조까지.
21) 문서로 된 증거를 말하며 그 내용, 문자, 부호, 도면 등으로 일정한 의사를 표시하여 사건의 사실관계를 증명하는 자료를 말한다.
22) 물증은 증거가 되는 물품을 말하며, 존재하는 외형, 규격, 품질, 특징 등 형식으로 사건의 사실관계를 증명하는 물품이다. 물증의 기본적인 특징은 그 자연 상태로 사건의 사실관계를 증명하고 주관적인 내용을 필요로 하지는 않는다.

셋째, 시청각자료 제출에 관한 규정의 내용은 다음과 같다. 최고인민법원 규정 제12조에는 당사자가 인민법원에 제출하는 컴퓨터기록 또는 녹음녹취 등 시청각자료의 경우에는 관련 자료의 원본자료를 제출하여야 한다. 원본자료를 제출하기 심히 곤란한 경우에는 부본을 제출할 수 있다. 이 경우에는 제작방법, 제작시간, 제작자와 증명대상 등을 표시하여야 한다. 음성자료의 경우에는 음성 내용을 기록한 문서를 첨부하여야 한다.

넷째, 증인의 증언23)을 제출하는 경우의 규칙은 다음과 같다. 최고인민법원 규정 제13조에 의하면 증인의 증언을 제출하는 경우에는 증인의 성명, 연령, 성별, 직업, 주소 등 기본사항을 적시하여야 한다. 증인의 서명이 있어야 하고, 서명할 수 없는 경우에는 날인 등의 방식으로 증명하여야 한다. 증언 날짜를 명시하고, 신분증 복사본 등 증인의 신분을 증명할 수 있는 문건을 첨부하여야 한다.

다섯째, 감정결론의 제출에 관한 규정의 내용은 다음과 같다. 최고인민법원 규정 제14조에 의하면, 인민법원에 제출하는 감정결론은 위탁자와 위탁한 감정사항, 감정기관에 건네준 관련 자료, 감정의 근거와 사용한 과학기술 수단, 감정기관과 감정인의 감정자격 등의 설명을 명기하고, 감정인의 서명과 감정기관의 날인이 있어야 한다. 감정결론에 대하여는 그 분석과정을 설명하여야 한다. 당사자가 감정결론에 이의를 제기하고 재 감정을 신청하는 경우로서, 다음의 경우에 해당하면 법원은 이를 허락한다. 감정기관 또는 감정인의 자격이 미달되는 경우, 감정절차가 위법한 경우, 감정결론의 근거가 매우 부족한 경우, 질증을 거쳐 증거로 사용하기 곤란한 경우이다. 하자가 있는 감정결론에 대하여는 보충감정, 재 대질, 또는 보충대질 등의 방법을 통하여 해결한다.

여섯째, 현장기록의 제출에 관한 규칙은 다음과 같다. 최고인민법원 규정 제15조에 의하면, 피고가 인민법원에 제출하는 현장기록은 시간, 위치

---

23) 증인의 증언은 사건의 상황을 이해하는 사람이 구술 또는 서면의 방식으로 인민법원에 사건과 관련된 사실에 대하여 진술하는 것을 말한다.

및 사건의 내용을 기재하여야 하고, 집행자와 당사자의 서명이 있어야 한다. 당사자가 서명을 거부하거나 서명할 수 없는 경우에는 그 사유를 기재하여야 한다. 현장에 다른 사람이 있는 경우 다른 사람의 서명을 받을 수 있다. 법률, 법규 및 규장이 현장기록의 제작에 대하여 별도로 규정하고 있는 경우에는 그 규정에 따른다.

일곱째, 국외증거의 제출에 관한 규칙은 다음과 같다. 당사자가 인민법원에 제출하는 중국 영외에서 획득한 증거는 그 출처를 밝혀야 하고, 소재 국가 공증기관의 증명을 거쳐, 당해 국가에 주재하는 중국 영사관의 인증을 받거나, 중국과 증거가 소재한 국가 사이에 체결한 관련 조약이 규정한 증명절차를 거쳐야 한다. 홍콩특별행정구, 마카오특별행정구 및 대만에서 형성된 증거는 관련 규정에 따른 증명절차를 거쳐야 한다. 당사자가 제공하는 증거가 외국어로 작성되거나 외국어로 녹음된 경우 중문으로 된 번역본을 첨부하고 번역자의 서명 또는 번역기관의 날인이 있어야 한다.

3. 증거조사에 관한 규칙

1) 법원의 증거 조사에 관한 규칙

증거 조사권은 행정소송법이 인민법원에 부여한 권한이며, 이는 행정소송의 직권주의 특징을 표현한 것인 동시에 소송에서 당사자가 입증이 곤란한 상황을 해결하는 수단이 된다. 행정소송법 제34조에 의하여 인민법원은 증거 조사권을 가지며, 인민법원은 행정기관 및 기타 조직 또는 공민에 대하여 증거를 채집할 수 있다. 그러나 행정소송법에서는 구체적인 권한 행사의 내용을 규정하고 있지 않다.

최고인민법원의 해석 제29조의 규정에 의하면, 다음과 같은 경우에 인민법원이 증거를 조사 채집할 수 있다. 즉, ①원고 또는 제3자 및 그 소송대리인이 증거의 단서를 제공한 경우로 스스로 수집할 수 없어 인민법원에 증거 채집을 신청한 경우, ②당사자가 제출하여야 하는 증거로서 원본 또는 원물

을 제출하기 불가능한 경우가 해당한다. 그러나 최고인민법원의 해석은 법
원의 증거 조사권에 대하여 일정한 제한을 가하고 있다. 행정소송법 제34
조 제2항과 최고인민법원 규정 제22조에 의하면, 인민법원은 ①국가이익,
공공이익 또는 타인의 합법권익에 대한 사실인정에 관련된 경우, ②직권에
따라 당사자, 소송중지, 소송종결, 회피 등 절차적 사항을 추가하는 경우에
한하여 관련 행정기관, 기타 조직 또는 공민에 대하여 증거를 조사할 수
있다.[24]

또한 최고인민법원 규정은 인민법원이 타지에서의 증거채집을 하는 경
우에 대한 규정을 두고 있다. 인민법원이 타지에서 증거의 채집이 필요하
다고 인정하는 경우에는 서면으로 증거소재지 법원에 증거의 채집을 위탁
할 수 있다. 수탁법원이 위탁받은 증거채집을 완성하지 못하는 경우에는
위탁한 인민법원에 고지하고 그 원인을 설명하여야 한다.

2) 당사자의 증거채집에 관한 규칙

당사자의 증거채집에 관한 규칙은 피고의 증거채집에 관한 규칙, 원고
또는 제3자의 증거채집에 관한 규칙, 당사자의 증거조사 신청 및 그에 대한
심사에 관한 문제로 구분하여 파악할 수 있다.

첫째, 피고의 증거채집에 관한 규칙은 다음과 같다. 행정소송에서 피고
및 그 대리인은 스스로 원고와 증인에 대하여 증거를 수집할 수 없다. 피고
는 이를 엄격히 준수할 의무가 있고, 다만 법원이 허락하는 경우 또는 증거
채집을 요청하는 경우는 예외로 한다. 이러한 규정의 입법목적은, 우선 피
고인 행정주체가 그 행정권한을 행사하는 과정에서 "우선적으로 근거를 확
보한 연후에 재결을 하도록" 하는, 즉 법에 의한 행정의 엄격한 요청에 따
른 것이다. 또 행정소송상 증거의 진실성과 적법성을 확보하기 위한 것이

---

24) 일반적으로 국가나 공공 또는 타인의 이익에 관계되지 않는 경우 법원은 직권에 따른
증거조사를 하지 않는다. 예컨대 쌍방 당사자가 악의로 담합하여 국가이익, 공공이익
또는 타인의 이익을 해치는 경우에는 그 손해를 방지하기 위하여 직권에 따른 증거조
사를 한다.

고, 행정소송 과정에서 증거의 보충을 허락하게 된다면 증거의 진실성과
적법성을 담보하기 어렵기 때문이다.

행정기관이 법정절차에 위반하여 수집한 증거는 피고가 구체적 행정행
위를 하고 난 후에 수집한 증거, 피고 및 그 소송대리인이 소송과정에서
스스로 원고 및 증인에 대하여 수집한 증거를 포함하며, 이 모두 해당 구체
적 행정행위의 적법성을 인정하는 사실적 근거로 삼을 수 없다. 최고인민
법원의 해석 제30조의 규정에 의하면, 피고 및 그 소송대리인이 행정행위
를 실시한 후에 스스로 수집한 증거, 피고가 법정절차를 심각히 위반하여
수집한 증거에 대하여 행정행위의 적법성을 인정하는 근거로 할 수 없다고
규정한다.

둘째, 원고 또는 제3자의 증거채집에 관한 문제이다. 행정소송법이나 최
고인민법원의 해석에서는 이에 관한 규정을 찾을 수 없다. 이론상으로는
소송활동에서 원고나 제3자의 증거채집에 대한 제한은 없지만 그 증거채집
활동은 시효의 제한을 받는다. 최고인민법원의 규정 제23조에 의하면, 원
고 또는 제3자가 스스로 증거를 수집할 수 없는 상황에서 확실한 단서를
제공할 수 있는 경우에는 인민법원에 다음과 같은 증거자료에 대한 조사를
신청할 수 있다. 즉, ①국가기관이 보유하고 있고 인민법원이 증거를 조사
해야 하는 증거자료, ②국가기밀, 상업비밀, 개인 사생활에 관계되는 증거
자료, ③객관적으로 곤란한 사유로 직접 증거를 수입하기 곤란한 기타 증거
자료가 해당된다. 인민법원은 구체적 행정행위의 적법성을 증명하기 위하
여 피고가 구체적 행정행위를 할 당시 수집하지 못한 증거를 조사 채집할
수 없다.

셋째, 당사자의 증거조사 신청 및 그에 대한 심사에 관한 문제이다. 당사
자는 인민법원에 증거조사를 신청하는 경우 입증기간 내에 증거조사신청서
를 제출하여야 한다. 증거조사신청서는 ①증거를 소지한 자의 성명 또는
명칭, 주소 등 기본상황을 기재하고, ②조사할 증거의 내용, ③증거의 조사
를 신청한 이유 및 증명하려는 사실을 기재하여야 한다. 당사자의 신청에
대하여 인민법원은 증거조사의 조건에 부합하는지를 심사하여 신속히 조사

여부를 결정하여야 한다. 인민법원이 당사자의 신청에 근거하여 조사를 거쳐 상응하는 증거를 취득하지 못하는 경우에는 신청인에게 고지하고 그 이유를 설명하여야 한다.

4. 증인의 출석 증명에 관한 규칙

행정소송법 및 최고인민법원의 해석에는 증인이 법정에 출석하여 증명하는 데 관한 규정이 없고, 최고인민법원의 규정 제41조에서 제46조까지가 구체적인 규정을 하고 있다.

사건의 사실관계를 알고 있는 자는 모두 법정에 출석하여 증명할 의무를 진다. 다음과 같은 경우에 해당하면 당사자는 인민법원의 허가를 받아 서면으로 증언할 수 있다. 즉 당사자가 행정절차 또는 법정에서의 증거 교환 중에 증인의 증언에 대하여 이의가 없는 경우, 증인이 연로하거나 몸이 불편하여 법정에 출석할 수 없는 경우, 증인이 격지에 있어 교통이 불편하고 출석할 수 없는 경우, 증인이 자연재해 등 불가항력으로 출석할 수 없는 경우, 증인이 특별한 사정으로 출석할 수 없는 경우 등이다. 또한 자신의 의사를 정확하게 표현할 수 없는 자는 증명할 수 없다. 당사자의 신청에 근거하여 인민법원은 의사의 표시능력 여부를 심사할 수 있고 관련 기관에 감정을 하도록 할 수 있다.

당사자가 증인이 출석하여 증명할 것을 신청하는 경우에는 반드시 입증 기간 내에 신청하여야 하고 인민법원의 허가를 받아야 한다. 인민법원이 증인의 출석을 허가한 경우에는 개정 심리하기 전에 증인에게 출석하여 증명할 것을 통지하여야 한다. 당사자가 개정 심리과정에서 증인의 출석과 증명을 요구하는 경우에, 재판부는 사건의 구체적인 사정에 따라 그 허락 여부 또는 심리의 연기 여부를 결정한다.

다음과 같은 경우에는 원고 또는 제3자가 관련 행정의 담당자로 하여금 증인으로 출석하여 증명하도록 요구할 수 있다. 즉, 현장기록의 적법성이나 진실성에 이의가 있는 경우, 압류재산의 종류나 수량에 이의가 있는 경우, 검사물품의 선별 또는 보관상 이의가 있는 경우, 행정담당자 신분의 적법성에 이의가 있는 경우, 기타 출석하여 증명이 필요한 경우이다.

증인이 출석하여 증명을 하는 경우에는 반드시 신분증을 제시하여야 한다. 재판부는 증인이 성실하게 증명할 법적 의무와 허위로 증명할 경우의 법적 책임을 고지하여야 한다. 출석하여 증명을 하는 증인은 사건의 심리를 방청할 수 없다. 증인에 대하여 증인심문을 할 경우 다른 증인은 현장에 둘 수 없고, 다만 대질신문을 하는 경우는 예외로 한다. 증인은 그가 경험한 구체적 사실에 대하여 진술하여야 한다. 증인이 그 경험에 근거하여 행한 판단, 추측 또는 평가는 사건을 확정하는 근거가 될 수 없다.

5. 증거의 대질에 관한 규칙

행정소송에서 증거의 대질은 법정에서 당사자의 참여 아래, 법정에 제시된 증거에 대하여 상호 대질하여 식별, 질의 및 대조하는 증명활동을 말한다. 행정소송법 제31조 제2항에 의하면, 증거는 재판부의 심사를 거쳐 사실에 속하는 경우 사건을 확정하는 근거로 할 수 있다. 최고인민법원의 해석 및 최고인민법원의 규정 역시 같은 내용의 규정을 하고 있다. 행정소송상 증거의 대질에 관한 규칙은 다음과 같다.

증거는 법정에서 제시되어야 하고 증거의 대질에 대한 법정의 심사를 거쳐야 한다. 적법한 소환에서 피고가 정당한 이유 없이 출정하지 않아 궐석재판이 필요한 경우에는, 피고가 제공한 증거는 사건을 확정하는 근거로 삼을 수 없다. 다만 당사자간 다툼이 없는 증거는 예외로 한다. 국가기밀·상업비밀 및 개인의 사생활 또는 법률의 규정에 따라 비밀을 준수하여야 할 증거의 경우는 개정 심리 시에 공개하여 대질할 수 없다.

당사자는 증거의 관련성, 적법성 및 객관 진실성을 중심으로 증거에 대하여 대질한다. 법정의 허락을 받아 당사자 및 그 대리인은 증거에 관하여 상호 질문할 수 있고, 또한 증인, 감정인 또는 검사 실험자에 대하여 질문할 수 있다. 서증, 물증 및 시청각자료에 대하여 대질을 하는 경우 당사자는 증거의 원본 또는 원물을 제출하여야 한다. 원물의 제출이 극히 곤란하고 법정의 허락을 받은 경우에는 복제품을 제출할 수 있다. 원본 또는 원물이 존재하지 않는 경우에는 복제품과 원본 및 원물과 일치하는 기타 증거를 제출할 수 있다.

행정행위와 관련된 전문 기술적인 문제인 경우에, 당사자는 법원에 전문가의 출정 및 설명을 신청할 수 있다. 법원 역시 필요시 전문가를 출정토록 하여 대질할 수 있다.

6. 증거의 심사 및 인정에 관한 규칙

행정소송에서 증거의 인정이라 함은, 입증 또는 대질을 전제로 하여, 증거의 증명력 및 사건을 확정하는 근거로 삼을 것인지 하는 문제에 대하여 판단하는 소송활동이다. 증거의 인정 활동은 증거의 심사와 증거의 증명력에 대한 인정을 중심으로 이루어진다.

1) 증거의 심사규칙

인민법원은 증거자료에 대하여 출처나 종류를 불문하고 전면적이고 객관적으로 심사를 하여야 하며, 심사를 거치지 않은 증거는 사건을 확정하는 근거로 삼을 수 없다. 인민법원이 행정사건을 재판하는 경우에는 증거가 증명하는 사실관계를 근거로 하여야 한다.

인민법원의 증거에 대한 심사는 다음과 같은 내용을 포함한다. 첫째, 증거의 출처를 심사한다. 주로 증거의 진실성과 출처를 믿을 수 있는가를 심사한다. 둘째, 증거의 형식을 심사한다. 증거가 법정형식을 구비하고 있는지를 심사한다. 셋째, 증거를 취득한 방법을 심사한다. 증거가 적법한 방법으로 취득된 것인지를 심사하고, 불법적인 방법에 의하여 취득된 경우에는 이를 사건을 확정하는 근거로 삼을 수 없다. 넷째, 관련 증거 간의 관계를 심사한다. 증거가 서로 모순이 있는지를 심사하고, 증거의 연관성을 인정할 수 있는 경우에 증거로 인정한다. 다섯째, 증거의 내용을 심사한다. 증거의 진실성, 적법성 및 관련성을 심사하여 증거의 증명력을 확정한다.

증거의 관련성 심사에서는, 전면적이고 객관적이며 공정한 분석을 하여 판단하고 증거자료와 사건의 사실관계 사이의 증명관계를 확정하며, 관련성이 없는 증거자료를 배제한다. 증거의 적법성의 심사는, 증거가 법정형식을 갖추고 있는지, 증거의 취득이 적법한지, 증거의 효력에 영향을 줄 수 있는 기타 위법사항이 존재하는지를 심사한다. 증거의 진실성에 대한 심사는, 증거형성의 원인, 증거를 발견한 당시의 객관적 환경, 증거의 원본 또는 원물과의 일치성 여부, 증거의 제공자와 당사자와의 이해관계 존재 여부, 증거의 진실성에 영향을 줄 수 있는 기타 상황 등을 심사한다.

증거에 대한 심사와 관련된 규칙은 인민법원에 대한 실효성 있는 감독제도로서의 기능도 발휘할 수 있고, 인민법원이 전면적이고 객관적으로 증거를 심사하도록 요청하고 있다. 인민법원은 채집한 증거를 법정에서 제시하여 당사자가 상호 증거에 대한 대질을 하도록 하여 증거의 진실성과 적법성을 판단하고, 법정에서 제시하지 아니하거나 당사자의 대질을 거치지 아니한 증거는 사건을 확정하는 증거로 채택할 수 없다. 다만 국가기밀·상업비밀 또는 개인 사생활에 관련되는 증거는 비밀을 유지하여야 하고, 법정에서 공개가 필요한 경우에는 비공개로 심리하여야 한다.

2) 증거의 인정규칙

금지규정을 위반하거나 타인의 합법적인 권익을 침해하는 방법으로 취득한 증거는 사실관계를 인정하는 근거로 삼을 수 없다. 즉 법정절차를 위반하여 수집한 증거, 도촬, 도청 등의 수단으로 타인의 법적 권리를 침해하여 획득한 증거자료나 회유, 사기, 협박, 폭력적 수단으로 획득한 증거자료, 당사자가 정당한 이유 없이 입증기간을 도과하여 제출한 증거자료, 당사자가 정당한 이유 없이 원본이나 원물의 제출을 거부하는 경우의 사본 또는

222 | 중국 행정법 쟁점 연구

복제품, 의사표시를 정확히 할 수 없는 자가 하는 증언, 적법성과 진실성을 구비하지 못한 기타 증거자료는 증거로 인정할 수 없다.

또한 다음과 같은 경우에 속하는 증거는 구체적 행정행위의 적법성을 인정하는 근거로 삼을 수 없다.[25] 즉 피고 또는 그 대리인이 구체적 행정행위를 한 후 또는 소송과정에서 스스로 수집한 증거, 피고가 행정과정에서 불법적으로 진술, 변명 또는 청문의 권리를 박탈하고 채택한 증거, 원고 또는 제3자가 소송과정에서 제공한 것으로 피고가 행정과정에서 구체적 행정행위의 근거로 하지 않은 증거가 해당된다.

피고가 행정과정에서 채택한 감정결론에 대하여, 원고 또는 제3자가 다음과 같은 내용을 증명하는 경우에도 인민법원은 이를 증거로 채택하지 아니한다. 즉 감정인이 감정자격을 구비하지 못한 경우, 감정절차가 위법한 경우, 감정결론의 착오 불명 또는 내용이 불완전한 것을 증명하는 경우에 법원은 이를 증거로 채택하지 아니한다.

증거의 증명력 인정과 관련해서는 다음과 같은 규칙이 적용된다. 국가기관 및 관련 직능 부문이 직권에 따라 제작한 공문서는 기타 증서에 우선한다. 감정결론, 현장조서, 검사기록, 인사기록서류 및 공증 또는 등기를 거친 서증은 다른 서증, 시청각자료 또는 증인의 증언에 우선한다. 원본 및 원물은 복사본 및 복제품에 우선한다. 법정 감정기관의 감정결론은 기타 감정기관의 감정결론에 우선한다. 법정이 검사를 주재하여 제작한 검사기록은 기타 기관이 주재하여 제작한 검사기록에 우선한다. 원시증거는 전문증거에 우선한다. 기타 증인의 증언은 당사자와 친족관계 또는 친밀관계에 있는 증인이 제공하는 당사자에게 유리한 증언에 우선한다. 법정에 출정하여 하는 증인의 증언이 출정하지 않은 증인의 증언에 우선한다. 여러 종류의 증거로 내용이 일치하는 증거는 독립된 하나의 증거에 우선한다.[26]

다음과 같은 경우에는 직접 증거로 인정할 수 있다. 즉 모두가 다 주지하

---

25) 「최고인민법원 행정소송증거에 관한 몇 가지 문제의 규정」 제60조 (3)호.
26) 「최고인민법원 행정소송증거에 관한 몇 가지 문제의 규정」 제63조.

는 사실, 자연법칙 및 규율, 법률의 규정에 따라 추정된 사실, 이미 법에 따라 증명된 사실, 일상생활의 경험법칙에 따라 추정된 사실이 해당한다. 다만 당사자가 상반되는 증거로 번복할 수 있는 경우는 제외한다.[27]

증거가 다음과 같은 경우에는 사실관계를 확정하는 독립적인 증거로 삼을 수 없다. 즉 미성년자가 한 증언으로 그 연령 및 지적 정도와 부합하지 않는 증언, 당사자와 친족관계 또는 기타 친밀한 관계에 있는 자가 하는 당사자에게 유리한 증언 또는 일방 당사자와 불리한 관계에 있는 증인이 하는 당해 당사자에게 불리한 증언, 마땅히 출정하여 증언하여야 함에도 정당한 이유 없이 출정하지 아니하고 행하는 증인의 증언, 조작 여부를 식별하기 어려운 시청각자료, 원물 또는 원본과 대조할 수 없는 복제품 또는 복사본, 기타 독립적인 증거로 인정할 수 없는 경우이다.[28]

V. 증거규칙에 대한 평가

행정법의 법원으로 인정되고 있는 최고인민법원의 「행정소송증거에 관한 몇 가지 문제의 규정」은 2002년 10월 1일부터 시행된 것으로 모두 80개 조문으로 구성되어 있다. 주요 내용은 6개 부분으로 나뉘어져 있으며 입증책임의 분배와 입증기한, 증거의 제공에 관한 내용, 증거의 채집과 보전에 관한 내용, 증거의 대질 및 확인, 증거의 심사 및 인정, 부칙을 내용으로 하고 있다. 본문에서 상술한 최고인민법원의 해석 및 규정에 대한 내용을 중심으로 항목별로 간략하게 평가 또는 문제점을 제시하고자 한다.

---

27) 「최고인민법원 행정소송증거에 관한 몇 가지 문제의 규정」 제68조.
28) 「최고인민법원 행정소송증거에 관한 몇 가지 문제의 규정」 제71조.

1. 증거의 제출에 대한 평가

최고인민법원의 규정은 제10조에서 제15조에 이르기까지 증거의 종류에 따라 각기 다른 제출규칙을 정하고 있다. 다만 규정의 내용을 제한적 규정으로 볼 것인가 예시적 규정으로 볼 것인가에 대하여는, 이를 예시적 규정으로 이해하는 것이 타당하다고 본다. 법원은 제출한 증거의 형식이 규정의 요구에 부합하지 않으면 보정을 요구하여야 한다. 규정 제16조에서 제18조는, 특별한 증거에 대하여 특별한 요구를 하고 있음을 알 수 있다. 즉 국외증거, 외국어로 된 증거 및 기밀에 관련된 증거에 대하여는 특별한 요구를 하고 있다는 점에 주의할 필요가 있다.

2. 법원의 증거조사에 관한 문제

최고인민법원 규정 제22조에 의하면, 인민법원은 국가이익, 공공이익 또는 타인의 합법권익에 대한 사실인정에 관련된 경우, 직권에 따라 당사자, 소송중지, 소송종결, 회피 등 절차적 사항을 추가하는 경우에 한하여 관련 행정기관, 기타 조직 또는 공민에 대하여 증거를 조사할 수 있다. 그러나 이러한 필요성에 따라 조사된 증거가 사법실무에서 행정행위의 적법성을 증명하는 증거로 제공되어서는 곤란하다고 본다.

또한 최고인민법원의 규정 제23조에 의하면, 원고 또는 제3자가 스스로 증거를 수집할 수 없는 상황에서 확실한 단서를 제공할 수 있는 경우에는 인민법원에 대하여 증거에 대한 조사를 신청할 수 있다. 이 규정에 의하면 원고 또는 제3자에 대하여 증거조사 신청권을 부여하고 있는데 반하여 행정기관에 대한 증거조사 신청권은 부여하고 있지 않다. 특별히 행정기관의 증거조사 신청권을 배제할 필요는 없는 것으로 판단된다.

3. 증인의 출석 증명에 관한 문제

최고인민법원 규정 제41조에 의하면, 당사자가 행정절차 또는 법정에서의 증거 교환 중에 증인의 증언에 대하여 이의가 없는 경우, 증인이 연로하거나 몸이 불편하여 법정에 출석할 수 없는 경우, 증인이 격지에 있어 교통이 불편하고 출석할 수 없는 경우, 증인이 자연재해 등 불가항력으로 출석할 수 없는 경우, 증인이 특별한 사정으로 출석할 수 없는 경우에 해당하면 인민법원의 허가를 얻어 서면으로 증언할 수 있다.

소송제도의 발전과정을 통하여 보더라도 직접 증언의 원칙을 가능한 고수할 필요가 있다고 생각한다. 즉 증인의 증언은 원칙상 증인이 법정에 출석하여 직접 행하는 경우에 그 유효성을 인정할 수 있다. 따라서 가능한 출석하지 아니하고 증언을 하는 범위를 축소할 필요가 있다. 따라서 법원 역시 제도의 운용에 있어 엄격한 태도로 허가권을 행사할 필요가 있다고 본다.

4. 행정기관의 소송기간 중 채증의 문제

최고인민법원의 해석 제28조는, 원고 또는 제3자가 피고가 행정행위를 하는 과정에서 제시하지 않은 반박이유 또는 증거를 소송에서 제출한 경우, 피고 행정기관은 인민법원의 허가를 거쳐 관련 증거를 제출할 수 있다고 규정하고 있다.

절차적 가치라는 점을 고려하면, 이러한 규정으로 인하여 과도하게 소급하여 행정기관의 소송 기간 중 행정행위에 대한 적법성을 보충할 수 있는 기회를 줄 수 있다는 것이다. 이 경우 행정상대방의 권리보호에는 불리할 수 있다. 즉 행정행위를 할 당시에는 행정상대방에게 참여의 권리 또는 이유제출의 기회를 부여하지 않고, 소송과정에서 일단 원고가 반박이유와 증거를 제출하면 피고인 행정기관이 이로 인하여 행정행위 성립 이전에 가지

는 조사 및 증거확보 권리를 다시금 획득하는 상황에 이르게 되기 때문이다.[29]

5. 법정절차를 위반하여 수집한 증거의 문제

최고인민법원 해석 제30조 제2호의 규정에 의하면, 피고인 행정기관이 법정절차를 심히 위반하여 수집한 증거는 재판기관이 피소 대상인 행정행위의 적법성을 인정하는 근거로 삼을 수 없다. 또한 최고인민법원 규정 제57조 제1호의 규정에 의하면, 법정절차를 심히 위반하여 수집한 증거자료는 사건을 확정하는 근거로 삼을 수 없다.

이들 규정을 달리 해석하는 경우, 피고인 행정기관이 경미하게 법정절차를 위반하거나 또는 심하게 위반하지 않은 상황에서 수집한 증거는 재판기관이 당해 행정행위의 적법성을 인정하는 근거로 삼을 수 있다고도 할 수 있다. 법정절차를 위반한 채증은 그 정도가 경미, 일반 또는 심한 정도를 불문하고 채증행위 자체의 위법성을 인정할 수 있기 때문에 이들 규정은 의문이 있고, 법정절차 위반의 정도를 경미, 일반 또는 심각함 등으로 분류하는 것 자체도 문제가 있는 것이다.

6. 제3자가 제출한 증거에 대한 문제

최고인민법원의 규정 제60조에는 행정행위의 적법성을 인정하는 근거로 삼을 수 없다는 경우로 세 가지 경우를 규정하고 있다. 즉 ①피고 또는 그 대리인이 구체적 행정행위를 한 후 또는 소송과정에서 스스로 수집한 증거,

---

29) 柳硯涛·刘宏谓, "行政诉讼证据制度的几个问题探析,"『诉讼法学 司法制度』2003年 5期, p.58.

제8장 행정소송상 증거규칙 | 227

②피고가 행정과정에서 불법적으로 진술, 변명 또는 청문의 권리를 박탈하고 채택한 증거, ③원고 또는 제3자가 소송과정에서 제공한 것으로 피고가 행정과정에서 구체적 행정행위의 근거로 하지 않은 증거의 경우다.

　　행정소송에서 독립당사자로서 제3자가 입증하고자 하는 것은 행정행위에 따른 이해관계 즉 자신의 독립된 법률상 이익이며, 행정행위의 적법성을 입증하고자 하는 것은 아니다. 따라서 제3자의 증거제출이나 입증은 경우에 따라 원고 또는 피고인 행정기관의 입증책임을 경감시킬 수 있다. 제3자는 독립적인 주장을 할 권리가 있고, 이를 위하여 자신의 이익에 부합하는 증거를 제출하는 것이다. 이러한 점을 고려할 때, 상술한 ③항에서 제3자가 제공한 증거에 대하여 적법성을 인정하는 근거로 삼을 수 없다고 규정한 것은 문제가 있는 것이다.[30]

7. 증거의 증명력 인정에 관한 문제

　　증거의 증명력 인정과 관련해서는 최고인민법원 규정 제68조에 의한 규칙이 적용된다. 즉 기관 및 관련 직능 부문이 직권에 따라 제작한 공문서는 기타 증서에 우선하고, 감정결론, 현장조서, 검사기록, 인사기록서류 및 공증 또는 등기를 거친 서증은 다른 서증, 시청각자료 또는 증인의 증언에 우선한다. 원본 및 원물은 복사본 및 복제품에 우선한다. 또한 법정 감정기관의 감정결론은 기타 감정기관의 감정결론에 우선한다.

　　상술한 바와 같이 증거의 우월성을 인정하는 규칙에 따라 증거의 증명력을 인정하는 것도 타당하지만, 이러한 규칙을 적용하는 전제는 일반적으로 증거 사이에 충돌이 있는 경우를 전제로 하는 것이다. 증거 사이에 충돌이 없는 경우는 증거의 우월성을 대비할 필요가 없고 독자적으로 그 증명력을 인정하여야 할 것이다. 즉 증거의 증명력에 대한 우월 여부를 판단함에 있

30) 柳硯涛·刘宏谓, 전게논문, p.60.

어서 반드시 다른 증거도 고려하여 종합적으로 판단하여야 할 것이다.

VI. 결어

  중국은 22개 성, 4개의 직할시, 5개의 자치구가 설치되어 있고 홍콩 마카오 등 2개의 특별행정구도 있다. 여러 가지 국가적 여건으로 법 제도 역시 복잡한 형식을 취하고 있는 것이 중국의 상황이며, 행정법 영역 또한 예외가 아니다. 앞에서 살펴본 바와 같이 중국 역시 다른 여러 국가와 마찬가지로 행정소송은 증거재판주의를 채택하고 있고, 따라서 소송에서 승소하기 위해서는 무엇보다 중요한 것이 증거이다. 특히 법원은 원고가 제기한 소송에 대하여 판결을 내려야 하기 때문에, 사건과 관련되는 사실관계를 확정할 필요가 있고 이러한 사건의 사실관계를 확정하기 위한 필요성으로 증거제도가 운용되는 것이다.

  중국은 우리와 달리 행정소송에서 증거에 관한 사항을 민사소송법의 증거규칙을 준용하지 아니하고, 별도의 행정소송상 증거에 관한 제도를 운용하고 있다는 것을 확인하였다. 우리 행정소송에서 준용하는 민사증거규칙이 증거제도의 운용을 위해 대개 절차적 규정을 위주로 원칙적인 규정을 하고 있는 반면, 중국의 행정소송상 증거규칙에 관한 규정은 증거의 제출이나 인정 등에 관한 절차적인 규정뿐만 아니라 실체적인 내용을 포함하고 있는 것이 특징이다. 최고인민법원의 규칙이 증거의 인정 여부에 대하여 직접 규정하고 있는 것도 그 예가 될 수 있고, 증거의 증명력에 대하여 각 증거 유형별 증거규칙을 정하고 있는 것도 우리 민사소송규칙에서는 찾아볼 수 없는 내용이다. 이처럼 증거제도 운용에 대한 최고인민법원의 규칙은 절차적 내용과 함께 다량의 실체적 내용을 규정하고 있다.

  본문에서 서술한 바와 같이 중국의 증거규칙은 많은 문제점을 안고 있는 것도 사실이다. 본 장에서는 증거의 제출, 행정기관의 증거채집 문제, 제3자의 증거제출에 관한 문제, 증거의 증명력 인정에 관한 문제를 주요한 문제로 제시하였다. 또한 불확정 개념 규정으로 인한 규정의 모호함도 있고, 본문에서 구체적으로 제시하지는 않았지만 일반 법리나 증거일반론에 따라 해결할 수 있는 문제에 대하여도 불필요하게 규정하고 있는 내용도 존재하고 있다. 그러나 이처럼 여러 가지 문제점을 가진 행정소송에 관한 증거규칙이지만 중국의 여러 가지 국가적 여건을 고려할 때 통일적 규범을 유지하는 것은 의미가 크다 할 것이며, 앞으로 건전한 발전을 통하여 더욱 개선될 것이라 생각된다.

필자는 중국의 증거규칙을 고찰해 보면서, 우리 행정소송에서도 독자적인 증거제도를 운용할 필요가 있다는 점을 지적하고자 한다. 앞에서도 강조하였지만 민사소송이나 형사소송과 달리 행정소송은 독자적인 특징을 가지는 소송제도이며, 우리가 행정법원을 별도로 운용하는 한, 증거에 관해서는 민사소송상 증거규칙을 준용한다는 태도를 버리고, 독자적인 행정소송의 증거규칙을 마련해야 할 것으로 본다. 행정법의 이론적 발전이나 소송효율 및 국민의 권리구제를 위해서도 마땅한 것이라 생각하며, 이러한 의미에서 비록 정치적 체계는 달리하지만 중국의 현행 증거에 관한 제도는 참고할 가치가 있다.

■ 참고문헌

姜明安.『行政法與行政訴訟法』. 北京大學出版社, 2005.

江伟.『民事诉讼法』. 高等教育出版社, 2003.

柴发邦.『当代行政诉讼基本问题』. 中国公安大学出版社, 1989.

杨寅·吴偕林.『中国行政诉讼制度研究』. 人民法院出版社, 2003.

张步洪·王万华.『行政诉讼法律解释与判例述评』. 中国法制出版社, 2000.

回沪明 等.『行政诉讼举证责任』. 中国方正出版社, 2001.

江必新. "适用关于行政诉讼证据若干问题的规定应当注意的问题."『诉讼法学 司法制度』2004年 1期.

刘善春. "试论行政诉讼证据本质及其属性."『政法论坛』1993年 6期.

柳砚涛·刘宏谓. "行政诉讼证据制度的几个问题探析."『诉讼法学 司法制度』2003年 5期.

马怀德·解志勇. "行政诉讼第三人研究."『法律科学』2000(3).

张淑芳. "行政法的适用."『法学研究』2000(5).

蔡小雪. "行政诉讼证据关联性规则的理论及适用."『诉讼法学 司法制度』2003年 10期.

제9장 |
행정소송상 입증책임과 증명기준

I. 서언

1. 행정소송상 증거제도의 의의

행정소송에서 법관은 추상적인 법 규범을 구체적인 사건에 적용하여 당사자 사이의 권리나 의무에 대한 분쟁을 해결하며, 이러한 분쟁 해결 과정에서 법관은 법률을 대전제로 하고 사실관계를 소전제로 하여 구체적인 사실과 추상적인 법 규범을 관련지어 구체적인 사실관계가 법률규범에 부합하는가를 판단하여 재판을 한다. 또한 소송에서 일방 당사자가 주장하는 사실은 대개 상대방 당사자에 의하여 부정되고, 이 경우 법관은 판결을 위하여 쟁점이 되고 있는 사실관계에 대한 진위를 파악해야 한다. 재판제도가 증거재판을 취하고 있는 이상 법관은 소송과정에서 당사자의 입증과 증거조사에 근거하여 사실관계에 대한 진위를 확정하여 재판한다는 것을 고

려할 때 소송상 증거제도를 이해하는 것은 매우 중요한 일이다. 또한 증거
제도는 행정소송에서 핵심이 되는 사항이라 할 수 있으며, 좀 더 과장하면
소송제도가 당사자의 권익을 보호하는 것이 아니라 증거가 권익을 보호한
다는 것이라 할 것이다. 특히 증거제도의 이해에 있어 입증책임의 문제와
입증기준은 핵심 내용이 된다.

2. 증거제도에 대한 우리 법제의 입장

우리나라의 경우 행정소송법상 특히 취소소송에서는 원고와 피고 중 누
가 입증책임을 부담할 것인가에 대하여 규정을 두고 있지 않다. 학설상으
로는 원고 책임설, 피고 책임설, 법률요건에 의한 분배설, 행정행위의 내용
에 따른 분배설, 구체적 사안에 따른 입증책임 분배설 등이 있고,[1] 실무상
으로 대법원의 초기 판례는 행정행위의 공정력을 고려하여 원고 책임설을
취하다가 그 이후 행정행위의 공정력과 입증책임의 문제는 별도의 것으로
보아 법률요건분배설[2]을 취하였으며 이러한 태도는 현재에도 견지되고 있
는 듯하다.[3] 즉 증거에 관하여는 민사소송법의 규정이 준용되는 행정소송
에서[4] 입증책임은 원칙적으로 민사소송의 일반원칙에 따라 당사자 사이에
분배되고 항고소송의 특성에 따라 당해 처분의 적법을 주장하는 피고에게

---

1) 金東熙, 『行政法 I』(博英社 2008), 743-745.
2) 이 학설에 의하면, 권리의 발생 변경 및 소멸의 요건을 규율하는 실체법규는 그 요건에
   해당하는 사실의 존재가 증명된 경우에만 적용되고, 그 요건에 해당하는 사실이 불명
   (non liquet)한 경우에는 적용되지 않으며, 그에 대한 불이익은 그 법규의 적용을 바라
   는 당사자가 부담한다. 권리의 발생 변경 및 소멸의 요건은 적극적 요건 및 소극적
   요건으로 분류된다고 한다. 그러나 이 학설도 적극적 요건 및 소극적 요건(내지 권리
   근거규정과 권리장애규정)의 구분이 어렵다는 비판을 받고 있다. 吳錫洛, 『立證責任
   論』(博英社, 1996), p.50.
3) 金東熙, 전게서, p.746.
4) 행정소송법 제8조에 근거.

적법사유에 대한 입증책임이 있다고 하는 것이 우리 대법원의 견해[5]라고 할 수 있다.

3. 중국의 증거제도 개황과 연구목표

중국의 경우에는 행정소송법에서 명문으로 증거제도에 대한 규정을 하고 있고, 행정소송법과 최고인민법원의 규정 또는 사법해석을 통하여 증거제도가 운용되고 있다. 중국의 행정소송법상 증거제도에 관한 법적 근거로는, 행정소송법 제5장에서 6개 조문으로 행정소송상 증거에 관한 규정을 하고 있고, 최고인민법원에서 공포한 「행정소송법의 집행을 위한 몇 가지 문제에 관한 해석」(이하 최고인민법원의 해석이라 한다.) 및 「행정소송상 증거에 관한 몇 가지 문제의 규정」(이하 최고인민법원의 규정이라 한다.)이 행정소송에서 증거제도를 운용하는 중요한 규범작용으로서 역할을 하고 있다.

본 장에서는 중국 행정소송상 입증책임의 분배와 증명기준에 대한 내용을 살펴보고, 이에 대한 간단한 평가를 하는 것이다. 입증책임의 분배는 소송을 진행하는 과정에서 법관이 사실관계의 확정에 있어 확신이 서지 않을 경우 소송당사자 가운데 누가 증거를 제시해야 하고 누가 패소 책임을 질 것인가 하는 문제이며, 증명기준은 사실관계의 증명을 위하여 제시된 증거가 어느 정도 수준에 이를 정도로 증명력을 가져야 할 것인가 하는 문제이다.

중국의 행정소송법 및 최고인민법원이 정한 규정을 통하여 중국의 행정소송상 입증책임의 분배 원칙과 관련된 내용과 증명기준에 대한 내용을 검토하면서, 우리 행정소송법에서도 적극적으로 소송상 증거제도에 관한 사항을 규정할 필요는 없는지 하는 의문도 가지게 되었다. 우리의 공법 이론

---

5) 대법원 판례 84누124(항고소송에서 행정처분의 적법성에 관한 입증책임, 법인세 부과 처분의 위법사유에 대한 입증책임에 관한 판결).

연구 영역에서 특히 증거제도에 대한 이론연구가 소홀히 되고 있다는 점을 아쉽게 생각하며, 이러한 점에서 중국법의 증거법제에 대한 논의는 의미가 있다고 생각한다.

II. 행정소송상 입증책임

1. 입증책임의 개념과 유형

우선 입증책임의 개념과 관련하여 살펴본다. 중국의 경우는 행정소송법과 최고인민법원의 규정 또는 사법해석을 통하여 증거제도가 운용되고 있다. 그러나 중국의 행정소송법과 최고인민법원의 사법해석에서는 입증책임의 개념에 대하여 명확하게 규정하고 있지 않다. 학자의 주장에 따르면, 행정사건에서 사실관계를 확정하기 어려운 경우 일방 당사자가 증거를 제출하여 증명하고, 상응하는 사실관계를 증명하는 증거를 제시하지 못하는 경우 패소의 위험 또는 불리한 결과를 부담하는 제도로 이해할 수 있다.[6]

다음, 입증책임의 유형과 관련하여 현재 중국의 학계에서 주장되고 있는 설득력 있는 견해는 주장책임과 설득책임으로 구분하고 있다.[7] 이러한 주장은 미국연방행정절차법 제556절 (d)항의 규정을 따른 견해로 해석된다. 주장책임(burden of presentation)은 절차를 진행시킬 책임이며, 사실관계에 관한 주장을 하는 당사자가 당해 사실에 대한 증거를 제출할 책임이 있다.

---

6) 또한 입증책임의 성질에 대하여는 여러 가지 주장이 있다. 당사자의 권리라는 주장, 당사자의 의무라는 주장, 절충적인 입장, 권리도 의무도 아닌 권리의 보장 및 의무 불이행에 대한 제재라는 주장이 있다. 柴发邦, 当代行政诉讼基本问题, 中国公安大学出版社 1998, pp.119-120.

7) 高家伟, "论行政诉讼举证责任,"『行政法论丛』(法律出版社, 1998), pp.433-512.

설득책임(burden of persuasion)은 패소의 결과를 누가 부담하는가 하는 실
체적 책임의 결정에 있어, 특정한 사실관계를 증명하지 못하거나 특정한
사실의 진위가 불명한 경우 설득책임을 지는 당사자가 입증불능에 대한 패
소책임을 지는 것을 말한다.

　일반적으로 입증의 시작 단계에서는 어떠한 사실관계를 주장하는 당사
자가 증거[8]를 제출한다. 즉 어떠한 사실관계의 진위를 주장하는 자가 먼저
증거를 제출할 책임을 진다. 당사자가 제출한 증거가 외관상 증명력을 가
지면 증거의 성립을 가상할 수 있고, 이때에 증거를 제출할 책임은 상대방
에게 전환된다. 상대방 당사자가 제출한 반증이 외관상 증명력을 가지는
경우, 원래 증거를 제출한 자는 계속하여 증거를 제출할 의무가 있으며 이
로써 상대방 당사자의 증거에 반박한다. 증거의 제출이라는 입증책임은 양
당사자 사이에 수차례에 걸쳐 전환될 수 있으며, 양 당사자가 제출한 증거
의 증명력을 어떻게 평가할 것인가 하는 문제는 별개의 문제에 해당한다.[9]

2. 영미법상 입증책임의 분배

　영미법의 증거규칙에 의하면 형사소송에서 범죄와 관련한 사실관계에
대하여, 일반적으로 검찰관이 배심원을 설득할 책임을 진다. 즉 설득책임은
기소를 한 검사가 지고, 설득책임의 해제조건은 기소를 한 검사가 제시한
증거가 합리적 의심의 여지를 배제(beyond a reasonable doubt)[10]할 정도에

---

　8) 중국 민사소송법에는 증거의 개념에 대한 규정이 없고, 형사소송법에서는 사건의 진
　　실상황을 증명하는 일체의 사실이 증거라고 규정하고 있다. 증거에는 물증, 서증, 증
　　인의 증언, 피해자의 진술, 피의자 및 피고인의 진술과 변명, 감정결론, 검사조서,
　　시청각자료 등이 포함된다.
　9) 王名扬, 『美国行政法』(中国法制出版社, 1994), p.472.
　10) beyond a reasonable doubt: The standard in a criminal case that must be met
　　by the prosecution in order to convict the defendant. It means the evidence
　　is fully satisfied, all the facts are proven and guilt is established.

이르러야 한다. 영미법의 경우 민사소송이나 행정소송에서는11) 입증책임의 분배가 형사소송에 비하여 모호하다. 민사소송에서 특정한 쟁점에 대한 입증책임을 법규가 명문으로 규정하는 것을 피하고 있고, 원고나 피고가 입증책임을 부담해야 한다고 미리 규정을 두는 경우는 없다. 그래서 영미법계 국가의 법관은 어디에 근거를 두고 상응하는 책임을 분배하는 것인가 하는 의문이 생기게 된다. 여기에 대해서는 경험법칙과 공정성에 근거를 둔다는 주장도 있고, 증거 획득의 편리 정도에 둔다는 견해 등 여러 가지 관점이 있다.12)

또한 입증책임의 분배에 대한 근거가 되는 영미법상의 추정이라는 개념에도 주의할 필요가 있다. 추정이란 입증하고자 하는 사실관계를 직접 입증하는 것이 아니고 간접적인 사실을 입증함으로써 입증하고자 하는 사실을 입증하는 것으로 하는 것을 말한다.13) 추정의 출발점으로서의 사실을 기본사실이라 하고, 추정으로 존재하게 된 사실을 추정된 사실이라 하고, 기본사실이 존재하면 곧 추정된 사실 역시 존재하는 것으로 가정한다.14) 일반적인 상황에서는 어떠한 사실관계를 주장하는 자가 증거를 우선적으로 제출할 의무를 지며, 법률의 규정이 직접 추정할 경우에는 추정사실을 주장하는 자가 우선적으로 증거를 제출할 필요는 없고, 추정을 반대하는 자가 우선적으로 증거를 제출한다. 추정이익을 가지는 자는 반대자의 증거에 대하여 반박할 수 있고, 계속적으로 당사자 사이에 입증책임이 전환된다.15)

---

11) 영미법계의 행정소송사건은 민사소송절차에 의하여 해결된다는 점에 주의할 필요가 있다.

12) 沈岿, "行政诉讼举证责任个性化研究之初步,"『诉讼法学 司法制度』2001年 1期, p.22. 입증책임 분배의 이론적 근거는 입증책임의 이념에서 찾을 수 있고, 입증책임의 이념으로서는 보통 공평(fairness)과 정책적 고려(consideration of policy)를 드는 것이 일반적이라는 견해도 있다. 조명래·황인호, "행정소송상의 주장책임과 입증책임"(http://www.riss4u.net/link?id=A3005608).

13) 서철원, 『미국민사소송법』(법원사, 2005), p.309.

14) 예컨대, 횡단보도에서 교통사고가 나면 운전자의 과실이 있다고 보는 경우.

15) 王名扬, 전게서, p.472.

중국에서는 입증책임의 전환과 관련하여 대체로 다음과 같은 상황에서 입증책임이 전환된다는 견해가 있다.[16] 첫째, 처음 입증책임을 지는 당사자가 증거를 제시하고, 일반적인 상황에 비추어 보다 더 확실한 증거를 제시하는 것이 곤란한 경우에 입증책임이 전환된다. 둘째, 일방 당사자가 제시한 증거자료에 근거할 때, 상대방에게 과실이 있거나 인과관계가 있는 경우에 입증책임이 전환된다. 셋째, 상대방이 입증책임을 부담하는 것이 더욱 합당한 경우이다.

3. 입증책임 분배에 대한 중국 학계의 견해

중국에서 학설상 입증책임 분배에 대한 견해는 피고가 입증책임을 져야 한다는 견해, 원고가 입증책임을 져야 한다는 견해, 피고가 설득책임을 져야 한다는 견해, 구체적 사정에 따라 입증책임을 분배하여야 한다는 견해가 있다. 다음에서는 우선 원고책임설의 근거가 되는 주장자 입증책임 원칙의 내용을 검토해 보기로 한다.

입증책임에 대하여, 여전히 "주장자가 입증을 한다"는 원칙을 주장하는 학자들이 있다. 이 원칙은 근대 로마법 이후 확립된 민사증거법 원칙이지만, 중국 행정법학계에서 주장되는 논거는 다음과 같이 요약할 수 있다. 첫째, 입증책임에서 주장자가 입증책임을 진다는 것은 입증책임의 일반원칙에 해당한다. 입증책임제도가 형성된 이래 주류적인 관점은 주장자가 입증책임을 져야 한다는 점이고, 서방국가의 사법실무에서도 여전히 이러한 견해가 유지되고 있다. 둘째, 주장자가 입증책임을 진다는 원칙은 각 소송에서 그 취지를 종합적으로 고려하여 확정한 것이다. 어느 당사자가 증거 제공에 유리한 지위에 있는가 하는 점, 재판이 분쟁을 해소시키는 기능을

---

16) 江必新, "适用〈关于行政诉讼证据若干问题的规定〉应当注意的问题,"『诉讼法学 司法制度』2004年 1期, p.68.

한다는 점(분쟁을 야기한 사람이 입증하여 분쟁을 해소하는 데 기여하도록 함),
입증책임제도의 법제도에 대한 사회적 선도 기능 등을 고려하여야 한다는
것이다.

다만 행정소송에서 주장자가 입증을 한다는 원칙을 적용하는 경우에도
행정소송의 특수성을 감안해야 한다는 주장17)에 주의할 필요는 있다. 그
견해를 요약하면 다음과 같다. 첫째, 행정소송에서 주장자를 확정하는 경우
에도 행정소송이라는 과정에 국한하여서는 아니 되고 행정과정 및 행정소
송과정 등 행정법관계의 모든 과정을 고려해서 확정해야 한다. 이러한 주장
에 입각하면, 직권에 의한 행정행위인 경우에 그 주장자는 행정기관이 된
다. 당사자의 신청에 근거하여 행한 행정행위의 경우에는 행정상대방이 주
장자가 된다. 둘째, 적극적인 주장자가 입증책임을 지며, 입증책임의 부담
원칙상 소극적인 주장자 또는 부정적인 주장자는 입증책임을 지우기 어렵
다. 소극적인 사실의 증명은 그 난이도가 높기 때문이다. 셋째, 입증책임의
분배에 대한 문제로, 동일한 사안에서 입증책임을 어느 일방 당사자가 지도
록 고정시킬 수는 없는 것이다. 절차적인 문제에서 원고가 주장하면 원고가
증명해야 하고, 피고가 주장하면 피고가 입증책임을 져야 하는 것이다.

4. 중국 행정소송법상 피고 입증책임 원칙

상술한 주장자(원고) 입증책임 원칙에 비하여, 원칙적으로 피고에게 입증
책임을 부과시키는 피고 입증책임의 원칙은 다음과 같은 의의가 있다고 한
다. 첫째, 원칙적으로 피고가 입증책임을 부담하는 것은 곧 원고 측의 권리
보호에 기여한다. 행정의 상대방은 행정행위에 관한 구체적인 지식이나 정
보가 부족하기 때문에 원고가 입증책임을 지고 행정행위의 위법성을 증명
하도록 하게 되면 그 입증이 곤란할 뿐만 아니라 불합리하여 원고의 소송상

---

17) 江必新, 전게논문 p.69.

권리는 실질적인 보호를 받기 어렵기 때문이다. 둘째, 피고가 입증책임을 부담함으로써 입증에 있어 행정주체의 우세한 지위를 이용할 수 있다. 행정주체는 행정행위를 함에 있어 원고보다 우세한 지위에 있고, 경우에 따라서 행정행위를 함에 있어 상대방의 동의를 필요로 하지 않고 스스로 법률이나 행정법규 또는 상응하는 사실관계에 따라 처분을 하기도 한다. 이러한 상황에서 행정주체의 입증능력은 원고에 비하여 우세하고, 소송에서 입증능력이 우세한 자에 대하여 입증책임을 지도록 하는 것은 당사자 쌍방의 소송상 지위를 실질적으로 평등하게 실현하는 것이다. 셋째, 피고가 입증책임을 지도록 하는 것은 행정주체로 하여금 법률에 의한 행정을 하도록 촉구하는 기능을 한다. 법률에 의한 행정은 행정법의 기본원리로서, 국가권력의 행사는 반드시 적법하여야 함을 요구한다. 행정소송에서 행정주체는 그가 행한 구체적 행정행위의 적법한 증거를 제출할 의무가 있다고 할 수 있다.

중국 행정소송법의 규정에 의하면 입증책임은 원칙적으로 피고인 행정주체가 부담한다. 행정소송법 제32조에서, 피고는 구체적 행정행위에 대하여 입증책임을 부담하고, 당해 구체적 행정행위의 증거와 근거로 삼은 규범성문건을 제출하여야 한다고 규정하고 있다. 행정소송법이 정한 피고의 입증책임 원칙은 행정소송의 한 특징이 되고 있다. 이와 관련한 것으로, 행정소송상 증거의 진실성과 적법성을 보장하고 행정주체에 대하여 법률에 의한 행정을 촉구하기 위하여 행정소송법 제33조는 다음과 같이 규정한다. 즉, 행정소송에서 피고는 스스로 원고와 증인으로부터 증거를 수집할 수 없다. 최고인민법원의 규정 제3조에서 이를 더욱 명확히 규정하고 있는 바, 행정소송법 제33조의 규정에 근거하여 행정소송에서 피고 및 그 소송대리인은 스스로 원고와 증인으로부터 증거를 수집할 수 없다고 규정한다. 이러한 규정을 두는 이유는 행정행위가 법정절차에 부합되는 기본 원칙으로 "선 채증, 후 재결의 원칙"을 요구하기 때문이다. 즉 먼저 처분을 위한 증거나 근거를 확보하고 난 후 처분을 하여야 한다는 것을 강조하는 것이다.

5. 피고 입증책임의 범위

일부 학자는, 행정소송법 제32조에 근거하여, 피고가 지는 입증책임의 범위는 구체적 행정행위의 적법여부에 한정되고, 적법성 이외의 문제에 대해서는 주장자가 입증을 한다는 원칙이 적용된다고 한다. 행정소송에서 주장자가 입증을 한다는 원칙이 적용되는 경우는 국가배상의 문제나 행정행위의 타당성 또는 합리성에 관한 사건이라 한다. 또 다른 견해에 의하면, 행정소송에서 구체적 행정행위의 적법성에 관한 입증책임은 피고가 부담하며, 이 경우에는 입증책임의 전환 문제는 발생하지 않는다고 한다. 이유로는 피고가 행한 행정행위는 충분하고 믿을 수 있는 증거를 전제로 성립하는 것이고, 그렇지 않은 경우에는 위법한 행정행위가 되기 때문이다. 이러한 주장은 피고의 증거수집이나 보존 등 능력이 원고에 비하여 우세하다는 점을 고려한 견해라 할 수 있다.[18]

피고의 입증책임 범위와 관련하여 베이징대학의 쟝밍안(姜明安) 교수는 다음과 같이 이해한다.[19] 첫째, 행정소송에서 피고의 입증책임의 범위는 구체적 행정행위의 증거와 근거가 되는 규범성문건을 포함하며, 입증범위는 사실적 근거에 한하지 않고 행정주체가 구체적 행정행위를 행한 법적근거 및 행정규범을 포함한다. 행정소송법 제31조는 규범성문건을 법정증거의 종류에 포함시키고 있지 않지만, 행정소송법 제32조, 행정소송법사법해석 제26조 제2항, 최고인민법원의 규정 제1조에서는 모두 구체적 행정행위의 근거가 되는 규범성문건을 제출하도록 규정하고 있다. 행정소송에서 규범성문건을 입증에서 필수적인 것으로 강조하는 것은 행정소송이 민사소송이나 형사소송과는 다르다는 것을 의미한다. 행정소송은 구체적 행정행위의 적법성에 대하여 심사하는 소송이라는 점에서 구별되는 것이다. 둘째, 피고가 구체적 행정행위에 대한 입증책임을 진다는 것이 곧 행정소송에서

---

18) 张步洪·王万华 编著, 『行政诉讼法律解释与判例述评』(中国法制出版社, 2000), p.244.
19) 姜明安 编著, 『行政法与行政诉讼法』(北京大学出版社, 2005), p.522.

피고가 모든 사실에 대한 입증책임을 진다는 것을 의미하는 것은 아니고, 구체적 행정행위의 적법성을 확정하는 경우 피고가 입증책임을 져야 한다는 것이다. 이와 다른 경우, 예컨대 국가배상의 문제를 다루는 경우에는 피고가 전적으로 입증책임을 지는 것은 아니다. 셋째, 행정소송법의 규정에 따라 원고는 그가 주장하는 당해 구체적 행정행위의 위법성에 대하여 입증책임을 부담하지 않는다고 해서 원고가 어떠한 입증책임도 지지 않는다는 것은 아니다. 원고는 소송의 성립요건에 대한 일부분 사실에 대하여 입증할 책임을 진다. 구체적으로 원고는 다음과 같은 사항에 대한 입증책임을 진다. 그 법적 권리가 피고가 행한 구체적 행정행위에 의하여 침해되고 그 신체 또는 재산권이 손해를 입은 사실을 입증해야 한다. 피고가 원고의 직권 남용을 중장하는 경우에는 그 직권남용의 사실을 입증해야 한다. 피고의 작위 또는 부작위로 원고의 권리가 침해되었다는 것과 그 손해의 정도를 입증해야 한다.

학자의 주장과 더불어, 특히 피고의 입증책임 범위와 관련하여 피고가 행정행위에 대하여 입증책임을 진다는 것은 법원이 소송에서 피고에 대하여 증거의 제출 또는 보충을 요구할 수 있음을 의미한다. 행정소송법 제34조 제1항에서 이에 대한 규정을 하고 있다. 사법실무에서 법원이 피고에 대하여 증거의 제출 또는 보충을 요구하는 경우는 다음과 같다. 구체적 행정행위를 한 증거, 부작위의 적법성을 증명하는 증거, 법률이나 법규 또는 기타 규범성문건의 적용에 대한 증거, 행정행위가 직권 범위 내에 있다는 것을 증명하는 증거, 행정행위가 법정절차에 부합한다는 것을 증명하는 증거, 행정행위가 법률의 입법취지에 부합한다는 것을 증명하는 증거, 행정처벌이 합리적이라는 것을 증명하는 증거 등이다.

6. 원칙에 대한 예외: 원고가 입증책임을 지는 경우

행정소송에서 행정행위의 적법성에 관한 문제는 피고가 입증책임을 지고, 법원은 피고가 제출한 증거를 심사하며 적극적으로 증거의 수집에 나설 필요는 없다. 많은 학자들은 행정소송에서 행정행위의 적법성에 대한 증명책임을 피고가 지는 원칙 이외에, 기타의 경우에는 주장자가 입증해야 한다는 원칙을 적용해야 한다고 주장하고 있다. 또 다른 주장에 의하면 행정소송에서 원고는 다음과 같은 경우에 입증책임을 진다고 한다. 제소조건에 부합한다는 것에 대한 입증,[20] 피고가 당연히 배상책임을 져야 한다는 것에 관한 입증,[21] 부작위 사건에서 원고가 일정한 입증책임을 진다고 한다.[22]

원고가 행정소송에서 부분적인 사실관계의 확정에 있어서 입증책임을 지는 직접적인 근거로는 행정소송법 제34조 제1항의 규정이 있다. 이 규정에 의하여 인민법원은 당사자에 대하여 증거의 제출 또는 보충을 요구할 권리를 가진다. 법원이 원고에게 증거의 제출 또는 보충을 요구하는 경우는 대개 다음과 같은 경우다. ①구체적 행정행위의 존재에 관한 증거를 요구하는 경우, ②원고가 주장하는 사실에 관한 증거, ③피고의 답변에 반발하는 경우에 이에 대한 증거, ④배상에 대한 권리를 주장하는 경우의 그 증거 등이다.[23]

최고인민법원의 해석에서도 이러한 규정과 같은 맥락에서, 해석 제27조에서 다음과 같은 사항에 대한 원고의 입증책임을 규정하고 있다. 즉 ①제소가 법정조건에 부합하다는 것을 증명하는 경우에는 원고가 입증책임을 진다. 다만 피고가 원고의 제소가 제소기간을 초과한 것으로 인정하는 경우는 제외한다. ②피고의 부작위에 대한 제소를 한 경우 행정기관에 신청을 한 사실은 원고가 증명한다. ③행정배상소송을 같이 제기한 경우 당해 행정행위로 인한 침해와 손해가 발생한 사실의 증명에 대하여 원고가 입증

---

20) 행정소송법 제41조 참조.
21) 최고인민법원의 「행정배상사건 심리에 관한 몇 가지 문제의 규정」 제32조에 의하면, 원고는 행정배상소송에서 자기의 주장에 대하여 입증책임을 지고, 피고는 배상을 하지 않거나 배상액을 정함에 대한 증거를 제공할 권한이 있다고 규정하고 있다.
22) 張步洪·王万華, 전게서, p.246.
23) 張步洪·王万華, 전게서, pp.248-249.

책임을 진다.

특히, 원고가 손해배상을 병합 청구한 배상소송에서 원고는 당해 행정행위로 인하여 침해되고 손해를 입은 사실을 증명하여야 한다. 행정배상소송에서 원고는 행정행위로 인하여 발생된 손해의 사실에 대한 증거를 제출하여야 한다. 원고는 행정행위의 위법성에 관한 증거를 제출할 수 있다. 이때 원고가 제출한 증거가 성립되지 않는 경우에도 피고의 적법성에 대한 입증책임은 면제되지 아니한다.[24]

상술한 바와 같이 공민, 법인 또는 기타 조직이 인민법원에 소송을 제기하는 경우에는 소송의 제기 요건에 부합하는 상응하는 증거를 제출하여 소송의 제기가 법정조건에 부합한다는 것을 증명하여야 한다. 피고의 부작위에 대하여 제소한 사건에서는 그 신청한 사실을 증명하여야 한다. 다만 부작위의 경우에도 다음과 같은 경우는 예외로 한다. 즉 피고가 당연히 법정권한에 따라 그 권한을 행사하여야 하는 경우, 등기제도의 불비 등 정당한 사유로 인하여 원고가 관련 증거자료를 제출할 수 없고, 이때 합리적으로 설명이 가능한 경우이다.

7. 부작위 관련 사건의 입증책임 분배

다음은 부작위 사건에서의 입증책임 분배에 관한 이론적 주장과 최고인민법원의 해석이 정한 내용을 검토해 보기로 한다. 일반적인 행정행위의 위법을 이유로 취소를 다투는 사건에서와는 달리 최고인민법원의 해석에서 별도의 규정을 두고 있기 때문에, 이에 대한 검토가 필요하다고 본다.

1) 원고가 입증책임을 진다는 견해
행정기관의 부작위에 대한 위법 여부를 다투는 소송에서는 원고가 입증

---

24) 姜明安, 전게서, p.522.

책임을 져야 하며, 원고는 자기의 주장을 증명할 수 있는 충분한 증거를 제출하여야 하고 입증을 거부하거나 충분한 증명을 하지 못하면 패소책임을 부담할 수밖에 없다는 견해가 있다. 이러한 견해는 다음과 같은 논거에 기초하고 있다.

법원의 심리는 행정상대방의 신청행위를 중심으로 하고, 원고가 입증책임을 지도록 하는 것이 원고로 하여금 자기의 주장에 대하여 적극적으로 증거를 제출하도록 하는 데 효과적이다. 또한 법률이 소송기간 중 피고 및 그 소송대리인에 대하여 원고나 증인을 대상으로 한 채증을 허락하지 아니하므로 객관적으로 피고가 입증을 할 수 없어 불리하다는 점, 부작위 위법사건에서 피고는 충분한 입증을 하지 못하는 경우가 있으므로 법 절차상 원고의 입증책임을 요구하지 않으면 법원의 증거조사 업무가 과중하게 된다.

상술한 원고 입증책임의 관점을 지지하는 경우, 부작위와 관련된 사건에서 원고가 그 신청행위의 유효성을 입증하기 위하여 제출해야 하는 증거로는 다음과 같은 예를 들 수 있다. 주체가 적법하다는 것에 대한 증거, 의사표시가 진실하고 완전하다는 점에 대한 증거, 내용과 목적이 적법하다는 것에 대한 증거, 법정절차에 부합한다는 증거, 법정 형식요건에 부합한다는 증거, 행정기관의 위법한 부작위에 대한 증거, 행정소송의 수리요건에 부합한다는 증거 등이다.

2) 피고가 입증책임을 진다는 견해

행정행위에서 작위나 부작위 행위의 주체 및 법적인 성질은 본질상 차이가 없는 것으로, 그 구별은 단지 행위의 표현형식이 다를 뿐이라는 관점에서, 행정기관의 부작위를 구체적 행정행위에 속하는 것으로 보아 피고가 입증책임을 진다고 하고, 피고인 행정기관이 부작위를 부인하는 이유 및 관련 사실에 관한 증거와 규범성문건을 제출하여야 하는 것으로 본다.

이러한 견해에 의하면, 행정사건의 입증책임은 일반 행정사건과 부작위 사건에 대한 구별의 실익이 없고, 행정소송법도 이러한 부작위 사건에 대하여 입증책임상 예외를 두고 있지 않으며, 여전히 행정소송법이 규정한 피고 입증책임의 원칙을 적용하는 것으로 본다. 그러나 부작위 사건의 특수성에 기초하여, 입증방법과 내용에서 일반 행정사건과는 차이가 있을 것으로 보고 있다. 이러한 경우에 즉 부작위 사건의 피고는 원고의 신청이 그 법정권한에 속하는지, 법정의무를 이행하였는지, 직무의 이행이 법정기간에 행하여 졌는지, 회답의 불이행 또는 지체사유가 적법한지에 대하여 증명하여야 한다고 본다.

3) 양 당사자가 입증책임을 부담해야 한다는 견해

상술한 두 가지 관점 모두 문제가 있다는 견해로서, 행정행위의 부작위에 대한 적법성 심사는 행정상대방의 신청행위의 적법성 심사와 밀접한 관계가 있고, 부작위 행위에 대한 증명대상은 원고 신청의 적법성뿐 아니라 행정행위의 적법 여부를 포함하는 것으로 이해한다. 행정소송은 피고에 대하여 특별한 입증책임을 요구하고 있고, 이러한 요구는 행정기관과 행정상대방의 행정과정상 불평등한 법적 지위로 인하여 발생하는 증거상의 우세 또는 열세에 대한 형평성을 유지하기 위한 취지로 볼 수 있다. 따라서 원고의 신청행위에 대한 적법성에 대한 입증책임은 원고가 지고, 원고의 신청이 법률이 정한 조건에 부합하지 않는다는 것은 피고가 입증해야 한다. 또한 피고는 부작위의 적법성에 대하여 입증책임을 져야 한다. 부작위 역시 행정행위의 일종이며, 행정소송법 제32조의 규정에 의하여 피고는 입증책임을 져야 한다는 것이다.[25]

4) 최고인민법원의 해석

최고인민법원의 해석 제27조 제2호 및 최고인민법원 규정 제4조 제2항에서는, 원고가 부작위에 대하여 제기한 소송에서는 원고가 자신이 신청한 사실에 대하여 입증책임을 지도록 규정하고 있다. 이것은 상술한 세 가지 견해 가운데 양 당사자가 입증책임을 부담해야 한다는 견해에 따라 부작위

---

25) 张步洪·王万华, 전게서, p.253.

사건에 대한 입증책임의 분배를 명확히 하고 있다고 볼 수 있다. 즉 원고가 부작위에 대하여 제기한 소송에서는 원고가 자신이 행정기관에 신청한 사실에 대하여 입증책임을 지도록 규정하고 있고, 기타의 사실에 대한 입증은 여전히 피고가 지는 것으로 해석할 수 있다.

III. 행정소송상 증명기준

1. 영미법상 증명기준에 대한 개념

증명기준은 증거의 입증 정도를 의미하는 것으로서, 이는 당사자의 입증이 어느 정도에 이르러야 입증에서 요구하는 기준을 만족시킬 것인가 하는 문제이며, 달리 생각하면 법관의 사실관계 인정이 타당한가를 평가하는 척도가 될 수 있다. 즉 증거는 반드시 일정한 정도의 증명기준에 이르러야 하고, 이때 비로소 사실관계를 확정하는 기준에 부합하게 된다.26) 증명의 기준은 구체적으로는 법원 또는 법관의 적용에 의해 확정된다.

영미법계 국가의 경우에도 대개 민사사건과 형사사건의 증명기준은 구별되27) 있을 뿐 아니라 민사사건에서는 사건의 성질에 따라 보통민사사건

---

26) 학설상 증명도의 양적인 비교가 가능함을 전제로 증명기준에 대한 수학적 비교를 참고할 필요가 있다. 田中和夫 교수의 견해에 의하면 합리적 의심의 여지가 없는 증명은 90~100%, 증거의 우월은 80%, 村上博巳 판사의 견해는 합리적 의심의 여지가 없는 증명은 90~99%, 명백하고 확신을 줄 수 있는 증명은 80~90%, 증거의 우월 70~80%, 소명은 55%~70%로 설명한다. 吳錫洛, 전게서, p.240.

27) 민사사건의 경우 변론주의 원칙의 적용과 사인의 권리보호, 형사사건의 경우 직권주의 원칙의 적용과 국가형벌권 유무의 판정(공익)이 중심이 되는 차이가 있고, 특히 형사소송에서는 "의심스러운 경우에는 피고인의 이익으로(in dubio pro reo)"라는 원칙이 적용되지만, 민사소송에서는 이 원칙이 적용되지 않는 점에서도 구별의 근거를 찾을 수 있다.

과 특별민사사건으로 구분하여, 각기 다른 증명기준을 운용하고 있고, 증명 기준에 있어 다원화된 현상을 보이고 있다. 예컨대, 미국 법원의 재판에서 는 쟁점이 되는 사실관계를 확정하기 위하여 세 가지 증명기준을 적용하고 있다. 형사사건에서 증명은 "합리적 의심의 여지가 없는 정도(proof beyond a reasonable doubt)"에 도달해야 한다. 이는 비교적 높은 정도[28]의 증명을 요구하는 것으로 볼 수 있고, 형사소송에서는 계쟁사실관계의 인정은 곧 피고의 인신자유에 중대한 영향을 주기 때문이다. 민사사건의 증명기준은 형사사건과 동등한 수준의 증명기준을 요하지 아니하며[29] 일반 민사사건 의 증명기준은 "증거의 우월(preponderance evidence)[30]" 기준이며, 사기 사건 또는 친자 확인 관련사건 등의 위법행위와 관련된 사건인 경우에는 좀더 "명백하고 확신을 줄 정도(clear and convincing evidence)[31]"에 이르 는 증명기준을 요한다.

행정재결의 정식청문에서 일반적으로 적용하는 증명기준에 대한 규정은 연방행정절차법 556(d)항 규정에 의하고, 이 규정에 의하면 정식절차인 행

---

28) 형사소송에서는 실체적 진실의 발견을 목표로 하기 때문에 소송상의 증명도 합리적 의심의 여지가 없는 정도의 증명을 요구한다. 법관의 심증이 이에 미치지 못하는 경 우에는 진위불명으로 무죄를 선고해야 할 것이다.

29) 민사사건에서는 형사소송과 같은 대세적 실체적 진실이 아니라 당사자 사이의 상대 적 진실을 요구하고, 따라서 합리적 의심의 여지가 없는 것보다 낮은 단계의 증거우 월 수준을 요한다고 본다.

30) 당사자 일방의 증거가 유력하고 신용할 수 있으며 가치가 있다는 것을 의미하며 증거 의 유력 또는 보다 고도의 증거 내지는 신용할 만한 보다 고도의 증거에 의한 증명과 같은 개념으로 이해할 수 있다. e.g. The standard of proof in civil suits which is met when a party's evidence on a fact indicates that it is more likely than not that the fact is as the party alleges it to be. 참고판결 : Steadmen v. SEC, 450 U. S. 91(1981)

31) e.g. An action to establish paternity is a civil proceeding. Most states require that paternity be established by a "preponderance of the evidence," which means that it must be more likely than not that the man is the father of the child. Other states, like New York, apply a higher standard, requiring clear and convincing evidence of paternity. In reality, however, the different standards have little practical impact in light of recent developments in scientific testing.

정재결의 증명기준은 "실질성 증거"이다. 무엇이 실질성 증거인가에 대하여, 미국 법원의 해석에 의하면 행정재결의 정식 청문에서 실질성 증거는 민사사건에서의 "증거우월"이라는 기준이다. 행정기관의 모든 증거를 고려한 이후 우세한 상황에 있는 증거에 근거하여 사실관계를 확정하고 재결의 근거로 삼는다.

그러나 모든 미국의 법원이 실질성 증거의 대한 해석에 동의하는 것은 아니다. 어떤 법원은 정식 청문에서 실질성 증거는 민사소송상 증거우월과 같은 높은 증명정도를 요하지 아니하고 실질성 증거의 증명기준은 합리적인 생각을 가진 일반인이 어떠한 결정을 함에 있어 받아들일 수 있는 정도의 적절한 증명기준을 채택하는 것으로 이해한다.[32] 또 다른 법원의 판례에 의하면 실질성 증거의 증명기준은 증거우월의 기준을 초과하는 것으로 이해하고, 사기행위로 인하여 영업허가증을 취소하는 경우 "명백하고 확신을 줄 수 있는 표준"에 이르러야 하는 것으로, 이러한 정도에 이르러야 비로소 실질성 증거가 될 수 있다고 한다.[33]

각 법원의 이러한 해석상의 차이는 행정사건의 내용상 차이에 따른 것으로 보이며, 또한 법원이 정책상의 고려에 의하여 서로 다른 해석을 하고 있는 것으로 보인다. 일반적인 경우에 법원은 정식절차로서의 재결에서 실질성 증거의 증명기준으로 민사소송상 "증거우월"의 기준을 따르고 있다. 행정절차법이 규정한 일반적인 적용기준 외에, 기타 개별 법률에서 입법정책에 따라 다른 표준을 정할 수도 있다. 즉 증거우월의 기준을 초과하여 규정할 수 있고, 증거우월의 기준을 요구하지 않는 경우도 있다.[34]

---

32) 참고판결: Steacham Shipping Co. v. Ahea, 276 F. Supp. 610(S. D. Tex. 1967)
33) 참고판결: Collins Securities Corp. v. SEC, 526 F. 2d 820(D. C. Cir. 1977), 吳錫洛, 전게서 p.239.
34) 王名扬, 전게서, p.487.

2. 중국 행정소송상 증명기준

행정소송법과 최고인민법원의 규정에서는 증명기준에 대하여 규정하고 있지 않다. 행정소송에서 어떠한 증명기준을 채택할 것인가 하는 문제에 대하여 의견이 일치하고 있지 않다. 학자에 따라서는 민사소송과 형사소송과 동일한 증명기준을 채택하여야 한다는 주장도 하고, 일부 학자들은 행정소송의 증명기준은 민 형사소송의 증명기준과 달리 하여야 한다는 주장을 한다.

일부 학자에 의하면 중국에서는 민사사건과 형사사건의 증명기준에 있어 통일적인 기준을 요구하고 있다고 이해한다. 즉 사실관계가 분명할 것을 요구하고, 증거가 "확실하고 충분"할 것을 요구한다고 이해한다. 이러한 견해에 의하면, ①사건을 확정하는 증거는 모두 증거조사를 거쳐 진실한 것이어야 하고, ②사건의 사실관계는 모두 증거로 증명하여야 하며, ③증거와 증거 사이 또는 증거와 사실관계 사이의 모순이 합리적으로 해결되어야 한다. 또한, ④도출된 결론은 유일한 것으로서 다른 가능성이 배제되어야 한다. 이 네 가지 사항이 동시에 구비될 때 비로소 증거가 확실하고 충분한 상태에 이르렀다고 인식한다. 이러한 증명기준의 요구는 민사소송, 형사소송 및 행정소송을 모두 망라하는 것으로 이해한다.[35]

그러나 민사사건과 형사사건에서 이원적인 증명기준을 운용하는 것으로 이해하는 학자도 있다. 즉 민사소송법 제63조, 제153조 및 제179조의 규정에 근거하여, 민사소송에서는 "우월한 증명기준"을 채택하고 있고, 우월한 증명기준은 분쟁 쌍방 당사자 가운데 일방이 제시하는 증거의 증명력이 현저하게 상대방 당사자가 제시하는 증거의 증명력에 비하여 우세한 경우로 이해한다. 증거효력이 우월한 증거에 근거하여 사실관계에 대한 증명기준을 인정한다. 즉 민사소송에서는 "증거의 객관 충분, 사실의 명확함"에 이르는 증명정도를 요구하고 있다는 것이다. 중국 형사소송법 제162조의 규

---

35) 章劍生, 『行政诉讼法基本理论』(中國人事出版社, 1998), p.121.

정에 근거하여, 형사소송법이 채택하는 증명기준은 엄격증명기준 또는 "합리적인 의심의 여지를 배제"하는 기준으로 이해한다. 합리적 의심의 여지를 배제하는 증명기준이라 함은 피고의 해당 범죄사실에 대하여 반드시 일체의 합리적 의심의 여지를[36] 배제할 수 있는 정도에 도달하는 증명을 하여야 한다는 것으로 이해한다.[37] 민사소송법과 형사소송법의 규정을 자세히 검토하면 이러한 구별은 설득력 있는 주장이라고 할 수 있다.

3. 설득책임의 증명기준

또 다른 견해에 의하면 행정소송에서 증명기준은 사건의 구체적인 성질 및 정도에 상응하여 정해야 한다고 한다. 행정행위가 공민의 신체적 자유권과 관련된 경우에는 비교적 높은 정도의 증명기준을 필요로 하고, 간이절차를 적용하여 행정행위를 하는 경우에는 비교적 낮은 정도의 증명기준을 적용해야 한다는 주장이다. 또한 이러한 주장에 기초하여, 증명책임을 설득책임의 증명기준과 주장책임의 증명기준으로 구분한다.[38]

설득책임은 당사자가 증거를 제출하여 법관으로 하여금 그 실체적 주장의 성립에 확신을 갖도록 하는 의무를 말하며, 설득책임을 지는 당사자가 법정 소송기간 내에 제출한 증거가 그 소송에서 주장하는 내용을 충족시키지 못하면 재판에서 불리한 결과를 맞이하게 될 것이다. 설득책임의 증명기준에는 (1)사실관계의 명확 및 증거의 확실 충분, (2)우월한 지위에 있을 개연성 기준, (3)명확하고 확신을 줄 수 있는 증명기준으로 구분된다.

---

36) 합리적 의심이라 함은 실무상 명확하게 확정하기 어려운 개념이며, 그것은 단순히 가능한 의심이 아니고 모든 증거를 비교한 연후에 배심원의 심리상태가 죄행의 진실성에 대하여 이미 심리적으로 확신의 정도에 이르렀음을 느꼈다고 말할 수 없는 정도를 말한다. 姜明安 編著, 『行政法与行政诉讼法』(北京大学出版社, 2005), p.534.
37) 姜明安, 전게서, p.534.
38) 张步洪·王万华, 전게서, pp.275-276.

1) 사실관계의 명확 및 증거의 확실 충분 기준

"사실관계의 명확 및 증거의 확실 충분"이라는 증명기준은 세 가지 내용을 포함한다. 즉, 첫째, 증거의 개별적 또는 질적인 요구이며, 사건을 확정하는 근거로서의 증거가 객관성, 관련성 및 적법성을 갖출 것을 요한다. 둘째, 증거의 전체 또는 양적인 충분성의 요구이다. 셋째, 심사 판단에 대한 요구이다. 법관이 사건의 사실관계를 명확히 할 수 있는 정도에 이르러야 하고, 배타적으로 확신을 형성할 수 있을 정도에 이르러야 한다.[39]

사건에 관한 사실관계의 명확 및 증거의 확실 충분이라는 기준은 대체로 세 가지 유형의 행정사건에 한하여 적용된다. 즉 인신자유권을 박탈하는 사건, 청문을 실시하는 행정사건, 법원이 변경판결 또는 이행판결을 내리는 사건에 한정된다. 이행판결과 변경판결에서 특히 법원은 자기의 판단으로 행정기관의 판단을 대신하므로, 자기의 판단이 행정기관의 판단에 비하여 더 정확하다는 것을 보여야 하므로 더욱 엄격한 증명기준이 요구되는 것이다.[40]

2) 우월한 지위에 있을 개연성 기준

"우월한 지위에 있을 개연성 기준"은 영미법계 국가의 민사소송상 증명기준에 해당한다. 소위 증거의 우월한 지위에 있을 개연성 기준은, 일방 당사자의 증거가 가지는 증명력 및 그 증명하는 사실관계가 상대방 당사자의 증거가 증명하는 사실관계에 비하여 더 많은 가능성을 지니고 상응하는 주장이 더 충분한 경우를 말한다. 우월 여부의 형성은 반드시 확실한 증거를 전제로 하며, 우월여부의 대비는 반드시 합리적 정도에 도달해야 하며, 법관은 경미한 정도의 우월로써 사실관계를 확정할 수 없다.

---

39) 高家伟, 『行政诉讼证据论』(中国政法大学博士论文, 1997), pp.75-76.
40) 高家伟, 전게논문, p.84.

3) 명확하고 확신을 줄 수 있는 증명기준

명확하고 확신을 줄 수 있는 증명기준은 다음과 같은 내용을 포함하는 개념이다. 첫째, 사실관계를 확정하는 증거는 반드시 명확하여야 한다. 이는 개별 증거에 대한 질적인 요구이다. 둘째, 행정기관의 사실관계를 인정하는 요점이 명확하고 확실해야 한다. 셋째, 증거와 결론의 인정 사이에 증명관계가 명확해야 한다. 넷째, 결론의 인정은 신뢰할 수 있어야 한다.

명확하고 확신을 줄 수 있는 증명기준이 합리적 의심의 여지의 배제 표준에 비하여 차이가 인정되는 것은 기타 합리적 의심의 여지를 배제하지 않는다는 점이다. 우월한 지위에 있을 개연성 기준과 비교하면 명확하고 확신을 줄 수 있는 증명기준은 행정기관이 인정하는 증거의 가능성에 비하여 반드시 명백한 차이 또는 우세한 상태에 있어야 한다.[41)]

상술한 세 가지 설득책임에 관한 증명기준을 고려할 때, 중국 행정소송법의 경우에는 행정기관이 구체적 행정행위를 하는 경우에는 사건의 구체적인 상황에 근거하여 각각 사실관계의 명확 및 증거의 확실 충분한 표준, 우세한 지위에 있을 개연성 기준, 명확하고 확신을 줄 수 있는 증명기준을 적용하도록 하고 있다고 볼 수 있다. 행정기관은 피고의 지위에 서게 되면 이 세 종류의 증명기준에 따라 자신의 설득책임을 이행하여야 하고, 이와 대응하여 법원은 사건의 구체적인 상황에 따라 증명기준은 달리 적용하여 행정행위에 대한 사법심사를 해야 한다고 이해할 수 있는 것이다.

4. 주장책임의 증명기준

주장책임의 증명기준과 관련하여, 소송에서 어느 정도의 증거를 제출하면 주장책임을 다하는가 하는 점에 대하여, 오늘날의 경우는 통상 증명을

---

41) 张步洪·王万华, 전게서, p.279.

요하는 사실의 존재를 추론할 수 있는 정도의 증거, 또는 평결의 신청과
반대되는 결론에 도달할 가치가 있다고 인정되는 정도의 증거를 제출하여
야 한다고 한다.[42)

주장책임은 영미의 민사소송제도에서는 결정적인 중요성을 가지는 것으
로서, 배심제의 구조에서 주장책임이 충족되지 않는 경우 재판장은 배심의
실질적인 고려 없이 사건을 종결지을 수 있는 권한을 행사할 수 있기 때문
이다. 그러나 주장책임은 소송상 유동적이며, 증거조사의 각 단계마다 그
소재가 달라지는 것이 특징이다. 즉 원고가 유력한 증거를 제출하는 경우
주장책임은 상대방에게 이동하며, 상대방이 이에 상응하는 증거를 제출하
여 증거의 균형을 이루게 되면 다시 원고에게 되돌아간다.

중국 행정소송법상 주장책임의 증명기준을 "합리적 가능성" 기준으로
이해하는 견해가 있다. 즉 당사자가 제출한 증거가 법관으로 하여금 수리
또는 절차를 진행시킬 필요성을 갖도록 하면 된다는 것이다. 합리적 가능
성은 일정한 근거를 가지거나 또는 일정한 정도의 가능성을 가지는 것을
말하며, 충분하고 확실한 증거를 요구하는 것은 아니고, 가능성의 정도는
사안에 따라 다를 수 있다. 행정소송에서 원고가 제출한 증거는 그 소송의
제기가 법정조건에 부합하는 가능성을 증명하여야 하고, 또는 구체적 행정
행위의 위법 가능성을 증명하여야 한다. 즉 당사자 또는 행정상대방이 제
출하는 증거는 반드시 법정 증거형식에 부합하여야 하고, 이로써 외관상
증명력을 확보하게 된다.[43)

42) 吳錫洛, 전게서, p.32.
43) 高家伟, 전게논문, p.92.

IV. 제도에 대한 평가

1. 입증책임의 분배에 관한 평가

우리나라 행정소송법이 증거제도에 대하여 구체적인 규정을 하고 있지 않은 것과 달리, 중국의 행정소송법은 증거제도에 대한 원칙적인 사항을 규정하고 있다. 또한 증거제도를 운용하는 주요 근거로 증거제도와 관련된 최고인민법원의 해석과 규정이 있다.

입증책임의 문제에서 입증책임을 설득책임과 주장책임으로 구분하는 견해가 있고, 특히 입증책임의 분배에 대하여는 피고책임설, 원고책임설 및 절충적인 입장의 견해가 있다. 행정소송법의 규정에 의하면 입증책임은 원칙적으로 피고가 부담하게 되어 있다. 행정소송법이 피고의 입증책임 원칙을 규정하고 있기 때문에 입증책임의 범위에 대한 논란이 있다. 원칙적으로 피고인 행정주체의 입증책임의 범위는 행정행위의 적법 여부에 국한되고 타당성이나 합리성의 문제 또는 국가배상사건의 경우에는 주장자가 입증책임을 진다는 것이 다수 학자의 견해라 할 수 있다.

최고인민법원의 해석에서도 이러한 견해에 따라 적법성의 증명에 대한 입증책임을 피고가 지는 것을 원칙으로 하면서, 예외적으로 원고가 입증책임을 지는 경우로서 제소의 형식적 요건의 적법성 여부, 부작위 사건의 경우 신청한 사실, 행정배상사건에서 손해발생의 사실에 대한 입증은 원고가 지도록 규정하고 있다.

특히 부작위 위법 사건의 입증과 관련하여 학설상으로는 원고책임설, 피고책임설 및 절충적인 견해가 있지만, 최고인민법원의 해석 및 규정에서는 부작위 사건인 경우 쌍방 당사자가 입증책임을 부담해야 한다는 절충적 견해에 따라, 원고는 신청한 사실에 대한 입증책임을 지고, 기타의 사실에 대한 입증은 여전히 피고가 지는 것으로 규정하고 있다.

상술한 내용으로 판단하면, 중국의 경우 행정소송법이 명문으로 피고입증책임 원칙을 규정하고 있다는 점에서 우리와 차이가 있지만, 실제 운용에 있어서는 기본적으로 우리가 행정소송에서 민사소송상의 증거제도를 준용하면서 적용되고 있는 법률요건분배설의 입장에 가까운 운용을 하고 있다는 것을 알 수 있다. 입증책임을 원칙적으로 피고가 부담토록 하지만 적극적 요건의 사실을 주장하는 당사자는 권리근거규정의 요건에 해당하는 사실을 입증하여야 하고, 소극적 요건의 법률효과를 주장하는 당사자는 그러한 요건에 해당하는 사실을 입증하도록 하고 있는 것이다.

입법적 측면에서는 중국의 행정소송법 제32조가 "피고는 구체적 행정행위에 대한 입증책임을 지며,……"라 규정하고 있기 때문에, 입증책임의 분배에 관한 세부적인 사항에 있어 소송실무나 이론상 많은 논란을 야기할 수 있다는 점에서 제도 운용상 적정성이 요구되고 있다. 그러나 이러한 명문화된 입법을 중심으로 논의를 전개해 나감으로써 행정소송에서 입증책임에 관한 이론적 발전을 앞당길 수 있다는 점에서는 입법적 의의가 있다고 할 것이다.

2. 증명기준에 대한 평가

증명기준은 증거의 입증 정도를 말하는 것으로 영미법상 판례의 태도에 의하면, 형사소송에서는 합리적 의심의 여지가 없는 정도이고, 민사사건의 경우는 증거의 우월 기준을 적용하고 있다.

중국의 경우 행정소송에서 어떠한 증명기준을 채택할 것인가 하는 점에 대하여 학설상 일치된 견해가 없고 행정소송법이나 최고인민법원의 규정이나 해석도 존재하지 아니한다. 일부 학자에 의하면 민사 및 형사소송법 규정을 인용하여, 민 형사사건 공히 "증거의 확실 충분"을 증명의 기준으로 이해하고 이에 대한 몇 가지 조건을 제시하고 있다. 그러나 형사소송법과 민사소송법의 증거관련 규정을 대비하여 각 소송법의 증명기준을 달리 해석하는 학자들도 있다.

증명기준에 대한 또 다른 견해에 의하면, 행정소송에서 증명기준은 사건의 구체적인 상황에 따라 판단해야 한다고 한다. 이러한 주장은 증명기준을 설득책임과 주장책임으로 구분하여 증명의 정도를 달리 하고 있다.

설득책임의 경우 증명기준은 사실관계의 명확 및 증거의 확실충분, 증거의 우월성, 명확하고 확신을 줄 수 있는 증명기준 등 세 가지 기준으로 구분하고 행정주체가 구체적인 사건에서 각 증명기준에 따라 상황에 따른 설득책임을 이행하는 것으로 한다. 주장책임의 증명기준은 합리적 가능성 기준으로 이해하는 견해가 있다. 즉 당사자가 제출한 증거가 법관으로 하여금 사건을 수리 또는 소송절차를 진행시킬 필요성을 갖도록 하면 된다는 기준이다.

상술한 내용을 전제로 하면, 중국에서도 행정소송상 증명기준에 대해서는 규정이 없기 때문에 학설에 의존하고 있다는 것을 알 수 있다. 현재 대부분의 관련 학설은 서방 선진국 법원의 판례나 학자들의 이론을 원용한 것이라 할 수 있는 상황이며, 현재로서는 특히 증명기준을 다룬 중국 인민법원의 판례를 찾아보기 어렵다는 점도 아쉽지만, 중국의 국가적 특색을 생각하면 최고인민법원의 사법해석을 통해서도 그 발전을 기대할 수 있을 것으로 본다.

3. 결어

중국 행정소송법상 특히 입증책임의 분배에 관한 문제는 행정소송에서 입증책임이 민사소송의 입증책임과 비교해 본질적으로 차이가 없다고 하는 주장이나, 또는 행정소송은 민사소송과 다른 특수한 상황이 존재하고 민사소송의 입증책임에 관한 원칙이 행정소송에서도 그대로 타당한지 하는 의문을 전제로 하는 주장 등 이러한 이론적 입장의 차이에 의하여 상이한 논의가 전개되고 있는 것이다.

행정소송에서 피고가 원칙적으로 입증책임을 부담해야 한다는 주된 논거는, 법치행정의 원리상 행정기관은 행정처분의 적법성을 담보해야 하므로, 행정처분의 적법성이 다투어지는 경우 행정청은 이를 적극적으로 입증해야 한다. 따라서 특히 취소소송에서 원고는 당해 처분의 위법성을 주장하기만 하면 되고, 피고는 처분이 적법하다는 점에 대한 입증책임을 부담하게 되는 것이다.

그러나 중국에서 이러한 원칙을 고수한다고 할 때에도 행정소송 전반에 걸쳐 행정기관이 일방적으로 모든 입증책임을 부담한다고 해석하는 것은 행정기관에 지나치게 무거운 책임을 부과하는 것이 되어 부당하다고 할 수 있고, 오늘날의 다양한 행정행위를 고려하면 더욱 그러하다. 따라서 중국의 경우에도 명문으로 피고 입증책임 원칙을 규정하고 있지만, 원칙에 대한 보완적인 제도로서 원고 입증책임을 필요로 하는 예외적 상황을 설정하지 않을 수 없는 것이다.

■ 참고문헌

姜明安 编著. 『行政法与行政诉讼法』. 北京大学出版社, 2005.

高家伟. 『行政诉讼证据论』. 中国政法大学博士论文, 1997.

柳砚涛·刘宏谓. "行政诉讼证据制度的几个问题探析." 『诉讼法学 司法制度』 2003年 5期.

柴发邦. 『当代行政诉讼基本问题』. 中国公安大学出版社, 1998.

王名扬. 『美国行政法』. 中国法制出版社, 1994.

章劍生. 『行政诉讼法基本理论』. 中国人事出版社, 1998.

张步洪·王万华 编著. 『行政诉讼法律解释与判例述评』. 中国法制出版社, 2000.

江必新. "适用〈关于行政诉讼证据若干问题的规定〉应当注意的问题." 『诉讼法学 司法制度』 2004年 1期.

高家伟. "论行政诉讼举证责任." 『行政法论丛』. 法律出版社, 1998.

李浩. "证明责任与不适用规范说." 『诉讼法学 司法制度』 2003年 12月.

沈岿. "行政诉讼举证责任个性化研究之初步." 『诉讼法学 司法制度』 2001年 1期.

제10장 |

행정배상의 범위

I. 문제 제기

행정구제는 행정권의 행사에 의하여 침해된 국민의 권익을 구제하는 것을 말한다. 행정구제제도는 국민의 기본권 보장과 법치행정의 원칙을 담보하는 수단이다. 특히 위법한 행정권의 행사에 의해 침해된 국민의 권익을 구제하는 제도로는 행정쟁송, 헌법소원, 국가배상청구 등이 있다.[1] 각국의 사정에 따라 다르지만 현대 국가는 대개 행정기관의 위법한 직무행위로 인하여 손해가 발생한 경우 국가가 손해배상을 행하는 국가배상제도를 운용하고 있다는 점에서 의문이 없다.

본 장에서는 중국 국가배상법의 행정배상 범위와 관련된 사항을 검토하고자 한다. 중국에서 행정배상의 범위는 국가가 행정행위로 인한 배상책임

---

1) 박균성, 『행정법강의』 제6판(박영사, 2009), p.501.

을 부담하는 범위를 의미하며, 국민에 대한 배상 또는 구제범위를 표현하는
것이다. 행정상대방의 입장으로 보면 행정배상의 범위는 그 배상청구권의
범위를 결정하는 것이 되며, 법원의 입장에서는 행정배상에 관한 재판권을
행사할 수 있는 범위로 이해되어 행정배상의 범위에 속하는 사건을 수리하
고 재판절차를 진행하여 피해자에 대한 사법적 구제 여부를 판단하는 범위
로 인식되고 있다.2)

상술한 바와 같이, 중국에서도 행정배상의 범위에 관한 문제가 국민의
권리구제 범위와 직결되는 문제이고 그 중요성이 강조되고 있음에도 불구
하고, 1994년 국가배상법이 제정된 이래 많은 시대적 상황의 변화에도 불
구하고 여전히 제정 당시의 내용을 유지하고 있는 것이 현실이다. 선진국
가의 국가배상법이 행정상 손해배상에 대하여 과실책임, 영조물 책임, 공법
상 위험책임 영역을 중심으로 제도적인 발전이 이루어지고 있음에도 불구
하고 중국의 국가배상법은 그 규정이 갖는 배상범위의 한계로 인하여 여러
가지 사회적 문제가 야기되고 있다. 때문에 이러한 상황에 대하여 학자들
을 비롯하여 많은 실무가들도 국가배상법 자체의 개정을 촉구하고 있다.

이러한 상황을 고려하여 본 장에서는 대략 행정상 손해배상의 개념과 확
정원칙, 행정행위와 배상범위의 귀속 여부, 국가의 배상책임이 면책되는 행
위, 국가배상법 규정의 한계 등을 중심으로 고찰함으로써, 중국의 현행 국
가배상제도 특히 행정배상의 범위에 관한 사항을 이해하고 중국 국민 및
거주자의 권리구제 가능 범위를 이해하도록 한다.

---

2) 姜明安 主編, 『行政法与行政诉讼法』(北京大学出版社, 2005), p.661.

II. 행정상 손해배상의 개념과 확정원칙

1. 행정상 손해배상의 개념

행정배상[3]은 국가가 행정기관 및 그 업무 담당자 또는 법률이나 법규가 수권(授權)한 사회조직의 직무상 행위로 인하여 국민, 법인 및 기타 조직의 적법한 권익을 침해하여 손해를 야기한 경우에 법에 의거하여 배상을 행하는 것을 의미하며, 구체적으로 행정배상은 대략 다음과 같은 의미를 내포한다.[4]

즉, 첫째, 행정배상은 행정기관 및 그 업무 담당자 또는 법률이나 법규가 수권한 조직이 야기한 손해에 대한 배상이다.[5] 둘째, 행정배상은 관련 기관, 조직 및 그 업무 담당자의 직무상 행위로 인하여 야기된 손해에 대한 배상이다. 행정기관 및 그 업무 담당자와 법률이나 법규가 수권한 사회단체라 하더라도 언제나 행정배상을 요하는 상황을 야기하는 것은 아니고, 특정한 행위를 함으로써 비로소 행정배상의 문제를 야기하는 것이다. 이러한 특정한 행위는 직무상 행위로서 공민의 적법한 권익을 침해하는 행위, 위법한 행위, 손해를 야기하는 행위 등이라 할 것이다. 셋째, 행정배상은 국가배상의 일종이다.[6] 행정배상은 국가배상의 한 부분이며, 특정한 행정행위로 야기된 국민의 적법한 권익에 대한 손해에 대하여 국가가 위법책임

---

3) 1994년 제정되고 1995년 1월 1일부터 시행된 중국의 국가배상법은 부칙을 포함하여 모두 6개 장으로 구성되어 있고, 제1장 총칙, 제2장 행정배상, 제3장 형사배상, 제4장 배상방식 및 계산기준, 제5장 기타규정, 제6장 부칙이다. 중국의 국가배상법이 행정배상과 형사배상으로 편제를 구분하고 있기 때문에 여기서는 행정배상이라는 용어를 사용키로 한다.

4) 胡錦光 等著, 『行政法專題研究』(中國人民大學出版社, 1998), p.337.

5) 국가배상법에 의하면 국가입법기관, 재판기관, 검찰기관, 각 정당, 각 인민단체를 비롯하여 군사기관 및 국유기업 또는 사업단위는 해당되지 아니한다.

6) 중국의 국가배상법은 제2장에서 행정배상을 규정하고 제3장에서 형사배상을 규정하고 있다.

을 부담한다. 따라서 행정배상에서 행정기관은 배상의무기관이고, 배상주체는 아니다. 행정기관 업무 담당자의 위법한 행정행위로 인하여 야기된 손해에 대하여 국가가 배상책임의 주체가 된다.[7]

2. 책임의 귀속원칙

귀책원칙은 배상범위와 다른 개념이지만, 배상범위와 관련이 있기 때문에 함께 다루어 볼 수 있다. 귀책원칙을 어떻게 설정하느냐에 따라 배상의 범위가 달라질 수 있다는 점은 잘 알려진 사실이다. 따라서 국가배상의 범위를 논하면서 책임원칙 또는 귀책원칙에 대한 검토 역시 중요하다.

중국 국가배상법 제2조는 국가기관과 국가기관 업무인원이 위법하게 직권을 행사하여 공민, 법인 및 기타 조직의 합법권익에 손해를 가한 경우, 피해자는 국가배상법에 의하여 행정배상을 청구할 권리를 가진다고 규정한다. 이 규정에 비추어 볼 때 중국의 국가배상법이 정하고 있는 귀책원칙은 위법책임원칙이라 할 수 있다.[8]

위법책임원칙은 행정기관 및 그 공무원의 위법한 법 집행으로 인하여 행정상대방의 합법적인 권익에 대한 침해를 야기하고 이로 인한 손해배상을 국가가 당연히 부담하는 배상책임원칙이다.[9] 이 원칙은 직무상의 위법행위를 귀책사유로 하고, 행위자의 주관적 상황이나 과실의 존재 여부를 고려하지 아니한다.

중국 행정법상 위법책임원칙은 다음과 같은 의의를 가지는 것으로 이해된다. 첫째, 이 원칙은 객관적인 귀책사유를 취함으로 사법심사에서 비교적 쉽게 파악할 수 있고 행정심판에서의 자의성을 극복할 수 있으며, 사법심사

---

7) 자세한 내용은 胡錦光 等著, 『行政法专题研究』(中国人民大学出版社, 1998), pp.337-340을 참조.
8) 천강 외, 『중국사법구제제도』(세종출판사, 2005), p.296.
9) 詹福满, 『中国行政法问题研究』(中国方正出版社, 2001), p.404.

에서 합법성 심사원칙과도 부합한다. 둘째, 이 원칙을 채택하는 경우 행정기관의 법치행정 준수에 대한 촉구를 할 수 있고, 위법 또는 부당한 행정행위를 감소시킬 수 있다. 과실책임주의의 주관적 색채를 면할 수 있는 것이다. 셋째, 이 원칙은 국가배상과 국가보상의 구별에도 유리하다. 즉 양자의 차이는 행위의 성질이 합법성을 가지는가 하는 문제로 귀착되기 때문이다.[10]

그러나 이러한 원칙의 채택 역시 일정한 한계를 가지고 있는 것으로 평가되고 있다. 중국의 국가배상법이 위법책임원칙을 채택하고 있기 때문에, 국가기관의 행위가 위법하게 국민의 적법한 권익을 침해한 경우에만 배상을 한다. 따라서 과실책임의 경우[11]나 무과실 책임의 경우, 또는 위험책임[12] 내지 결과책임의 문제가 고려되지 않는 것이다. 따라서 행정배상의 범위는 그만큼 축소될 수밖에 없는 것이다.

3. 행정배상 범위의 확정원칙

행정배상의 범위에 관한 개념의 이해에 있어, 국가가 행정행위로 인하여 야기된 손해에 대하여 배상책임을 지는 정도로 이해하는 학자도 있고,[13] 행정배상은 국가가 행정활동의 어떠한 손해에 대하여 배상책임을 질 것인가 또는 행정상대인이 위법한 국가행정으로 입은 손해에 대하여 어떻게 배

---

10) 천강 외, 전게서, p.296.
11) 행정기관 및 공무원의 과실로 인한 손해 발생 시 국가가 손해배상 책임을 부담하는 경우.
12) 현대 국가에서는 과학기술의 발달로 인하여 행정권의 행사 범위가 확장되고 공무활동으로 인하여 야기되는 예기치 못하는 위험상태 역시 급증한다. 이러한 상황에서 비록 위법 또는 과실이 존재하지 않더라도 행정상대방의 적법한 권익을 해칠 가능성이 있다. 이러한 가능성에 대하여 국가가 배상책임을 지는 경우를 고려할 수 있다. 즉 고도의 위험활동에 대한 책임으로 이해할 수 있다. 詹福満, 전게서, p.402 이하 참조.
13) 姜明安 主編, 『行政法学』(法律出版社, 1998), p.384.

상할 것인가 하는 내용으로 이해하는 학자도 있다.14)

그러나 행정배상의 범위는 행정기관 및 그 업무 종사자가 행사하는 직권의 행사와 관련하여 감독이나 통제를 받는 범위의 정도에 관계될 뿐만 아니라, 일반 국민의 적법한 권익이 보호받고 구제를 받을 수 있는 범위에 관계되므로 매우 중요한 문제라 할 것이다. 따라서 배상의 범위를 확정하기 위해서는 원칙에 대한 엄격한 확정이 필요하다.

행정배상의 범위를 확정하기 위해서는 다음과 같은 원칙이 필요하다고 보고 있다.15)

첫째, 배상의 범위를 최대한 확대하여 국민의 적법한 권익이 충분히 보장되도록 한다. 국가가 행정배상제도를 마련하는 주된 목적은 국민의 적법한 권익이 위법한 행정행위로부터 침해되어 손해를 입는 경우 유효한 구제절차를 제공하기 위한 것이다. 이러한 목적에서 보면 가능한 배상의 범위를 확대할 필요가 있다.

둘째, 행정기관의 부담능력을 합리적으로 고려하고, 국가행정권의 정상적인 행사를 보장하여야 한다. 국가가 행정배상제도를 실시하는 것은 국민의 적법한 권익을 보장하는 것뿐만 아니라 국가 행정권의 정상적인 행사도 고려한 것이다. 정상적인 국가 행정권의 실행을 전제로 할 때 비로소 국민의 적법한 권익을 보장할 수 있는 것이다. 따라서 행정기관의 배상능력을 전제로 하여 배상의 범위를 적절히 설정하여야 한다.

셋째, 배상의 범위를 적시에 조정하여 사회적 발전에 부응하도록 하여야 한다. 행정배상이 사회적 현실 수요에 적응하지 못하는 경우 국민의 손해에 대한 배상은 현실적 의미를 상실할 것이며, 국가 행정권의 유효한 발동도 설득력을 얻기 어렵게 될 것이다.

---

14) 马怀德, 『国家赔偿法的理论与实务』(中国法制出版社, 1994), p.135.
15) 杨小君, "需要回归真实的国家赔偿范围," 『宪政与行政法治评论』(中国人民大学出版社, 2004), p.171.

4. 행정배상 범위의 확정방식

국가배상법 제2조에 의하면, "국가기관 및 국가기관 업무 종사자의 위법한 직권행사로 국민의 적법한 권익을 침해하여 손해를 야기한 경우, 그 피해자는 본법의 규정에 따라 국가배상을 구할 권리가 있다."고 규정하고 있다. 국가배상법 제3조 및 제4조는 행정기관 및 그 업무 종사자의 위법한 행정행위로 인하여 야기된 신체권 및 재산권의 손해에 대한 배상을 규정하고 있는데, 행정배상을 해야 할 사항으로 신체권에 대하여 5종류, 재산권에 대하여 4종류의 경우를 규정하고 있다. 또한 국가배상법 제5조는 부정적 열거의 방식으로 국가가 배상책임을 지지 않는 즉 배상책임이 면제되는 경우를 규정하고 있다.

국가배상법 제2조, 제3조, 제4조 및 제5조의 규정을 두고 학자에 따라서는 국가배상법의 규정이 개괄적 규정과 아울러 긍정적 열거 방식 및 부정적 열거 방식을 모두 가미한 종합적 확정방식을 취하고 있다고 하는 입장도 있지만, 법률의 시행 현실에서 국가배상법이 채택하고 있는 국가배상 범위의 확정방식은 열거적 방식을 채택하고 있는 것으로 이해하는 것이 타당하다.[16]

---

16) 杨小君, "需要回归真实的国家赔偿范围," 『宪政与行政法治评论』(中国人民大学出版社, 2004), p.171.

III. 행정행위와 배상범위의 귀속 여부

1. 국가배상법상의 규정

1) 신체의 권리에 대한 침해행위

신체권은 매우 광범위하지만 통상 인격권과 신분권으로 구분되고, 인격권은 신체의 자유권, 생명권, 건강권, 성명권, 명예권 및 영예권으로 구분되고, 신분권은 다시 배우자권, 친권 및 친족권 등으로 구분되는 것으로 이해된다.17) 국가배상법에서는 이러한 권리 가운데 신체의 자유권, 생명권 및 건강권에 대한 침해에 대하여는 행정배상을 행한다고 규정한다.

신체의 자유권에 대한 배상은 주로 ①위법한 구류로 인하여 발생한 손해 또는 국민의 신체의 자유를 위법하게 제한하는 조치로 손해가 발생된 경우에 행한다. 위법한 구류로 인정되기 위해서는 행정구류가 법률의 규정을 위반한 경우, 구류 처분 권한을 가진 공안기관이 행한 구류일 것, 구류처분이 위법한 경우로서 구류처분의 사실관계가 불명한 경우, 증거가 불명한 경우, 또는 법률법규의 적용에 착오가 있는 경우, 법정절차를 위반한 경우 등이다. 신체의 자유를 위법하게 제한하는 조치가 되기 위해서는 그 시행하는 조치가 법률이나 법규가 정하고 있을 것, 권한 있는 기관이 실시한 조치일 것, 위법한 조치의 실시로 사실인정의 착오, 증거부족, 법규 적용의 착오, 절차상 하자가 있는 경우 등 요건이 구비되어야 한다. ②또한 불법구금 또는 기타의 방법으로 국민의 신체의 자유를 박탈하는 경우에도 행정배상을 한다.

생명권을 침해하는 경우에도 행정배상을 하며 국가배상법에서는 열거 및 개괄적 규정을 두고 있는 바, ③구타 등 폭력행위 또는 타인을 교사하여 폭력행위를 하여, 국민의 신체에 상해를 입히거나 사망에 이르게 한 경우,

---

17) 張俊浩 主編, 『民法學原理』(中國政法大學出版社, 1997), p.132.

④무기 또는 장비를 위법하게 사용하여 국민의 신체에 상해를 입히거나 사망에 이르게 한 경우, ⑤국민의 신체에 상해를 입히거나 사망에 이르게 하는 기타 위법행위로 규정하고 있다.[18] 상술한 ①~⑤의 내용이 국가배상법이 정하는 신체권에 대한 배상범위에 해당한다.

2) 재산권에 대한 침해행위

재산권의 범위는 매우 광범위하다. 국가배상법 제4조는 행정상 위법행위로 상대방의 재산에 대하여 실제적 손해가 발생한 경우 국가가 배상책임을 지도록 규정하고 있다. 재산권에 대한 침해는 다음과 같은 경우에 행정배상을 한다.

첫째, 벌금, 영업허가증의 취소, 조업의 정지, 재물의 몰수 등 행정처벌이 위법한 경우이다. 둘째, 재산에 대한 봉인, 압류, 동결 등 행정 강제조치가 위법한 경우이다. 셋째, 국가규정에 위반하여 재물을 징수하거나 비용을 분담시킨 경우이다. 넷째, 기타 재산상 손해를 야기한 기타 위법한 행위의 경우이다.

위 네 가지 내용 가운데 마지막 내용은 재산권의 손해배상에 대한 개괄적 규정이다. 행정기관의 작위 또는 부작위로 인하여 행정상대인의 재산권을 침해할 가능성을 예정하고 있는 것이며, 전술한 세 가지 내용 외에 행정상대인의 재산권에 대하여 위법하게 손해를 야기하는 경우 행정상대방은 행정배상을 청구할 수 있는 것이다.

2. 구체적 행정행위와 배상범위의 귀속 여부

1) 공유 공공시설에 의한 손해와 행정배상 여부

공유 공공시설은[19] 정부가 설치 또는 관리하는 시설로서, 공공의 사용을

---

18) 姜明安 主编, 『行政法与行政诉讼法』(北京大学出版社, 2005), pp.664-666.

목적으로 만들어진 시설이다. 공유 공공시설은 광의와 협의의 두 가지로 나눌 수 있는 바, 협의의 공유 공공시설은 일반적으로 일반 공중의 이용을 목적으로 건조된 시설이고, 예컨대 우체국, 병원, 도로, 교량, 항만 등이다. 광의의 공유 공공시설은 상술한 협의의 공공시설을 제외하고, 다음과 같은 것을 포함한다. 하나는 국가가 재정수입의 증가를 위하여 만들어진 시설로 예컨대 국유기업, 사업단위 등이다. 다른 하나는 국가이익의 수호를 위한 목적으로 건조된 시설로서 예컨대 요새, 감옥, 유치장 등이 있다.

공유 공공시설로 인하여 야기된 배상의 성질에 대하여는 주로 두 가지 견해가 대립하고 있다. 우선, 독립적인 배상책임에 속한다고 인식하는 견해가 있다. 이러한 입장의 견해에 의하면, 비록 행정상 배상책임은 근대 민사책임에서 분리된 것이지만, 이미 독립적인 법적 책임으로 발전되었고, 예컨대, 일본의 국가배상법 제2조는 도로, 하천 또는 기타 공공영조물의 설치 또는 관리의 하자로 인하여, 타인에게 손해를 입히게 한 경우, 국가 또는 공공단체는 이에 대해 배상책임을 져야한다고 규정한다.

또 다른 견해로는 민사책임에 속한다고 보는 입장이 있다. 주된 이유는, ①중국의 국가배상법은 행정기관이 직권을 위법하게 행사하여 손해를 일으키는 경우에 한하여 피해자가 행정배상을 청구할 권리가 있음을 규정한다. 공유 공공시설이 야기한 손해는 행정기관의 위법한 직권행사로 일어난 것이 아니므로 행정배상의 책임에 속하지 않는다는 것이다. ②행정배상의 재정능력으로 보면, 공유 공공시설의 범위가 매우 광범위하고, 만약 그것이 야기한 손해를 행정배상의 범위에 속하게 하면 국가재정은 감당할 수 없다는 것이다. ③중국의 민법통칙 제126조는, 건축물 또는 기타시설 및 건축물상의 설치물이 붕괴, 탈락, 추락으로 타인에게 손해를 일으킨 경우, 그 소유자 또는 관리자는 민사책임을 져야 하고, 다만 자기에게 과실이 없음을 증명할 수 있는 경우는 제외한다고 규정한다.

중국의 국가배상법의 규정은 후자의 견해를 따르고 있다. 공유 공공시설

---

19) 공유 공공시설은 국유 공공시설로 이해하는 것이 좋을 것이다.

이 일으킨 손해의 배상문제는 위법한 직권행사의 문제에 속하지 않는다고
하여 행정배상의 범위에 포함하지 않기 때문이다.[20]

2) 군대의 행위와 행정배상 여부

군대의 훈련과정에서 불가피하게 손해가 발생하는 경우가 있으며, 예컨
대 가옥의 파손, 농작물의 훼손 등으로 국민에게 손해를 가하는 경우 국가
가 배상책임을 져야 하는가에 대하여는 두 가지 견해가 대립한다. 첫째,
행정배상 관련 입법은 이러한 손해를 마땅히 행정배상의 범위에 포함시켜
야 하고, 군대의 행위는 국가행위의 중요한 구성부분으로 보아야 한다고
보는 견해다. 둘째, 군대행위가 일으킨 손해는 행정배상의 범위에 포함시킬
수 없다는 견해다. 후자의 견해는, ①현재의 정치체제로 보아 군대는 국가
행정에 속하지 않으며, 따라서 마땅히 국가행정배상범위에 포함시켜서는
아니 된다. ②군대행위의 특성상 그것은 합법적 행위이고, 합법적 행위로
일어난 손실은 행정배상의 문제가 존재하지 않으며, 행정보상의 문제가 된
다. 국가배상법은 후자의 입장에 따라 군대의 행위는 행정배상의 문제로
보지 않고 있다.[21]

3) 재량행위와 행정배상 여부

재량행위는 행정기관이 행정권을 행사하는 과정에서 법률이 정한 범위
내에서 구체적 상황에 근거하여 법률내용을 융통성 있게 적용하는 것이다.
재량권 행사로 발생한 손해에 대하여 행정배상을 해야 하는가에 대하여 두
가지 견해가 있다.

첫째, 긍정설의 입장에 의하면, 행정권의 재량권 행사가 현저히 공정성을
결하거나 주관적인 과실 또는 객관적으로 중대한 손실을 초래한 경우 행정
기관은 마땅히 배상책임을 져야 한다고 인정한다. 왜냐하면, 법률이 재량권

---

20) 정이근, 『중국공법학연구』(도서출판 오름, 2007), p.273.
21) 정이근, 전게서, p.274.

을 설정한 목적은 행정기관이 합법적 범위 내에서 행정권한을 합리적으로 행사하도록 하기 위한 것이기 때문이다.

행정기관이 재량권을 설정한 목적을 위반하면, 정확하고 합법적인 권력 행사가 어렵고, 행정기관은 마땅히 배상책임을 져야 한다는 점이다. 현행 입법에서 행정재량의 부당행사로 야기된 손해에 대하여 배상을 하는 입법 규정이 있다. 「치안관리처벌조례」 제42조는 공안기관이 행한 치안관리처벌에 착오가 있는 경우, 처벌 받는 자에 대하여 착오를 승인해야 하고, 벌금의 반환 및 몰수한 재물을 반환해야 하며, 처벌 받는 자의 합법권익에 손해를 입힌 경우 손실을 배상해야 한다고 규정한다. 이 규정에서 처벌에 착오가 있다는 것은 부당한 행정행위가 일으킨 손해를 포함한다.

둘째, 부정설의 입장에 의하면, 행정기관이 법률이 정한 범위 내에서 재량권을 행사하면 그 재량권의 행사는 합법적인 것이고, 합법적 행위가 일으킨 손해에 대하여 행정기관은 행정배상책임을 지지 않는다고 한다. 국가배상법 제2조의 규정은, 국가기관과 국가기관업무인원의 위법한 직권행사로 국민의 적법한 권익에 손해를 입힌 경우에만 피해자는 행정배상의 권리를 획득한다고 규정하기 때문이다.

재량권 행사로 인하여 발생한 손해에 대하여 배상을 할 것인가는 각국의 사정에 따라 다르다. 독일의 경우, 국가기관이 재량권을 불법적으로 행사하여 손해를 야기한 경우 국가기관은 이로 인한 책임을 부담하여야 하고 재량권 행사에 대한 예외적 규정은 없다. 중국의 행정배상제도는 행정기관이 행한 재량행위에 대하여 행정배상의 범위에서 제외하고 있다.[22]

재량권의 행사와 성질을 달리하지만 행정기관의 종국적 심판행위로 인한 손해 발생의 경우 배상의 범위에 포함되는가 하는 문제가 있다. 행정소송법 제12조에 의하면, 법률이 행정기관을 최종재결기관으로 정하고 있는 행정행위에 대하여 행정상대방은 행정소송을 제기할 수 없다. 그러나 행정기관이 종국적 심판을 하는 대상이 되는 행위로 인하여 손해가 발생한 경우

22) 정이근, 전게서, p.275.

에 행정배상청구를 배제하지는 않는다. 행정기관이 최종적인 심판을 하든 인민법원이 최종적인 판단을 하든, 구체적 행정행위로 인하여 손해가 발생한 경우에는 행정배상을 인정하고 있고, 「최고인민법원의 국가배상법해석」 제5조에서도 인민법원이 행정배상청구를 수리하도록 규정하고 있는 점을 고려할 필요가 있다.

3. 간접적 손해 및 정신적 손해에 대한 배상 여부

1) 간접손해에 대한 배상 여부

직접손해와 간접손해는 서로 상대적인 개념이다. 직접손해는 실제손해 또는 적극손해라 하고, 현실적인 재산 또는 이익의 감소이다. 직접손해는 기득이익에 관한 손해이므로 비교적 확정적이며 계산이 용이하다고 할 수 있다. 간접손해는 기대이익에 대한 손해 또는 소극적 손해라 하고, 간접손해 중 일부는 비교적 확정적이며 계산이 용이하다. 예컨대 월급소득, 이자 등은 매우 확정적일 수 있으면서도 불확정적이며 계산이 용이하지 않은 경우도 있다. 또한 간접손해에 대하여 배상을 인정할 것인가에 대하여는 견해가 일치하지 않는다.

간접손해를 인정하지 않는 부정설의 입장에서는, 간접손해에 대한 배상을 행하는 것은 현실상 어려움이 있고, 손해를 확정하기 어려우며, 또한 손해의 범위를 확대하는 경향을 초래한다고 주장한다. 그러나 긍정설의 입장에서는, 배상범위를 직접손해에만 국한시키면 행정침해로 야기한 손해를 보전하는데 충분하지 못할 뿐 아니라 공정성을 상실하게 되므로 행정상대인의 권익보호에 불리하다고 한다. 간접손해의 확정은 기술적 문제이다. 기술적 문제의 해결은 간접손해를 행정배상의 범위에서 제외시키는 이유가 될 수 없다고 본다.[23] 그러나 현재 중국의 국가배상법에서는 부정설의 입

---

23) 정이근, 전게서, p.275.

장을 취하고 있다.

2) 정신적 손해에 대한 배상 여부

정신적 손해에 대하여 배상을 할 것인가에 대하여 대개 두 가지 견해가 있고, 학자들의 견해 역시 일치하지 않는다. 부정설의 입장은, 정신적 손해는 배상이 필요 없다고 인정한다. 주된 이유는 정신적 손해는 금전으로 환산할 수 없고, 배상실무에서 배상액을 산정하는 데 어려운 문제가 있다는 점이다. 정신적 손해와 물질적 손해는 밀접한 관계가 있고, 물질적 손해에 배상을 하면 정신적 피해에 대하여는 별도로 배상할 필요는 없다는 것이다.

긍정설의 입장은 정신적 손해에 대하여 배상을 하여야 한다고 한다. 그 주된 이유로는, ①헌법 제38조는 공민의 인격존엄은 침해받지 않는다고 규정한다. 민사입법 관련 규정에서도 민사주체는 정신손해에 대한 배상책임을 확인하고 있다. 민법통칙 제120조의 규정에 의하면 공민의 성명권, 초상권, 명예권, 영예권, 법인의 명칭 및 명예권 등은 모두 정신적 손해 배상의 범위에 포함된다. 국가가 특수한 민사주체로서 공민의 인격권을 침해하여 정신적 손해를 입히면 당연히 배상을 하여야 한다. ②정신적 손해에 대한 배상의 인정여부는 국가의 공민인격권과 정신적 재부에 대한 중시정도를 반영하고, 정신적 손해를 중시하고 배상을 행하는 것은 세계 각국 행정배상 입법의 일반적 추세다.

중국의 국가배상법을 통하여 판단하면 정신적 손해의 금전적 배상에 대한 규정은 존재하지 않는다는 것을 알 수 있고, 다만 영향의 배제, 명예회복, 사과의 방식으로 책임을 부담하는 것은 확인할 수 있다.[24]

---

24) 중국 국가배상법 제30조에 의하면, 배상의무기관이 국가배상법 제3조 제1호 및 제2호, 제15조 제1호, 제2호 및 제3호의 규정과 관련하여 피해자의 명예권, 영예권에 손해를 입힌 경우에는 침해행위의 범위 내에서 피해자를 위하여 영향의 제거, 명예회복, 사과를 하여야 한다고 규정한다.

IV. 국가의 배상책임 면책 행위

국가배상제도를 채택하고 있는 국가는 대개 배상책임에 대한 면책규정을 두고 있고, 중국도 예외가 아니다. 중국 국가배상법 제5조는 다음과 경우에 해당하면 국가가 배상책임을 면하는 것으로 규정하고 있다. 국가배상법의 내용과 더불어 「최고인민법원의 국가배상심리에 관한 몇 가지 문제의 규정」에서 정하고 있는 내용도 논하고자 한다.

1. 직권행사와 무관한 개인행위

국가배상법 제2조는, 국가기관과 그 업무인원이 직권을 위법하게 행사하여 공민, 법인, 및 기타 조직의 합법권익에 손해를 입힌 경우에 비로소 피해자는 국가배상을 획득할 권리가 있다고 규정한다. 이 규정에서, 직권행사와 무관한 개인행위로 발생한 손해는 국가가 배상책임을 지지 않음을 명확히 하였다. 또한 국가배상법 제5조의 규정에서도 개인의 행위는 행정배상의 범위에 속하지 않음을 더욱 명확히 하였다.

그러나 직권행사와 무관한 개인의 행위를 한정하는 데는 어려움이 있다. 배상실무에서도 직무행위와 직무에 해당하지 않는 행위의 판단 기준은 무엇이며, 즉 직무행위의 범위를 어떻게 확정할 것인지는 어려운 문제이다. 직무성 판단 기준과 관련하여서는 견해의 대립이 있다.

첫째, 객관설이다. 객관설의 입장에 의하면 공무원의 행위가 직무행위에 속하는지 여부는 법률의 규정을 기준으로 해야 하고, 가해자의 주관적 인식에 따라 결정할 수 없고, 따라서 객관적 기준을 선택하여 직무집행의 범위를 선택해야 한다고 한다. 객관적 기준을 채택하여 직무행위로 인정하는 경우는 세 가지 행위로 한다. 즉, ①공무원이 그가 접수한 명령 또는 수탁(受託)한 직무를 집행하는 것, ②당해 직무의 집행에 필요한 행위 또는 당해 직무의 집행에 협조하는 행위, ③그 행위와 직무의 집행에 관계가 있다고 인정할 수 있는 경우이다.

둘째, 주관설이다. 주관설의 입장에 따르면 공무원의 주관적 의사에 따라 그 행위가 직무행위에 속하는지 여부를 판단해야 하고, 즉 공무원이 침해행위를 행하는 과정에서 당해 행위가 직무 외의 행위임을 인식한 경우에는 국가가 책임을 지지 않는다. 만약 공무원이 당해 행위가 직무집행의 범위에 있다고 오인한 경우에는 국가는 상응하는 배상책임을 져야 한다.

셋째, 절충설이다. 절충설의 입장은 어떠한 행위가 직무집행 행위에 속하는가를 판단함에 있어, 단순히 주관적 표준만을 채택할 수 없고, 마찬가지로 객관적 표준만을 채택할 수도 없다. 따라서 주관적인 사정과 객관적인 사정을 모두 고려하여야 하고, 직무행위와 법률이 규정한 직권 사이에 내재적 관계가 존재하는가를 고려하여 판단하여야 한다는 것이다.

2. 국민 자신의 행위로 손해가 야기된 경우[25]

행정배상을 청구할 수 있는 배상은 반드시 행정상 침해행위로 발생한 것이어야 하고, 어떠한 손해가 공민, 법인 및 기타조직 자신의 행위로 인한 경우에는 행정배상의 범위에 속하지 않는다. 손해가 공민, 법인 및 기타조직과 행정기관 및 그 업무인원의 직무상 공동행위로 발생한 경우, 손해와 침해행위 사이에 법률상의 인과관계가 존재하면 각자의 책임부분에 따라 배상의 범위를 확정하고, 국가는 그가 부담할 부분에 대한 배상책임을 져야 한다.

---

25) 국가배상법 제5조 제(2)호.

3. 다른 법률이 규정한 경우[26]

여기서 말하는 법률은 전국인대 및 그 상무위원회가 입법절차에 따라 제정한 법 규범을 말하는 것으로, 행정법규와 규장은 포함하지 않는다고 해석해야 할 것이다.

다른 법률이 규정한 경우에 대하여는 국가가 배상책임을 지지 않는다는 것이 국가배상법 제5조의 일부 내용이지만, 사실 현재로서는 명확한 해석이나 규정이 없다. 다만 중국의 민법통칙 제107조 규정이 불가항력으로 인하여 야기된 손해에 대하여 민사책임을 지지 않는다는 규정을 하고 있음에 주의할 필요가 있고, 민법통칙 제121조가 국가기관의 책임을 특수한 민사책임으로 규정하기 때문에 불가항력에 관한 규정은 행정배상에도 적용될 것이다.

다른 법률이 규정한 경우와 관련하여 국가배상법 제30조,[27] 제33조[28]의 규정, 행정소송법 제12조[29]의 규정도 참고할 필요가 있다.

4. 국가행위로 인한 손해

국가행위는 정부행위라고도 하며, 국무원, 중앙군사위원회, 국방부, 외교부 등 국가기관이 헌법과 법률의 수권에 의하여 국가의 명의로 행하는 국방, 외교 등의 행위와 헌법과 법률에 따라 국가기관이 선포하는 긴급 상태의 선포, 계엄의 실시 또는 총동원령의 발동 행위 등이 해당된다. 국가배상법은 국가행위에 대한 배상 여부에 대하여 명확한 규정을 하고 있지 않다. 다만 「최고인민법원의 국가배상심리에 관한 몇 가지 문제의 규정」(이하 국

---

26) 국가배상법 제5조.
27) 명예권 및 영예권의 손해에 관한 구제.
28) 외국 주체에 대한 배상의 특수 규정.
29) 인민법원이 사건을 수리하지 않는 범위.

가배상법해석이라 한다.)[30] 제6조에서는 국가행위를 행정배상의 대상에서 제외하고 있다.

5. 추상적 행정행위로 인한 손해

추상적 행정행위는 권한을 가진 행정기관이 불특정한 다수를 대상으로 하여 일반적 구속력을 가지며 반복적 적용이 가능한 규범성 문건을 제정하는 행위를 총칭하는 것이다. 즉 행정기관의 행정입법을 지칭한다. 추상적 행정행위에는 행정법규, 규장 및 기타 규범성문건이 포함된다. 추상적 행위로 인하여 행정 상대방에 대하여 손해가 발생한 경우 국가가 손해배상을 하여야 하는가에 대하여 학설상 대립은 있지만, 「최고인민법원의 국가배상법해석」제6조에서는 추상적 행정행위에 대한 행정배상 청구는 수리하지 않는 것으로 규정하고 있다.

V. 국가배상법 규정의 한계

1. 배상범위의 입법방식상의 문제

국가배상법이 행정배상과 사법배상의 범위를 확정하면서 개괄적 입법방식을 채택하지 않고 열거적 입법방식을 취한 것에서 발생하는 문제다. 국가배상법 제3조 및 제4조가 행정배상의 범위를 규정하면서 열거의 방식으

---

30) 1997年 4月 29日 法发[1997]10号 「最高人民法院关于审理行政赔偿案件若干问题的规定」을 말함.

로 신체권과 재산권의 손해에 대한 배상을 규정하였지만 기타의 적법한 권리에 대한 침해는 누락시키고 있는 것이다.

국가배상법 제3조 신체권에 관한 손해배상의 규정도 열거의 방식으로 5가지 종류의 행위를 한정하고 있는 바 즉, ①인신의 자유에 대한 위법한 행정강제, ②불법구금 또는 기타 방법으로 불법적으로 국민의 인신자유를 박탈하는 경우, ③구타 등 폭력적 행위 또는 타인을 사주하여 구타 등 폭력행위로 국민의 신체를 상해 또는 사망에 이르게 하는 경우, ④위법한 무기나 계구를 사용하여 국민의 신체에 상해 또는 사망에 이르게 한 경우, ⑤기타 국민의 신체에 상해를 가하거나 사망에 이르게 한 위법한 경우에 한정된다. 일부 신체권에 대한 배상을 열거하고 있으나 신체권 전체를 포괄하는 것은 아니라는 것을 알 수 있다. 이처럼 배상범위에 대한 입법방식상의 태도가 곧 배상범위에 영향을 미치고 있는 것이다.[31]

2. 직무성이 인정되는 행위의 한정성

국가배상법이 비록 제2조에서 국가기관의 직무집행 과정의 행위가 국가배상범위 내의 행위라고 개괄적인 규정을 하고 있지만, 실제 운용에서 국가기관의 직무행위는 매우 제한적으로 적용되고 있다. 즉 직무행위와 관련하여 인정되는 행위로는 행정기관이 신체의 자유를 침범한 구체적인 행위, 신체를 상해하거나 사망에 이르게 한 행위, 재산에 손해를 가한 구체적인 행위, 형사사법기관의 구체적 행위, 형사 오판 및 이미 집행한 행위, 폭력행위, 민사나 행정소송 과정에서 취한 소송방해 강제조치나 보전조치 또는 집행행위 등에 국한되고 있다. 이러한 행위 이외의 기타 권리를 침해하는 행위는 배상의 범위에 속하지 아니한다.

---

31) 杨小君, "需要回归真实的国家赔偿范围," 『宪政与行政法治评论』(中国人民大学出版社, 2004), p.171.

즉, 앞서 본문에서 서술한 바와 같이 국가기관의 입법행위, 추상적 행정행위, 군사행정행위, 적법한 권한행사로 인한 손실보상, 국유시설의 설치관리상 하자로 인한 손해, 부작위로 인한 손해, 민사나 행정소송상의 오판행위, 국가기관이 신체권 및 재산권 이외 기타 권리에 대한 행위 등에 대한 직무성은 인정하지 아니한다.[32]

3. 국가면책 범위의 광범성

전술한 바와 같이, 국가배상법 제5조는 국가행위로 인한 손해, 직권행사와 무관한 개인행위, 자기의 행위로 손해를 야기한 경우, 추상적 행정행위로 인한 손해, 법률이 규정한 기타의 경우에 대하여 배상책임이 면제된다고 규정하고 있다. 그러나 많은 부분이 불합리하게 국가의 배상책임을 면제하고 있기 때문에 상대적으로 행정배상의 범위가 축소되는 것으로 지적되고 있다.

VI. 결론

현대 국가의 발전과 국민의 기본권 보장이라는 국가의 기본적 의무를 고려하면 현행의 국가배상법은 상당 부분 개정이 필요한 것으로 판단되고, 중국의 학계에서도 많은 학자들이 국가배상법에 대한 전면적인 개정을 주장하고 있는 것이 현실적 상황이다. 학자들이 시급한 개정의 필요성을 주장하고 있는 국가배상법 영역은 크게 국가배상법상의 책임원칙, 국가배상

---

32) 楊小君, 전게서, p.172.

의 범위, 국가배상의 절차, 국가배상의 기준 및 행정상 손실에 관한 부분이다.[33] 특히 국유시설 등의 설치 관리상 하자로 인한 손해배상의 문제, 손실보상의 문제, 신체권 및 재산권 이외의 권리 침해에 대한 배상, 추상적 행정행위로 인한 손해에 대한 배상 등에 대한 배상규정이 보완 정비되어야 한다는 점에 많은 학자들이 인식을 같이 하고 있다.[34]

이처럼 학계를 비롯하여 실무에서도 대개 국가배상법이 인정하는 배상의 범위가 매우 한정적이라는 것은 널리 인정되고 있는 사실이다. 물론 국가배상법제의 개선이나 완비는 국가의 정치 경제 사회 등 국가의 각 영역의 발전에 영향을 받는다. 즉, 국가입법기관의 국민의 기본권에 대한 보호의 중요성에 대한 인식 정도에 따라 국가배상의 범위가 입법에서 달리 나타날 수 있으며, 현대 행정의 발달로 인하여 행정 영역이 확대됨으로써 배상의 범위가 확대되기도 하고, 행정배상에 대한 성질이나 책임원칙에 대한 이론의 선택 여하에 따라 국가배상의 범위가 달라지기도 한다. 특히 국가의 경제적 부담능력은 국가배상의 범위를 직접적으로 제한할 가능성도 있다.

특히 국가배상의 범위를 한정하는 요인과 관련하여 그동안 국가의 경제적 부담능력이 상당한 정도 설득력 있게 작용한 것을 부정할 수 없을 것이다. 그러나 1994년 국가배상법의 제정 당시와 약 17년이 경과한 현재의 국가재정 상황은 과거에 비교할 수 없을 정도로 많은 변화가 있다고 할 것이며, 더 이상 국가재정이 국가배상의 범위를 제한하는 부정적 요인이 될 수 없다는 것이 학자들의 판단이다. 행정배상의 범위와 관련하여 문제점으로 지적되는 사항을 국가배상법 개정에 반영하여 현대적 상황에 부합하는 국가배상법제를 운용하는 것이 시급하다 할 것이다.

국가배상법의 개선과 관련하여, 예컨대 최고인민법원은 2001년 3월「민사권리 침해로 인한 정신적 손해배상책임에 관한 몇 가지 문제의 해석(关于

---

33) 杨临萍, "国家赔偿法修改的思考," 『宪法学 行政法学』(中国人民大学 复印报刊资料, 2008.6), pp.3-5.

34) 杨建顺, "国家赔偿法应修改什么 如何修改," 『宪法学 行政法学』(中国人民大学 复印报刊资料, 2008.6), pp.5-6.

确定民事侵权精神损害赔偿责任若干问题的解释)」을 규정하였다.35) 이 사법해석의 규정을 고려하면, 국가배상법 영역에서도 마땅히 정신적 손해에 대한 배상이 제도적으로 보장되어야 할 것이다. 본질적으로 민사상의 위법행위로 인한 정신적 권리의 침해나 행정상 위법행위로 인한 정신적 권리의 침해는 모두 권리침해라는 점에서는 같다. 굳이 행정상 위법행위에 의한 정신적 권리 침해에 대하여 면죄부를 줄 이유는 없는 것이다.

국가배상법제의 시행은 국가 또는 공무원의 위법한 직무행위로 인하여 발생된 손해에 대하여 국민의 충분한 권리구제를 보장하고, 나아가 국가 행정기관의 원활한 직무수행을 위하여 중요한 의미를 갖는다. 본 장에서는 국가배상의 범위에 대한 문제를 중심으로 살펴보았지만 국가배상법상 특히 행정배상의 영역에서 배상기준의 문제나 빈약한 배상금액의 문제는 매우 현실적인 문제로 남아 있다. 국가배상법에 대한 개정의 목소리가 높은 상황에서 하루속히 법 개정이 이루어지고, 명실상부한 행정배상제도의 확립이 이루어져야 할 것으로 본다.

결론적으로, 앞서 서술한 바와 같이, 국가배상법상 행정배상의 범위를 최대한 확대하여 국민의 적법한 권익이 충분히 보장되도록 하는 것이 곧 사회주의 민주주의를 공고히 하는 것으로 이해할 때, 행정배상의 범위 확대를 통한 제도적 개선은 민주국가를 위한 지속적인 노력의 요구와도 부합하는 것이라 할 수 있다.

---

35) 이 사법해석 제8조 제2항에서는, 위법한 권리침해로 정신적 손해를 야기하여 심각한 결과를 초래한 경우, 인민법원은 가해자가 침해를 방지하고, 명예를 회복시키고, 그 영향을 제거하며, 배상사죄 등 민사책임을 지도록 판결하는 외에 피해자의 청구에 따라 그 배상에 상응하는 정신적 손해에 대한 위로금을 지급하도록 판결할 수 있다고 규정한다. 동 해석 제9조에서는 정신적 손해에 대한 위로금은 장애배상금, 사망배상금 및 기타 손해의 상황에 따른 정신적 위로금을 포함한다고 규정한다.

■ 참고문헌

姜明安 主编. 『行政法与行政诉讼法』. 北京大学出版社, 2005.
_____. 『行政法学』. 法律出版社, 1998.
马怀德. 『国家赔偿法的理论与实务』. 中国法制出版社, 1994.
张俊浩 主编. 『民法学原理』. 中国政法大学出版社, 1997.
詹福满. 『中国行政法问题研究』. 中国方正出版社, 2001.
胡锦光 等著. 『行政法专题研究』. 中国人民大学出版社, 1998.

杨建顺. "国家赔偿法应修改什么 如何修改." 『宪法学 行政法学』 中国人民大学 复印报刊资料 2008.
杨临萍. "国家赔偿法修改的思考." 『宪法学 行政法学』 中国人民大学 复印报刊资料 2008.
杨小君. "需要回归真实的国家赔偿范围." 『宪政与行政法治评论』. 中国人民大学出版社, 2004.

제11장 |
행정정보공개제도

I. 서언

2007년 1월 17일 국무원 회의에서 통과된 중화인민공화국행정정보공개
조례(이하 조례라 한다.)[1]는 2008년 5월 1일부터 시행되고 있다. 이 조례는
제1장 총강, 제2장 공개의 범위, 제3장 공개의 방식과 절차, 제4장 감독과
보장, 제5장 부칙으로 구성되며 모두 38개 조항으로 이루어져 있는 행정법
규에 속하는 입법이다. 이 조례는 국무원이 정한 행정법규로서 현재까지
행정정보공개 영역에서는 가장 우선적 효력을 가진 법원(法源)이며, 중국
국민의 알권리 보호와 행정정보의 공개라는 측면에서 중요한 역할을 하고

---

1) 정식 명칭은 「중화인민공화국정부정보공개조례(中华人民共和国政府信息公开条例)」이
   므로 "정부정보공개조례"라 해야 마땅하지만 우리식 표현과 이해의 편의를 위하여 중화
   인민공화국행정정보공개조례로 번역하고자 하며, 본문에서도 편의상 "정부정보"를 모
   두 "행정정보"라 표기하고자 한다.

있는 규범이 되고 있고, 일부 제도상의 문제점을 부정할 수 없지만, 행정상 민주 발전을 위한 전기를 마련한 것으로 평가된다.

본 장에서는 중국 행정정보공개제도의 근간을 이루고 있는 행정정보공개조례 입법의 필요성, 행정정보공개조례의 주요 내용 중 특히 제도적 의미, 행정정보공개의 심사, 공개의 방식과 절차, 정보공개에 대한 감독에 관한 내용을 살펴보고, 정보공개조례의 시행 과정에서 나타나는 문제점 및 향후 전망에 대하여 간략히 서술하고자 한다.

II. 행정정보공개조례의 필요성

1. 행정정보 및 공개의 개념

행정정보는 각급 행정기관이 직무를 수행하는 과정에서 제작·생산 및 획득한 일정한 형식으로 기록 보존하는 정보이며, 행정정보공개는 각급 행정기관이 능동적 또는 수동적으로 장악한 행정정보를 법정 형식, 범위 및 절차에 따라 일반에 공개하여 사회 성원이 이를 획득하여 사용토록 하는 것이다. 이는 곧 행정의 투명성을 제고하고 투명한 정부를 건설함으로써 법치행정을 실현하는 기초가 된다.

행정공개는 행정기관이 행정의 과정 및 관련 사항을 행정상대방 및 일반에 공개하여 그 알 권리, 참여권, 표현권 및 감독권 등 적법한 권리를 보장하는 것이다. 행정공개는 광범위한 내용을 포함하며 행정기관의 행정문건 등 정보자료의 공개, 행정결정의 공개, 정부구매의 공개성, 기타 정무의 공개 등이 예가 된다. 행정행위 및 그 과정의 각 행정이 공개의 대상이 될 수 있다. 행정공개는 현대 행정의 요구이며 민주행정의 실현과 법치행정의 실현을 위한 기초가 된다.

2. 행정정보공개조례의 입법경과

행정정보공개조례의 제정은 중국 공산당의 제17대 정치보고와 관련된다. 중국공산당 제17대 정치보고에서는 사회주의 민주정치의 발전목표를 제시한 바, 구체적으로는 행정관리체제의 개혁, 각 행정업무의 공개적 처리 실현, 행정의 투명성과 공신력의 제고, 권력행사의 투명성 보장, 국민의 알 권리·참여권·표현권 및 감독권의 보장을 제시하였다. 중국 공산당의 이러한 결정은 새로운 국가발전 상황 속에서 행정의 투명성을 어떻게 제고할 것인가 하는 문제에 있어 이념적 근거를 제시한다고 볼 수 있다.

이러한 배경 아래 각 지방의 정부 사무에 대한 공개가 법제화되기 시작하였다. 예컨대 2002년 11월 광동성 광저우시는 「광저우시행정정보공개규정」을 제정하였고, 이를 시작으로 상하이, 베이징, 청두, 항저우, 선전 등의 시에서 유사한 규정이 제정되었다. 이러한 지방규장의 출현은 시민의 알 권리 보장, 지방정부 정보공개 절차의 규범, 행정의 투명성 제고 및 지방행정 감독에 대한 중요한 법적 근거를 마련하는 계기가 되었고, 이를 기반으로 전국적 범위의 입법을 위한 노력이 가속화되어, 행정정보공개조례는 2007년 1월 17일 국무원 제165차 회의를 통과하고 재수정을 거쳐 동년 4월 5일 국무원 총리가 서명하고 국무원령 제492호로 공포되어 2008년 5월 1일부터 시행되었다.

3. 행정정보공개조례의 필요성

행정정보공개의 필요성은 어디에 있는가? 입법을 통하여 행정정보의 공개가 필요한 것인가? 이러한 문제는 행정정보공개제도의 수립과 관련 입법의 제정에 있어 반드시 명확히 해야 할 부분이라 판단된다. 입법의 필요성에 대하여는 대개 다음과 같이 요약된다.[2]

첫째, 헌법적 근거이다. 중국 현행 헌법 제2조 제3항은 "인민은 법률규정에 의하여, 각종 경로와 형식을 통하여, 국가사무를 관리하고 경제 및 문화 사업을 관리하며 사회 사무를 관리한다."고 규정한다. 또 헌법 제27 조는 국민의 의견 제출권, 건의 및 감독권을 규정하고 헌법 제41조는 비평, 건의, 고발권을 규정하고 헌법 제16조 및 제17조에서는 참여권을 규정한 다. 이러한 헌법의 규정으로부터 알 권리의 존재를 도출할 수 있고, 알 권 리의 전제조건으로서 행정정보공개를 인식할 수 있다. 행정기관의 정보공 개를 통하여 관련 정보를 획득함으로써 사안에 대한 정확한 판단이 가능하 고, 행정기관의 정책 및 행정행위에 대한 적절한 감독이 가능한 것이다. 즉 정부 정책 및 행정행위에 대한 비평, 건의, 신고, 검거, 유효한 감독 및 권리구제를 위해서는 그 전제가 행정정보공개인 것이다.

둘째, 행정민주화의 필요성에 따른 것이다. 공개는 민주행정의 핵심적 개념이며 법치의 중요한 요소이며, 행정기관의 정보공개는 국민에 대한 책 임 있는 자세라 할 것이다. 행정기관의 정보공개는 인민민주주의 원칙이라 는 헌법원칙의 행정 영역에서의 구현이며, 국민으로 하여금 정보수집의 노 력을 절약토록 하는 것은 물론, 행정행위에 대한 유효적절한 감독을 통하여 행정의 공정성과 민주성을 확보하고 행정공무원의 부패를 방지하는 중요한 기능을 한다. 행정정보의 공개가 민주행정과 법치행정을 구현하는 중요한 역할을 한다는 것은 널리 인식되고 있으며, 이러한 가치의 인정에 따라 많 은 국가에서 행정정보공개에 관한 입법을 제정 운용하고 있다.

셋째, 행정정보공개조례는 서비스행정 실현을 위한 구체적인 실행방법이 다. 2004년 공포된 「법치행정의 전면 실시 요강」3)은 법치행정 실현을 위 한 강령성 문건이며, 법치행정을 위한 기본적 목표와 구체적 단계를 규정하 고 있다. 특히 행정정보의 공개에 관하여 정하고 있어 이론적 실천적 가치 를 지닌 문건이다. 동 요강 제1조는 행정관리의 투명성 제고를 규정하여

---

2) 莫于川, "政府信息公开法的基本理念、立法目的和指导原则再检讨," 『宪法学 行政法 学』 中国人民大学书报资料 2010年 第3期, pp.38-39.
3) 정식 명칭은 「全面推进依法行政实施纲要」이다.

법치행정 추진을 위한 지도사상으로 구체적으로 표현하고 있다. 제3조에서
는 행정기관이 제공하는 행정정보의 완전성, 정확성 및 신속성과 행정의
공개·공평·공정·효율 및 신뢰를 법치행정 건설의 구체적 목표로 정하고
있다. 행정정보공개조례는 위 요강이 확립한 서비스행정 실현을 위한 구체
적 입법조치라 할 것이다.

넷째, 현실적 필요성으로 중국의 WTO 가입에 따른 행정의 투명성 요구
에 따른 것이다. 중국은 2001년 WTO 가입 당시 의정서 제2조 (C)항 투명
성 확보에 대한 승낙을 하면서 행정의 투명성 원칙에 대한 준수를 약정하였
다. 이는 GATT 제10조, 제13조, 제16조 및 제19조와 GATS 제3조, TRIPS
제63조 등 규정에서 모든 성원국 정부의 무역 관련 정책, 법률 및 법규의
조정에 대한 즉각적인 공개를 요구할 뿐 아니라 성원국 정부의 다른 정부나
기관 간 합의한 양자 또는 다자조약 및 무역 관련 중재재결, 법원의 판결
및 관련 법 절차에 관한 상세한 자료의 공포를 요구하는 데 대한 대응책이
다. 이러한 관련 문건은 정식의 공포절차를 거치지 아니하면 시행할 수 없
는 것이다. 각 성원국 정부는 해당 상임이사회에 즉시 또는 정해진 기간에
국내 법률 및 행정입법의 공포에 관한 자료를 제출하여야 한다. 이러한 점
에서, 행정기관의 정보공개에서 특히 무역 관련 정책 및 입법에 대한 투명
성 확보를 위한 전제로 행정정보공개제도가 우선적으로 확립되어야 하는
것을 알 수 있다.

III. 행정정보공개조례의 주요 내용

1. 행정정보공개조례의 제도적 의미

조례가 정하는 바에 의하면, 행정기관이 직무를 이행하는 과정에서 제작

또는 획득한 것으로서 일정한 형식에 의하여 기록 보존하는 정보가 곧 행정정보에 속한다. 조례에 근거하면 행정정보는 다음과 같은 특징을 가진다고 할 것이다. 즉, 행정정보는 행정기관이 그 주체가 되고, 반드시 직무의 이행과정에서 제작 또는 획득한 정보이며, 일정한 형식을 가진 기록 보존하는 것이다.

행정정보공개조례는 국민이 행정정보를 획득할 수 있음을 규정하고 있고, 행정정보의 공개는 정부의 법적 의무가 되고 있다는 점에서 의의가 있다. 국민은 조례의 규정에 의하여 행정기관에 대하여 정보의 공개를 요구할 수 있고, 이에 상응하여 행정기관은 신속 정확히 공개하여야 하고, 행정기관이 법에 따른 정보공개 의무를 이행하지 않을 경우에 국민은 상급 행정기관, 감찰기관 및 주관 부처에 고발조치 할 수 있다. 또한 행정기관이 행정정보를 공개하는 과정에서 행한 구체적 행정행위가 그 합법적인 권리를 침해하는 경우 피해 당사자는 행정심판 또는 행정소송을 제기할 수 있다. 이러한 의미에서 행정정보공개조례는 국가의 일방적 시혜적 행정정보공개 국면을 전환시키고 국민의 알권리를 만족시킬 수 있는 중요한 계기가 되고 있다.

2. 행정정보공개의 범위

조례는 공개의 원칙을 규정하고 예외적인 비공개를 규정함으로써 과거에 비해 공개의 범위를 확대하고 있다. 공개의 범위 확대에 대하여는 주체에 관한 측면과 사항에 관한 범위로 구분하여 살필 수 있다. 조례의 규정에 의하면 정보공개의 주체는 주로 행정기관과 법률 및 법규가 수권한 공공사무의 관리기능을 가진 단체를 비롯하여 또 하나의 주체로서 일반 대중의 이익과 밀접한 관련을 가진 공공 기업 및 사업단체를 포함하고 있다. 즉 교육, 급수, 전력공급, 가스 및 열 공급, 환경보호, 의료 위생, 산아제한, 공공교통 등 일반 대중의 이익과 밀접한 관련이 있는 사업에 관한 정보와 관련된다. 대상 범위와 관련하여, 조례는 행정기관의 업무처리의 공개 및 그 결과의 공개를 요구할 뿐 아니라, 이미 획득한 정보의 공개를 요구하고 있다. 조례에 의하면 공개할 수 없는 정보에 대하여 규정한 바, 즉 국가안 전 공공안전 및 경제적 안전과 사회 안전에 관한 정보, 국가기밀·상업비밀 및 개인 사생활에 관한 정보는 권리자 및 행정기관의 동의가 없으면 공개할 수 없고, 외교 국방 및 사회규제에 관한 민감한 정보는 권한 있는 기관의 비준 없이 공개할 수 없다. 이러한 비공개 대상 정보 외에는 모두 공개가 원칙이다. 조례는 23개 항의 자발적 공개 항목을 정하고, 국민이 필요한 경우 신청을 통하여 자발적으로 공개하지 아니하는 정보의 공개를 신청할 수 있다.[4]

3. 행정정보공개의 심사제도

행정정보공개에 관한 입법과 중국 국가비밀보호법 등의 법률 및 법규는, 공개와 비밀유지 사이의 적정한 관계 유지를 위하여 서로 연계되어 있고, 또한 국민, 법인 및 기타 단체의 알 권리를 보호하고 동시에 부당한 공개로 인한 비밀유출이나 누설로 말미암아 발생하는 국가안전 공공안전 및 경제 안전에 대한 손해를 방지하고 사회안정 및 국민의 적법한 권익을 보호하기 위하여 조례는 이와 상응하는 행정정보공개에 관한 심사제도를 규정하고 있다.

우선 비밀심사는 행정기관의 의무가 되고 있다. 조례는 행정기관이 행정 정보 발표에 대한 비밀심사 기제를 확립할 것을 요구하고 있고, 심사의 절 차와 책임의 명확성을 확보토록 하고 있다. 다음, 심사의 원칙으로는 다음 과 같이 요약된다. 첫째, 적법한 심사의 원칙으로서 행정기관은 행정정보를 공개하기 전에 반드시 중국 국가기밀보호법 및 기타 관련 법률 법규에 따라

---

4) 행정정보공개조례 제8조에서 제13조 참조.

공개하려는 행정정보에 대한 심사를 하여야 한다. 둘째, 신속성 및 정확성의 원칙이다. 행정기관이 공개하는 정보는 신속성과 정확성을 요구한다. 사회의 안정에 영향을 미치는 허위의 정보 또는 불완전한 정보에 대하여 신속하고 정확한 정보를 제공하여 그 진위를 명확히 해야 한다. 셋째, 협조의 원칙이다. 행정기관이 공개여부를 결정하지 못하는 경우에는 법률 및 법규에 의하여 관련 부문 또는 동급의 기밀유지 기관에 대하여 그 공개 여부에 대한 결정을 요청하고 기관 상호간 정보의 공개에 대한 협조를 하여야 하는 것이다. 넷째, 비공개의 원칙이다. 국가안전, 공공안전, 사회적 안전에 관한 정보를 공개할 수 없는 것 외에도 국가비밀·상업비밀 및 개인의 사생활에 관계된 정보는 공개하지 않음이 원칙이다. 다만 권리자가 동의하는 경우 및 그 정보의 비공개가 공공이익에 중대한 손해를 야기하는 경우의 상업비밀 및 개인의 사생활에 관한 정보는 공개할 수 있다.[5]

4. 행정정보공개의 방식과 절차

행정정보공개조례는 행정정보공개의 절차에 대하여 구체적인 규정을 두고 있다. 자발적 공개와 신청에 의한 공개, 법정 공개형식과 비 법정 공개 형식 등으로 구분된다. 특히 신청에 의한 정보공개는 국민이 자신의 필요에 따라 정부에 대하여 정보의 공개를 신청할 수 있다는 점에서 권리보장의 확대와 관련하여 상당한 의미를 가진다고 할 것이다.

또한 동 조례에서는 국민이 정보를 획득하는 과정에서의 편리를 위하여 관련 제도를 설정하고 있는 바, 이는 대개 다음과 같이 요약할 수 있다. 우선 행정기관이 스스로 공개하여야 할 정보에 대하여 조례는 정부공보, 정부홈페이지, 기자회견 및 신문, 방송, TV 등 공중매체를 통하여 공개하도

---

5) 周杏梅, "《政府信息公开条例》颁布与政府信息公开制度之发展," 『宪法学 行政法学』 中国人民大学书报资料 2008年 第9期, p.73.

록 하고 있다. 각급 인민정부는 국가 자료관, 공공도서관에 행정정보의 열람 장소 및 관련 시설 등을 설치하여야 하고 국민의 정보 획득에 편리를 제공하여야 한다. 또 조례의 규정에 의하면 행정기관이 공개해야 할 정보에 대하여 당해 정보의 형성 또는 변경일로부터 20업무일 이내에 공개하도록 하고 있다. 행정기관은 이용자의 편의를 위하여 정보공개에 대한 안내와 목록을 제작 공개하여야 하고 수시로 갱신하여야 한다. 정보신청에 따른 정보공개의 경우 행정기관이 즉시 제공할 수 있는 정보는 즉시에 제공하고, 즉시 제공할 수 없는 정보는 그 신청을 받을 날로부터 15업무일 이내에 제공하여야 한다. 신청에 대한 회답의 연기가 필요한 경우 그 정보 관련기관의 책임자의 동의를 거쳐 기간을 연장할 수 있고, 다만 최장 15일을 초과하여 연장할 수 없다.[6]

5. 정보공개에 대한 감독

행정정보공개조례의 실효성 확보를 위하여 조례에서는 행정기관에 대한 감독 제도를 규정하고 있다. 즉, 각 인민정부는 행정공개 업무와 관련한 심사 평가제도, 사회적 평가제도 및 책임 추궁에 관한 제도를 수립하여야 하고, 정기적으로 행정정보공개와 관련한 심사 및 평가를 하여야 한다. 정부 행정정보공개 주관 부문과 감찰기관은 행정기관의 정보공개 실시 상황에 대하여 감독하고 감사를 실시한다. 또 각급 행정기관은 매년 행정정보공개에 관한 보고서를 공개하여야 한다. 개인, 법인 및 기타 단체는 행정기관이 정보공개의무를 이행하지 않는다고 판단할 경우 상급 행정기관, 감찰기관 또는 정보공개 관련 부문에 신고할 수 있고, 신고를 받은 기관은 이에 대한 조사와 조치를 취하여야 한다. 개인, 법인 또는 단체가 행정정보공개로 인하여 적법한 권리가 침해되었다고 판단하는 경우에는 행정심판 또는

---

6) 陈富智, "关于《政府信息公开条例》的几个问题(上)," 『行政与法制』 2007年 第11期.

행정소송을 제기할 수 있다.

행정정보공개와 관련하여 행정기관의 법적 책임은 대략 다음과 같이 요약된다. 비밀 심사 제도를 수립하지 못하는 경우에 감찰기관 및 상급 행정기관은 개선명령을 내릴 수 있다. 사안이 심각한 경우에는 행정기관 책임자에 대한 문책을 한다. 또 정보공개의무를 위반한 경우, 적시에 공개할 정보의 내용이나 정보안내 또는 목록을 갱신하지 아니한 경우, 규정에 따른 비용 징수를 하지 않은 경우, 기타 단체 또는 개인을 통하여 유상으로 정보를 제공한 경우, 공개하지 않아야 할 정보를 공개한 경우 등 이러한 위반행위에 대하여는 감찰기관 또는 상급 행정기관은 개선명령을 내려야 한다. 사안이 심각한 경우에는 행정기관의 책임자, 주무자 및 직접 관련자에 대하여 문책을 하고, 범죄를 구성하는 경우에는 형사책임을 추궁한다.

IV. 정보공개조례의 한계

1. 알 권리에 대한 명확한 규정의 부재

행정정보공개제도의 핵심은 국민의 알 권리 보장과 실현이며, 이러한 국민의 권리는 전체 정보공개제도를 관통하는 중요한 가치라 할 것이다. 그러나 현행 행정정보공개조례는 이 점에 관하여 명확히 규정하는 바가 없다. 알 권리에 대한 가치를 강조하지 아니하는 행정정보공개제도는 그 실효성에 상당한 해가 될 수 있다.

2. 공개와 비밀유지의 기준 문제

행정정보공개조례에서는 국가안전, 공공안전, 경제안전 및 사회안정에 해가 되는 정보를 공개할 수 없도록 규정하고 있고 국가기밀·상업비밀 및 개인의 사생활에 관한 비밀을 공개할 수 없다고 규정한다. 또한 공개에 관한 비준제도, 비밀심사제도 등의 규정을 두고 있지만 이러한 상황에 대한 판단기준과 그 구체적 범위에 대하여는 별도의 규정이 없다. 때문에 그 불확정성으로 말미암아 실제 운용에 있어 실효성의 담보가 어렵게 되고, 특히 행정기관의 재량권 남용이 우려된다.

3. 정보의 자유로운 이용 원칙의 부재

정보의 자유로운 이용에 대한 원칙을 규정하고 있지 않다. 정보의 자유로운 이용은 정보의 시장화 원칙이라 할 것이며, 이는 행정정보의 획득자가 시장화 방식으로써 정보에 대한 재가공을 할 수 있다는 것이다. 정부 및 행정기관은 정보의 개발 이용에 대하여 금지 또는 제한을 가할 수 없는 것이고, 행정정보의 지적재산권 내지 유사한 권리의 보호를 주장할 수 없다. 이러한 원칙은 선진 입법을 운용하는 국가에서도 채택되고 있음을 확인할 수 있다.[7]

4. 조례의 상위법과의 충돌문제

행정정보공개조례는 행정법규에 속하며, 그 효력은 전국인민대표대회 및

---

7) 张利, "从《政府信息公开条例》谈我国府信息公开的立法缺陷," 『企业家天地』 2007年 第7期.

그 상무위원회가 제정한 법률보다 하위에 있으며, 따라서 동 조례는 이들 상위법에 의한 제한을 받게 되어 있다. 우선 비밀법과의 충돌문제이다. 국가비밀법은 1988년에 제정된 법률로서 공개보다는 비밀 유지를 강조하고 있다. 비밀유지 사항은 매우 광범위하며 비밀의 유지 또는 해제에 대한 권한은 모두 정부에 있다. 다음으로, 당안법(檔案法=국가기록물법)과 조례의 충돌 문제가 있다. 당안법은 국가소유 기록물에 대한 공개를 엄격히 하고 있고 관리기관의 동의가 없으면 누구도 공개할 수 없다. 행정기관의 정보가 당안기관에 이전되면 당안법의 규정이 적용되고 행정기관은 이에 대한 공개의 권한이 없다. 끝으로, 소송법상 공개 원칙과 충돌된다. 법원의 사건 심리와 재판은 공개로 진행되는 것이 일반적이나 국가기밀·상업비밀 및 개인 사생활에 관한 사항은 비공개로 심리하도록 규정하고 있다. 그러나 비공개 심리는 심리상의 비공개일 뿐 판결은 반드시 공개해야 하고, 따라서 결국 관련 정보는 원고 피고에게 공개되는 문제가 있다.[8]

5. 정보공개조례 시행상의 문제

정보공개조례의 시행 상황을 보면 제도의 정착과정에서 오는 여러 가지 발전적 상황도 있었지만 시행상의 과오도 나타났다.[9] 조례의 시행과 관련하여 다음과 같은 일부 문제가 나타나고 있다. 첫째, 행정기관 스스로 공개하는 정보의 경우 과거에 비하여 상당한 진전이 있다고 할 것인 바, 과거의 비공개에서 공개로의 질적 변화가 있었음을 평가할 수 있다. 그러나 각 지역에서 공개하는 정보의 종류는 상당한 차이가 있다. 공개의 대상·범위에도 차이가 있고, 일부 지역에서는 정보공개조례의 규정에 따른 공개를 소홀

8) 周杏梅, "《政府信息公开条例》颁布与政府信息公开制度之发展," 『宪法学 行政法学』 中国人民大学书报资料 2008年 第9期, p.77.
9) 莫于川, "政府信息公开法的基本理念, 立法目的和指导原则再检讨," 『宪法学 行政法学』 中国人民大学书报资料 2010年 第3期, pp.43-45.

히 하는 경우도 있었다. 둘째, 국민의 신청에 의한 행정정보공개도 조례의
시행과 함께 첫걸음을 시작하였지만, 신청 건수가 적고 행정기관의 공개율
도 매우 낮은 것으로 파악된다. 셋째, 행정기관의 정보공개와 관련하여 그
구체적 행위가 적법한 권리를 침해하는 경우에는 행정심판 또는 행정소송
을 제기할 수 있다. 정보공개와 직접 관련된 행정심판이나 행정소송의 구
체적 사례가 파악되지 아니하고 있다는 상황에서 정보공개에 관한 법적 구
제의 실효성을 의심하게 된다.

V. 행정정보공개제도의 전망

중국에서 행정정보공개의 보장은 국민의 알권리, 참여권, 표현권, 감시권
의 보장이며 사회의 모순을 해결하고 사회주의 촉진과 화해사회 건설의 필
요 불가결한 요소로 인식된다. 또한 행정정보공개를 통하여 행정의 방식을
전환하고 행정체제를 개혁하며 행정부패를 방지하는 중요한 제도적 가치를
지닌다. 비밀은 부패의 기초가 되고 나아가서 국민의 정부에 대한 신뢰를
약화시키게 된다. 즉, "햇볕은 최상의 방부제"라는 말과 같이 행정정보공
개는 행정의 민주화를 위한 필수적 요소가 되는 것이며 이러한 의미에서
행정정보공개제도의 제도적 발전이 기대되는 것이다.

1. 행정 민주화와 알 권리의 보장

알 권리는 국민의 법적 권리로 정착되어야 한다. 알 권리는 주로 국민이
법에 근거하여 가지는 정치적 권리이자 사회적 권리이며, 일정 한도 내에서
민사적 성질도 가지며, 마땅히 알아야 할 정보에 대한 접근의 권리가 알

권리를 의미한다. 알 권리를 가진 국민은 정부 및 관련 기관에 대하여 관련 정보를 공개할 것을 요구하고 법정 범위 내에서 각종 정보를 획득할 자유를 가진다. 정보공개조례는 공개를 원칙으로 비공개를 예외로 정하고 있다는 점에서는 알 권리의 보장을 유추할 수 있다. 이러한 의미에서 국민이 조례의 규정에 따라 행정기관에 정보의 공개를 요구할 수 있고, 법에 따른 정보를 공개하지 않는 경우 상급기관 또는 감찰기관에 고발할 수 있는 규정이 근거를 갖게 되는 것이다. 국민의 알 권리를 보장함으로써 행정의 민주화를 실현하고, 제도 자체를 어떻게 유효한 제도로 정착할 것인가 하는 문제가 남는다. 이러한 문제의 해결을 위한 국가적 노력이 필요한 것이다.10)

2. 통일적 행정정보공개법의 제정 및 관련 법제의 정비

행정정보공개조례의 제정은 곧 행정기관의 정보공개가 법제화의 궤도에 올랐다는 것을 의미한다. 그러나 국무원이 제정한 행정법규는 행정기관을 구속할 뿐이고 전국인민대표대회, 인민법원, 인민검찰원 및 중국공산당의 각 기관에 대한 구속력은 없다. 현실상의 여러 가지 문제를 행정법규로 모두 해결할 수 없고, 대개 법률의 규정을 통하여 규율할 수밖에 없다. 장기적 안목에서 보면 전국인민대표대회 또는 그 상무위원회의 입법을 통하여 행정정보공개법을 제정하는 것이 바람직하고, 이로써 전국 각지 각 국가기관에 대한 실효성 있는 정보공개가 이루어질 수 있다. 법률 수준의 규범을 통하여 국민의 알 권리를 명확히 하고 관련 법제의 정비를 통하여 행정의 민주화를 추진해 나가야 할 것이다.

현재 정보공개와 비밀유지에 관련되는 법률은 비밀법, 당안법, 부정경쟁방지법, 통계법, 행정소송법 등이고 이들 법률은 모두 오래전에 제정된 것

---

10) 张磊, "《政府信息公开条例》与推进我国政府信息公开," 『郑州大学学报(哲学社会科学版)』 2007年 第5期.

으로 일부 비밀유지에 관한 규정은 현실 생활과 괴리되는 부분도 있다. 행정정보공개조례의 규정에서 구체화된 입법사항을 적절히 수용하여 상호 규범의 충돌에 대한 해결책을 마련하는 것이 시급하다.

VI. 평가

　행정정보공개조례가 제정되기 이전에는 행정정보의 공개는 권력과 정책에 의존할 수밖에 없어 마땅히 공개되어야 할 정보가 공개되지 못함으로써 행정기관과 국민 간의 정보 획득상 불균형 현상이 심각하였다. 하지만 이 조례의 제정 등 국가 차원의 행정정보공개제도의 수립으로 인하여 국민의 알 권리 보장을 위한 기반을 마련하였다고 평가된다. 즉 국민의 지위가 행정정보공개의 수동적 지위에서 알 권리, 참여권, 표현권, 감독권을 가진 능동적 지위를 확보하는 계기가 되었다. 동 조례의 제정 및 시행은 행정의 투명성 확보에 필요한 근거를 마련하는 계기가 되었다. 행정정보의 공개와 행정의 투명성 확보는 행정 재량권의 남용을 방지하고 밀실 행정을 방지함으로써 행정의 민주화를 이루는 기초가 되는 것이다.

　그러나 제도의 수립에 따른 긍정적 측면도 있지만 시행상의 문제점도 간과할 수 없다. 제도가 가진 구조적인 한계의 극복과 더불어, 향후 시행과정을 통하여 집적된 경험을 바탕으로 행정정보공개 제도가 명실상부하게 공개행정, 투명행정 및 민주주의를 실현하는 밑거름이 되도록 해야 하는 과제를 안고 있다.

■ 참고문헌

莫于川. "政府信息公开法的基本理念, 立法目的和指导原则再检讨." 『宪法学 行政法学』 中国人民大学书报资料 2010年 第3期.

张磊. "《政府信息公开条例》与推进我国政府信息公开." 『郑州大学学报(哲学社会科学版)』 2007年 第5期.

张利. "从《政府信息公开条例》谈我国府信息公开的立法缺陷." 『企业家天地』 2007年 第7期.

周汉华. "信息公开条例将对政府信息公开带来六大变化." 『中国信息界』 2007年 2月.

周杏梅. "《政府信息公开条例》颁布与政府信息公开制度之发展." 『宪法学 行政法学』 中国人民大学书报资料 2008年 第9期.

陈富智. "关于《政府信息公开条例》的几个问题(上)." 『行政与法制』 2007年 第11期.

제12장 |

중국법의 회고와 전망

I. 서언

중국은 20세기 사회주의 혁명을 시작으로 우리와는 내용상으로 상당한 차이가 있는 법 제도를 운용하여 왔고, 이러한 이유로 자유주의 법학이론의 영역에서는 중국법이 크게 자리하지 못했던 것도 사실이다. 비근한 원인으로는 우리의 정치체계는 삼권분립의 체제를 고수하지만 중국의 경우에는 우리와는 이질적인 의행합일이라는 권력체제를 유지하고 있고, 이러한 바탕에서 법 이론들이 구성되기 때문이다.

그러나 중국은 1978년도 이후 개혁개방 정책을 표방하여 국가경제 발전에 역점을 두고 국가를 발전시켜 왔으며, 이에 따라 관련 영역의 법 제도 역시 부단히 개선되어 왔다. 특히 2001년 말 WTO 가입을 전후하여 중국 정부는 국제적 수준에 상응하는 법 제도 완비에 주력하고 있다. 뿐만 아니라 중국이라는 거대한 세계시장은 중국법의 중요성에 대한 인식을 제고시키기에 충분하게 되었다.

본 장에서는 특히 중국의 사회제도 가운데 특히 법률제도에 관한 내용과 법제도를 통한 전반적인 중국의 발전 상황과 향후 과제를 이해하는 것으로 한다. 그러나 우리가 잘 알다시피 중국은 한족을 비롯하여 55개 소수민족으로 구성된 다민족 국가이며, 행정조직으로는 중앙정부와 22개 성, 4개 직할시, 5개 자치구, 2개의 특별행정구로 이루어진 국가이며, 법 제도상으로는 자본주의 법과 사회주의 법이 공존하고 흔히 말하는 대륙법계(마카오 지역), 영미법계(홍콩) 및 사회주의 법계(대륙)가 공존하는 나라이다. 사실 이처럼 복잡한 내용을 가진 중국의 법제 상황을 여기서 모두 설명할 수는 없다.

따라서, 우선 중국 사회의 발전을 대강이나마 가늠할 수 있는 역대 헌법의 제정이나 중요한 개정사항을 통하여 부분적으로나마 국가발전의 흐름을 이해하도록 하였고, 입법 영역에서는 전국인민대표대회 및 그 상무위원회의 역할과 지방 각급 인민대표대회의 역할을 중심으로 살펴본다. 아울러 위헌심사제도의 운영 실태를 통하여 국민의 권리보장 현 주소를 다소 이해할 수 있고, 기본권의 중요한 문제인 재산권의 보호와 관련된 사유재산 수용의 문제도 다루기로 한다. 끝으로 각 행정기관의 개입이 국민생활과 밀접한 관계가 있음에 착안하여 행정의 민주화에 관한 부분을 추가하였다.

II. 헌법과 법제도 발전

1. 중국헌법의 발전 과정

1) 1978년 헌법까지

중국 사회를 개괄적으로 조망하려면 무엇보다 중국 헌법의 규정을 이해하는 것이 필수라고 하였다. 사실 이러한 표현은 중국에만 국한되는 것이 아니고 다른 국가에서도 마찬가지다. 헌법이라는 창문을 통하여 그 국가 내부를 들여다 볼 수 있다고 할 정도로 헌법에 대한 이해는 중요하다.

중국의 경우, 해방 직후에는 헌법전이 마련되지 않아 헌법의 역할을 하는 공동강령이라는 헌법성 규범에 의거하여 국가제도가 정비되었고, 최초의 헌법인 1954년에 제정된 소위 1954헌법은 중국 헌법발전의 초석이 되었다. 그 후 1975년과 1978년에 헌법의 전면적인 개정을 거쳐 현행의 1982년 헌법이 탄생되었다.

특히 문화대혁명이 종결되고 덩샤오핑이 개혁개방을 표방한 이후에는, 과도적 성격을 가졌던 1978년 헌법은 두 차례의 일부 개정이 있었다. 1979년의 개정은 주로 국가기구에 관한 내용으로서, 현급 이상 각급 인민대표대회에 상무위원회를 설치한다든지, 각급 지방혁명위원회를 각급 정부로 개편하고, 현급 인민대표대회 대표를 선거로 선출하는 것으로 하는 것이 개정의 주요 내용이었다.

1980년의 개정에서는 대명(大鳴), 대방(大放), 대변론(大辯論) 및 대자보(大字報)의 소위 4대(四大)를 폐지하였다. 문화혁명 당시 강력한 투쟁방법으로 활용된 4대는 당초 1978년 헌법에서 국민의 기본적 권리로 인정되었지만 1980년 들어 덩샤오핑은 담화를 통해 4대를 철저히 부정하고 소위 4대는 농업, 공업, 국방, 과학기술의 현대화라는 4개 현대화를 저해하는 것으로 인식하였기 때문이다.

2) 1982년 헌법의 제정과 제도발전 과정

1978년 말 중국공산당 제11기 3중 전회 이래 덩샤오핑의 정치적 지위가 확립되고 국가의 주요 관심사가 계급투쟁에서 사회주의 현대화 건설로 변화되기에 이르렀다. 즉 문화생활이나 물질생활의 충족 또는 사회 생산력 제고가 중요한 이슈가 되었던 것이다.

이러한 환경 변화는 지식인에 대한 존중의 필요성, 계급투쟁의 약화, 민주화 요구, 국가 영도체제에 대한 개선, 사회주의 법제의 강화 등을 요구하였고, 이러한 사회적 요청에 따라 1954년 헌법을 바탕으로 1982년 헌법 즉 현행헌법이 제정되었다. 헌법에서 중심을 이루는 사상은 4항 기본원칙 즉 사회주의 노선의 고수, 인민민주독재의 유지, 중국공산당의 영도 및 마르크스 레닌주의와 마오쩌둥 사상의 견지가 그것이다.

이러한 4항 기본원칙을 기본이념으로 한 1982년 헌법은 다음과 같은 몇 가지 특징을 가진다. 우선 헌법 내용의 구성상 국민의 기본 권리에 관한 규정이 국가기구에 관한 내용보다 앞에 배치되었고, 1954년 헌법에서 규정했던 국가주석제도를 회복시켰고, 중앙군사위원회를 설치하고, 전체적인 헌법조문의 설계상 정치적 용어보다는 규범성이 많이 가미된 즉 용어의 법률화가 이루어졌다. 이전의 헌법에 비하여 많은 발전이 있었던 것이다.

그 후 개혁개방의 심화에 따라 헌법은 개정을 할 수밖에 없는 상황에 이르게 되었고 1982년 헌법은 1988년, 1993년, 1999년에 각각 일부 개정을 하였고, 가장 최근에는 2004년에 개정이 이루어졌다. 각각의 해당 연도별 개정의 내용을 요약하면 다음과 같다.

1988년의 개정은 시장경제의 중요성이 반영된 개정이었고 이에 따라 사영경제의 헌법상 지위를 명확히 하였다. 또한 토지의 사용권은 법률의 규정에 따라 이전할 수 있도록 하여 이때 처음으로 토지사용권의 상품화가 인정되었다.

1993년의 헌법개정에서는 특히 그동안 국가가 사회주의 계획경제를 실행한다는 입장을 변경하여 "국가는 사회주의 시장경제를 실행한다."로 전환하였다. 이때의 개정에서는 시장경제의 중요성에 대한 인식과 시장규율을 위한 법치주의 확립의 필요성을 강조하였다.

1999년 헌법개정안의 주요 내용은 사회주의 법치국가의 건설을 강조하였고, 법률의 범위 내에서 개체경제와 사영경제 등 비공유제경제는 사회주의 시장경제의 중요한 구성부분으로 인식하였다. 법치주의의 확립과 관련하여 당시 확립된 16자 방침은, "법이 있어야 의거하고, 법이 있으면 반드시 그에 의하고, 법집행은 엄격해야 하고, 위법이 있으면 반드시 책임을 추궁한다(有法可依, 有法必依, 執法必嚴, 違法必究)."는 것을 내용으로 하였다.

2004년 헌법개정이 가장 최근의 개정이다. 중국이 전면적인 소강사회의 건설과 사회주의 현대화의 가속화 단계에 진입했다는 전제로 헌법개정의 동기를 찾았다. 그러나 특히 WTO의 가입과 법제의 국제화가 필요한 때문인지도 모른다. 이때 개정된 주요 내용은 3개 대표 이론이 헌법서언에 명기되었고, 토지의 징수 징용에 따른 보상제도의 근거가 되는 조문을 두었고, 비공유제경제의 합법적인 권익보호를 명기하였다. 또한 합법적인 사유재산을 보장하고, 사회보장제도의 수립에 대한 규정도 추가하였다. 헌법 제33조에서는 인권의 존중과 보장규정을 추가한 것도 획기적 진전이라 할 것이다.

2. 헌법개정과 민주화

상술한 바와 같이 중국의 헌법은 끊임없이 발전 변화되고 있고, 이러한 헌법의 변화는 다른 의미로는 국가적 발전의 현실 규범에 대한 반영이라 할 수 있다. 사실 어떠한 형식의 국가라 하더라도 고정불변의 완벽한 헌법전을 유지하기 어렵다. 헌법의 이념이나 목표가 너무 현실과 동떨어질 수도 있고, 사회의 변화에 적응하지 못하는 경우도 있다. 이상과 그 현실을 어떻게 좁혀 나갈 수 있을까 하는 것이 계속되는 관심사이다.

상세하게 소개할 수는 없지만, 중국의 헌법도 변화와 발전을 거듭해 나왔고 국가가 발전해 감에 따라 헌법의 발전은 계속될 것이다. 그러나 국민의 헌법개정에 대한 참여정도와 관련하여 현재의 상황은 만족스럽지 못하

다. 현행 헌법에서 헌법의 개정은 전국인민대표대회 상무위원회 또는 전국
인민대표대회 1/5 이상의 대표가 제의하고, 전국인민대표대회 대표 2/3 이
상의 찬성으로 개정안이 통과된다. 여기서 주의할 사항은 중국공산당 중앙
정치국 상무위원회가 헌법개정의 건의를 하는 것이 헌법개정에서 관례가
되어 있다는 것이다. 사실 이러한 관례는 매우 중요한 의미를 가진다. 또한
헌법개정의 절차에서 물론 중앙정치국 상무위원회나 전국인대 상무위원회
가 개정안을 만들면서 여러 경로를 통하여 의견을 수렴하겠지만, 일반 국민
이 주권자로서 헌법개정에 직접 참여할 기회가 배제되어 있다는 것을 이해
할 수 있다.

3. 국가권력기관과 입법

중국 사회의 큰 틀을 이해하기 위해서는 중국의 사회제도 가운데 특히
국가권력기관을 이해하는 것이 필수적이다. 국가권력기관에 대한 이해는
정치 사회제도의 이해뿐만 아니라 법제도의 이해에 밑바탕이 되며, 사실
이러한 국가기관의 이해는 헌법이나 기타법률의 규정에 따른 이해가 기본
이 된다.

권력기관의 이해에 앞서 특히 중국의 정치체제가 운용되는 큰 특징은 의
행합일(議行合一)이라는 사실을 이해할 필요가 있겠다. 흔히 우리와 같은
자본주의 국가 헌법은 국가권력을 입법권, 사법권, 행정권으로 구분하여 각
권력 간에 견제와 균형을 도모하도록 설계되고 있다. 이에 비하여 의행합
일의 권력 체제는 의회가 모든 책임을 지고 의회의 책임하에서, 정부는 의
회의 집행기관으로서의 기능을 수행하고, 사법 내지 행정기관이 입법기관
에 대한 견제기능을 할 위치에 서지 못하는 상황이다. 이처럼 중국의 권력
구조는 자본주의 헌법체제와는 권력분배상 근본적인 차이가 있으며 이점에
대한 이해가 필요하다.

1) 국가권력기관

우선 중국의 국가제도 또는 국가권력기관을 이해하기 위해서는 각국의 의회에 해당하는 전국인민대표대회와 전국인민대표대회 상무위원회에 대한 이해가 필요할 것이다. 중국의 전국인민대표대회는 우리나라의 국회에 해당하는 국가기관으로서 모든 국가 정책 결정의 정점에 있다고 할 것이다. 여기에서는 전국인민대표대회와 그 상무위원회, 지방 각급 인민대표대회에 대한 소개를 한다.

전국인민대표대회(이하 전국인대라 한다)는 최고국가권력기관이다. 인민의 권리를 집결하여 그 주권을 집중하여 행사하는 기관이며, 국가의 입법권을 행사하는 기관, 즉 법률을 제정하는 기관이다. 전국 각 인민의 의지와 이익을 집중 대표하여 국가의 입법권을 행사하고 국가의 모든 중대한 문제를 결정하는 곳이다. 전국인대는 국가기관 가운데 최고의 지위에 있고, 기타 국가기관은 모두 전국인대에 의하여 구성되며 전국인대의 감독을 받는다. 전국인대에서 제정한 법률과 결의에 대하여 기타 국가기관은 반드시 준수하고 집행할 의무가 있다.

중국에서는 의회에 해당하는 기관으로 상술한 전국인대가 있지만, 그 회기가 1년에 1회이고 약 3천 명에 달하는 전국인대의 대표로 구성되기 때문에 그 운용에 한계가 있고, 따라서 300명 이내의 대표로 구성된 전국인대 상무위원회 제도를 운영하고 있다. 전국인대 상무위원회는 전국인대의 상설기관이다. 전국인대의 폐회기간 동안에 최고국가권력기관의 일부 권한을 행사하고, 전국인대와 마찬가지로 국가 입법권을 행사하는 기관이다. 즉 전국인대 상무위원회는 전국인대의 한 구성부분이며, 전국인대에 예속되고, 전국인대의 영도와 감독을 받으며, 전국인대에 책임을 지며, 업무보고를 한다.

전국인대 상무위원회가 전국인대 폐회 기간 동안 일정한 권한을 행사하지만 전국인대는 전국인대 상무위원회의 부적당한 결의에 대한 취소 및 변경권이 있고, 전국인대 상무위원회의 구성원은 전국인대에서 선거로 선출하고, 또한 전국인대에서 파면할 수 있다.

중국의 행정구역은 전국적으로 22개 성, 5개 자치구, 4개 직할시, 그리고

2개의 특별행정구가 있다. 홍콩 및 마카오특별행정구는 기존의 영국 및 포르투갈이 시행하는 제도를 계속적으로 시행하기 때문에, 이를 제외하고 각 지방에서는 지방 각급 인민대표대회제도를 운영하고 있다. 즉, 각 지방에서는 지방의회를 운영한다고 이해하면 될 것이다.

성, 자치구, 직할시, 자치주, 시, 현, 시의 구, 향, 민족 향, 진의 행정구역별로 각급 인민대표대회를 조직하여 운영한다. 이들 지방의 각급 인민대표대회는 당해 지역 내의 국가권력기관이다. 당해 행정구역 내에서 동급 인민정부, 인민법원 및 인민검찰원은 모두 각급 인민대표대회에 의하여 설치되며, 이들 기관은 그 지방 인민대표대회에 대하여 업무상 책임을 지고 감독을 받는다.

우리가 국회에서 어떠한 법률이 제정되고 있는가 하는 점에 관심을 두듯, 중국에서도 새로운 법률의 제정이나 정책의 결정은 사회에 중대한 영향을 미치기 때문에, 국가권력기관의 움직임에 관심을 두지 않을 수 없다. 또한 중앙이나 지방을 불문하고 인민대표대회의 각 결정은 국민생활 또는 이해관계에 직접 영향을 미친다. 상술한 바와 같이 각급 인민대표대회는 권력기관으로서 중요한 권한을 행사하고 있고, 이러한 점을 생각하면 특히 인민대표대회 대표의 구성에 있어서 민주적 절차를 거쳐 국민의 정치참여가 충분히 보장될 필요가 있다는 점이 지적되고 있다. 현재 각 대표의 선출은 일부 하급 지방 인민대표대회에서는 직접선거를 채용하기도 하지만 대개 간접선거의 방식을 취하고 있는 상황으로 파악된다.

2) 입법과정에서 일반 국민의 참여 가능성

중국에서 법률은 대개 입법의 예측, 입법계획의 수립, 입법정책의 결정, 법안의 기초, 법안의 제출, 법안의 심의, 법안의 표결, 법안의 공포 등의 단계를 거친다. 여기서는 앞서 밝힌 바와 같이 순서상 문제가 있지만 법안의 제출 단계에 선행하는 법률안의 예측, 계획, 정책 결정의 각 단계에 대하여 국민의 입법 참여 가능성을 간략히 검토한다.

첫째, 입법의 예측단계이다. 입법의 예측단계에서는 입법예측의 목표를 확정하고, 입법 관련 자료를 수집하며, 입법 관련 자료를 분석하여 입법에 측에 대한 보고서를 작성하는 것이 주된 내용이다. 특히 입법에 관한 자료의 수집은 주로 정치, 경제, 사회, 문화발전에 따른 새로운 정보를 수집하고, 당과 국가의 방침 및 정책을 포함하여 현행의 법규 현황 및 국내외 새로운 이론과 실천적 경험을 확보하는 것이 중요한 내용이다. 이러한 과정에서 국민의 입법에 대한 희망이나 의견을 수렴하는 것은 매우 중요한 사항이다. 입법과정에서 각 이해관계자의 의견을 수렴하여 입법할 필요성을 강조하는 주장이 늘어나고 있다는 점에서 입법의 민주화에 대한 가능성이 있는 것이다.

둘째, 입법계획의 수립단계에서 국민의 참여 가능성이다. 입법계획의 수립단계는 대개 입법할 항목의 제출, 입법안의 취합, 입법안의 심사 및 입법계획의 수립, 입법계획의 심의 비준의 단계로 구성된다. 입법할 항목의 제출의 경우, 국무원에는 국무원의 각 행정부문이 제출한다. 전국인대 상무위원회에는 전국인대 각 전문위원회, 국무원 관련 부문, 최고인민법원, 최고인민검찰원, 중앙군사위원회의 관련 부문, 전국인대 상무위원회 사무기구 및 인민단체 등이 각기 입법할 항목을 제출한다. 입법계획의 수립단계에서 인민단체가 입법항목을 제출할 수 있다는 점에 주의할 필요가 있고, 이를 근거로 각 이익단체의 입장에 따른 입법의견 제출이 가능하다.

셋째, 입법정책의 결정단계에서 국민의 참여 가능성이다. 입법정책의 결정 주체는 주요 입법정책 결정 주체와 보조적 입법정책 결정주체로 구분되며, 주요 입법정책 결정주체는 입법정책이 결정권을 행사하는 기관 또는 개인을 의미한다. 중국에서 입법정책을 결정하는 주체는 전국인대 및 그 상무위원회라 할 수 있다. 그러나 헌법, 전국인대 조직법, 전국인대 대회의사규칙, 전국인대 상무위원회 의사규칙 및 입법법의 규정을 종합해 보면,[1] 중국의 입법정책을 결정하는 형식적 주체는 상무위원회 위원장회의와 전국

---

[1] 헌법 제61조 제2항, 전국인민대표대회조직법 제9조, 제10조, 제32조, 전국인민대표대회의사규칙 제21조 및 제23조, 전국인민대표대회 상무위원회 의사규칙 제12조, 입법법 제12조 및 제15조 규정.

인대 주석단이라는 점을 알 수 있다.

중국의 법률제정 과정인 입법과정에서 입법의 예측단계나 입법계획의 수립 또는 입법정책을 결정하는 단계에서 사실상 국민의 입법참여에 대한 명문 규정은 존재하지 않음을 확인할 수 있다. 다만 법률이 명문으로 규정하고 있지 않은 경우라도 입법주체의 노력에 따라 입법의 민주성을 제고하기 위한 가능성은 남아 있다고 할 수 있다. 그러나 헌법이나 법률이 인민의 의지를 집중 표현하는 형식이라 한다면, 입법의 각 단계별로 청문의 실시 등 실질적인 국민의 입법 참여가 가능한 법적 장치를 마련하여야 할 것은 물론, 입법을 주도하는 기관이 국민과의 이해관계를 어떻게 조화시켜 나갈 것인가 하는 데 대한 노력이 필요하다고 본다.

III. 위헌심사제와 법원

1. 위헌심사제의 운용 상황

인민민주국가인 중국에서 특히 국민의 기본권이 침해된 경우 사법적 구제가 어떻게 행해질 수 있을까 하는 것을 이해하는 것도 중국사회를 이해하는 중요한 사항이다. 우리나라의 경우 국민이 법원이라는 사법기관을 통해 더 이상 자신의 기본권을 구제 받지 못하는 경우 헌법재판소에 헌법소원을 제기하여 헌법상의 권리를 실현한다. 이처럼 헌법재판소는 법원의 보충적 기능을 하면서 최후의 인권 보루기관이 되고 있다.

중국은 우리나라의 헌법재판소와 같은 기관을 설치하거나 헌법법원 또는 다른 형태의 전문적인 헌법판단 기관을 설치하고 있지 않다. 그러나 구체적인 사안에 대하여 위헌심사가 이루어진다고 하는 점에는 의문이 없다. 그러나 우리가 생각하는 의미의 위헌심사제도와는 거리가 있는 것도 사실이다. 비록 헌법이 전국인대 또는 그 상무위원회에 대한 위헌심사권을 인정하고 있지만, 구체적인 운용절차 규정이 미비한 관계로 그 심사권을 어떠한 절차와 원칙에 따라 행사할 것인지 하는 것에 대하여 일반 국민이 명확하게 예측하기 어렵다고 평가할 수 있다.

우리는 구체적인 제도의 운용 사례를 통하여 전국인대 상무위원회의 위헌심사 기능을 이해할 수 있다. 중국에서도 전형적인 위헌심사 사례로「쑨즈강사건」이 거론되고 있다. 결론적으로는 이 사건으로 인하여 국무원이 제정 시행하였던 기존의 행정법규인「도시 유랑걸인의 수용 및 송환 방법」이 폐지되기에 이르렀고 새로운 규정이 마련되어 시행되고 있다.

소위 쑨즈강(孫志剛)사건의 발단은 2003년 5월 15일 3명의 박사학위를 가진 중국 국민이 전국인대 상무위원회에 대하여 국무원이 제정한「도시유랑걸인의 수용 및 송환 방법」의 위헌심사를 건의하면서 사회적 관심이 모아졌던 사건이다. 국무원의 이 규정이 국민의 헌법상 인신의 자유를 제한하고 행정처벌법과 입법법의 규정에 저촉된다는 것이 위헌심사를 건의한 주된 이유이며, 사건의 전말은 다음과 같다.

쑨즈강(孫志剛)이란 사람이 후베이성 우한시(武漢市)에서 대학은 졸업하고 2003년 2월 광동성 광저우시(廣州市)의 한 의류회사에 취직하여 있던 중, 동년 3월 17일 저녁 경찰의 불심검문에서 신분증을 소지하지 않은 관계로 유랑걸인으로 인정되어 광저우시의 모 공안파출소 소속 민경(民警)에 의해 시 수용소에 수용되었다. 쑨즈강이 3월 18일부터 몸이 아픈 관계로 수용자치료소에서 치료를 받게 되었는데, 같은 달 20일 병실에서 8명의 피수용자에 의하여 집단 구타를 당하여 사망에 이르게 되었다.

이로써 위헌심사 건의서를 낸 3명은 중국 헌법 제37조,[2] 행정처벌법 제9조,[3] 입법법 제8조 및 제9조에 근거하여, 국무원은 국민의 인신의 자유를

---

[2] 헌법 제37조는 인신의 자유에 보장 규정으로서, 불법적인 구금의 금지와 인신의 자유에 대한 불법적인 박탈 또는 제한을 금지하고 있다.
[3] 인신의 자유를 제한하는 행정처벌은 오직 법률로 정할 수 있다.

제한하는 내용의 행정법규를 제정할 권한이 없고, 따라서 국무원이 제정한 당해 ·행정법규는 위헌적인 법규라고 주장하였다.

중국 국민이 제기한 최초의 위헌심사 관련 사건은 사회적 관심이 집중되었지만 위헌심사의 구체적인 절차를 거치지 못하고, 국무원이 전국인대 상무위원회의 심사를 받기 전에 「도시생활에 정착하지 못하는 유랑걸인의 구조 관리 방법」이라는 새로운 행정법규를 제정하여 2003년 8월 1일부터 시행하기로 하고, 동시에 기존의 문제가 된 행정법규는 폐지한다고 공포하고 말았다. 이로써 일반 국민이 제기한 최소의 위헌심사 사건은 위헌심사의 사유가 소멸되었다는 것을 이유로 마침표를 찍게 되었다.

사건에서는 비록 사망자의 유족이 아닌 제3자에 의하여 전국인대 상무위원회에 위헌심사가 건의되었지만 전국인대 상무위원회에서 심사절차가 제대로 진행되지 않는다는 것과 국민의 헌법상 건의권 행사에 대한 구체적인 절차가 미비하다는 점을 알 수 있다. 그나마 다행인 점은 사회적 문제가 되었던 이 쑨즈강사건을 통하여 중국 국민의 법의식이 한층 제고되었고, 사회적으로 인권보장의 중요성과 법제 개선의 필요성이 강조되었다는 점에서는 중요한 전환점으로 평가되고 있다.

2. 위헌심사제도의 발전 방향

구체적인 사례에서 살펴본 바와 같이, 전국인민대표대회 상무위원회가 국무원의 위헌적 행정법규에 대하여 위헌심사를 건의한 사건에서 소극적인 태도를 보여준 것은 매우 안타까운 사실이다. 위헌심사제도의 운용에 대한 현실 상황을 반영하는 것으로 이해할 수도 있다. 더 나아가, 현행 헌법이 시행된 이래 정식으로 법률이나 법규의 위헌을 선언한 예가 없다는 것도 주목된다. 위헌의 선언이 없다는 것이 곧 위헌법률이나 법규가 전혀 존재하지 않았다는 것은 아닐 것이다.

사실 위헌심사제도와 관련된 여러 가지 문제점은 이미 잘 알려진 현실적인 상황이고, 정치적으로도 후진타오 당 총서기가 헌법 실시 20주년 기념 대회에서 이미 강조한 바도 있다. 즉, "헌법감독의 기제를 연구 수립하고, 헌법감독절차를 더욱 명확히 하고, 헌법을 위반하는 일체의 행위에 대하여는 즉시에 시정될 수 있도록 하여야 한다."는 내용은 위헌심사제도의 중요성을 인식하고 제도의 확립을 강조하고 있는 것으로 학자들은 이해하고 있다. 현재 중국에서는 학계뿐만 아니라 관련 국가기관에서도 위헌심사제도의 개선을 위한 연구가 활발히 진행되고 있는 상황이다.

위헌심사제도의 핵심적인 가치는 국가권력을 제한하고 인권을 보장함으로써 법치주의를 실현하는 것이다. 중국에서 말하는 사회주의 법치국가의 실질적 내용이 무엇인가 하는 것은 별도로 논하더라도, 이러한 제도적 결함이 존재하고 있으며 향후 더욱 발전된 형태의 제도를 기대할 수밖에 없다.

3. 인민법원의 노력 방향

1) 사법기관의 공정성 확보

공정한 사법제도의 운영과 효율성의 제고는 사법개혁에서 추구하는 중요한 두 가지 목표라 할 수 있다. 최고인민법원의 재판방식 개혁 노력은 재판의 효율을 최대한 제고하는 것이며, 사건의 신속한 처리를 기하는 것이라 하고 있다. 재판의 공정성 확보와 효율성 제고를 법원업무의 주요 과제로 삼는 것은 법원업무의 현실적 사정에 부합하는 것으로 이해된다.

현재 사법기관의 공정에 대한 문제는 많은 사람들의 관심사이기도 하고, 일반인의 공평하고 공정한 재판에 대한 기대는 강렬하기 때문에 특히 재판을 진행하는 과정에서는 사법공정을 위한 많은 노력이 필요한 것이다.

제9기 전국인민대표대회 제2차 회의에서 나온 「최고인민법원 업무보고에 관한 결의」는 사법개혁을 추진하고 재판업무에 관한 각종제도를 완비하기 위하여 계속해서 노력할 것을 요한다고 하였고, 재판업무의 질과 효율을 한층 더 제고하고 사법공정을 확보하도록 노력하여야 한다고 하였다. 최고인민법원은 사법공정의 확보를 위하여 헌법과 법률이 정한 원칙에 따라 「인민법원5개년개혁요강」을 제정하여 인민법원의 향후 개혁에 따른 지도사상, 기본임무와 목표를 명확히 하였고 공정, 청렴, 고 효율 및 양호한 재판업무제도의 수립에 노력할 것을 명확히 하였다. 재판의 질을 높이고 사법공정의 실현에 노력한다는 것이다.

국민은 사법이 공정한 경우 최대의 수익자이며, 또한 사법이 불공정한 경우에는 최대의 피해자라 할 것이다. 따라서 법관의 질적 수준과 재판의 질적 수준을 부단히 제고시켜야 하며 객관적인 사실과 법적사실의 관계, 실체적 공정과 절차적 공정의 관계, 법적 효과와 사회적 효과의 관계가 조화를 이루도록 해야 한다. 또한 공개재판제도를 시행하여 국민이 재판을 자유롭게 방청할 수 있고 재판서류를 열람할 수 있도록 하여 공개와 공정을 촉진하도록 할 필요가 있다.

2) 사법위민(司法爲民)을 위한 노력

2003년 최고인민법원은 3개 대표 중요사상을 관철하고 당이 공익을 위하여 노력하고 중국공산당의 집정은 인민을 위하여야 한다는 본질적 요청을 재판에 적용하기 위하여, 사법위민의 원칙을 제시하였고 구체적으로 10개 항목의 방향을 제시하였다. 중요한 내용으로는 지방 각급 인민법원은 업무 상황을 고려하여 사법이 인민에게 편리하게 할 것, 인민에게 이로울 것, 인민을 보호하기 위한 것 등의 구체적인 조치를 내 놓았다. 구체적으로는 다음과 같은 내용이 포함되어 있다.

우선, 당사자의 소송상 편리를 확대하고 고발이나 고소의 어려움을 해소하도록 노력한다. 최고인민법원은 소송과 관련된 서신 또는 방문에 따른 신청제도를 수립하고, 내방 접수사건의 입안절차를 개선하여 당사자에게 양호한 소송환경을 제공한다. 재판의 분위기를 개선하여 일반인이 사법기관의 문턱을 낮추어 사무 처리의 어려움을 해결하도록 한다. 이러한 노력의 일환으로 「인민법원민사소송위험제시서」를 제정하여 당사자에 대한 소송안내를 강화하도록 하였다.

둘째, 사법제도를 개선하여 경제적으로 어려운 자가 소송에 참여할 수 있는 기회를 확대하고 보장한다. 경제적으로 곤란한 당사자 특히 여성, 노인, 미성년자, 장애인, 퇴직자 등이 부양비, 양육비, 무휼금, 양로금 등을 청구하는 소송사건은 소송비용 납부의 연기나 감면을 실시하고, 소송이유가 충분히 있지만 경제적 여력이 없어 소송을 제기하지 못하는 자로 하여금 소송을 할 수 있도록 노력한다. 공소사건에서는 조건에 부합하는 피고인에 대하여 변호사를 지정하여 변호를 하도록 하여 당사자의 소송상 권리를 보장한다.

셋째, 분쟁을 초기 단계에서 완화시키도록 한다. 인민을 위한 사법으로서는 사법기능의 중점을 기층에 둔다. 인민법원이 대중에게 쉽게 접근할 수 있는 장점을 잘 살리고, 순회법정을 설치하여 즉석에서 입건하고 즉석에서 심리하는 방식을 채택하며 일반 민사사건의 경우 신속히 해결한다. 소송상 화해를 강화하여 화해로써 분쟁을 해결하도록 노력한다. 인민화해조직의 기능을 강화하기 위하여 인민화해 담당자의 교육을 실시하고 인민화해업무의 수준을 지속적으로 높여 나간다.

IV. 국민의 재산권 보장

국민의 자유와 재산권 보장은 현대 국가가 국민에 대하여 가지는 중대한 의무가 되고 있고, 자본주의 국가나 사회주의 국가 내지 국가의 형태를 불문하고 법 제도의 핵심을 이루고 있는 사항이다. 국가가 국민의 자유와 재산권을 보장하지 못한다면 그러한 국가는 의미가 없는 것이라 할 것이다. 중국의 경우에도 사실 개혁개방을 하기 이전부터 생산자료를 제외한 생활자료에 국한된 개인의 소유권을 인정하여 왔고,[4] 최근 물권법의 제정 및 시행으로 인하여 국민의 재산권에 대한 보장은 중요한 국가적 임무이자 법적인 책임에 속한다.

중국에서도 최근 국민 개인 소유 재산에 대한 중요성이 날로 증대되고 있고, 특히 국가와의 관계에서 쟁점이 되고 있다. 그러나 개인의 재산에 대한 국가의 재산권 보장 의무를 인정하고 있다 하더라도 현실적으로 공공이익의 필요에 의한 개인재산의 수용이나, 공무원의 위법한 행위로 인한 국가배상제도 등에서는 여러 가지 문제점이 노출되고 있는 것이 현실적 상황이다. 이러한 문제들은 시급히 해결되어야 할 과제라 할 것이다.

1. 재산권 수용사례

중국 헌법에서는 공공이익의 필요에 의하여 법률의 규정으로 국민의 사유재산에 대하여 징수 또는 징용을 하고 보상을 한다고 규정하고 있다. 하지만 사실 공공이익의 확정이나 적용에 있어 사회적으로 여러 가지 문제가 발생되고 있는 것도 현실이고, 도시에서 토지나 가옥의 수용 등을 중심으로 지방정부 또는 수용주체와 상대방인 국민 사이에 심각한 갈등이 야기되기도 한다.

본서의 제3장에서 이미 소개한 바 있는, 중국에서 전형적인 "알박기" 사건으로 알려진 2007년 충칭시 지우롱포구(區)에서 발생한 사건은, 당시 철거대상 가옥의 소유주 부부가 시의 철거 및 보상에 불복하여, 개발업자가 가옥 주위의 토지를 10여 미터까지 파 내려간 형국의 2층 가옥에서 전기 및 식수가 단전 단수된 상태로 강제철거령에 맞선 사건이다.

이 사건은 철거보상과 관련한 문제를 노출한 전형적인 사건으로 한때 많은 사람들의 이목을 집중시켰으며, 사실 가옥의 소유주가 철거에 저항한 또 다른 중요한 이유는 개발사업 시행자가 당해 건물을 포함한 지역에 대형

---

4) 생산자료는 토지, 공장, 자본 등 생산에 필요한 요소를 말하고 생활자료는 국민의 일반 생활에 필요한 물질적 요소를 의미한다. 공산주의이론에 의하면 생산자료는 공유제를 원칙으로 한다.

백화점을 건설하고자 하였고, 소유자 부부는 이에 따른 사유재산의 수용이 결코 공공이익의 필요성에 기초한 것이 아니라고 주장하였다.

위 사건에서도 그렇지만 기타 유사 상황에서도 공공이익의 필요나 국가이익의 필요에 의하여 토지가 징수되거나 강제철거 등이 빈번히 이루어졌고, 경우에 따라서는 당사자 간에 불행한 사태가 발생하기도 하였다. 문제는 공공이익이라는 이름을 빌어 상업목적의 철거를 행하는 경우도 있었고, 공공이익을 악용하여 투자자나 개발업자가 폭리를 취하고, 지방정부는 재정수입 또는 치적의 방편으로 삼아, 상대방인 국민은 헌법에서 정한 기본권을 보장받기 어려운 상황으로 내몰리고 마는 것이다.

2. 국가배상법제의 문제

현대 국가의 발전과 국민의 기본권 보장이라는 국가의 기본적 의무를 고려하면 현행의 국가배상법은 상당 부분 개정이 필요한 것으로 판단되고, 중국의 학계에서도 많은 학자들이 국가배상법에 대한 전면적인 개정을 주장하고 있는 것이 현실적 상황이다.

특히 국유시설 등의 설치 관리상 하자로 인한 손해배상, 적법한 행위로 인하여 발생하는 손실보상, 신체권 및 재산권 이외의 권리 침해에 대한 배상, 추상적 행정행위로 인한 손해에 대한 배상 등에 대한 배상규정이 미비되어 이를 보완 정비되어야 한다는 점에 많은 학자들이 인식을 같이 하고 있다.

물론 국가배상법제의 개선이나 완비는 국가의 정치·경제·사회 등 국가의 각 영역의 발전에 영향을 받는다. 국민의 기본권에 대한 보호의 중요성에 대한 인식 정도에 따라 국가배상의 범위가 입법에서 달리 나타날 수 있으며, 현대 행정의 발달로 인하여 행정 영역이 확대됨으로써 배상의 범위가 확대되기도 하지만 특히 국가의 경제적 부담능력은 국가배상의 범위를 직접적으로 제한할 가능성도 있다.

V. 행정기관과 민주행정의 발전

1. 국가행정기관과 지방행정기관

국가행정기관은 국가의 행정권을 행사하는 국가기관이다. 법적인 관점에서 국가행정기관은 의회에서 제정한 법률을 집행하고 행정을 행하는 국가기관이라 할 것이다. 중앙행정기관으로서는 최고행정기관인 국무원과 각부 부장이 총괄하는 중앙행정기관이 있다.

국무원은 중앙인민정부이며, 최고의 집행기관이다. 국무원은 대외적으로 중앙정부의 명의를 사용하여 활동하며, 지방 각급 인민정부는 국무원의 하급 기관으로서 국무원의 영도를 받는다. 국무원이 최고집행기관이라는 의미는 국무원이 의회인 전국인대에 종속됨을 의미한다. 전국인대 폐회기간에는 그 상무위원회의 감독을 받는다. 전국인대 및 그 상무위원회에서 통과된 법률과 결의는 국무원에 의해 집행된다. 국무원은 최고국가행정기관이며, 국가 행정계통의 정점에 있다.

국무원은 다음과 같은 권한을 행사한다. 즉 ①헌법과 법률에 근거하여 행정조치를 규정하고, 행정법규를 제정하며 결정과 명령을 발한다. ②전국인대 및 그 상무위원회에 의안을 제출할 수 있고, ③각 부 및 각 위원회의 업무를 통일적으로 영도하고, ④행정업무의 영도와 관리(국민경제 및 사회발전계획 및 국가 예산의 수립 및 집행 등), ⑤국가 행정기관 영도자의 임면, 행정공무원에 대한 교육, 근무평정, 상벌 등의 실시, ⑥성, 자치구, 직할시 범위 내 일부 지역에 대한 계엄의 결정, ⑦성, 자치구, 직할시의 구역 획정, 자치주, 현, 자치현, 시의 건설 배치와 구역의 획정, ⑧기타 전국인대 및 그 상무위원회가 위임한 권한을 행사한다.

지방행정기관은 각급 인민정부로 구성된다. 각급 인민정부는 동급 지방인민대표대회에 의해 구성되고, 동급 인대 및 그 상무위원회에 대해 업무책임을 지며 보고를 한다. 동급 국가권력기관을 통과한 지방성법규와 결의는 각급 인민정부를 통하여 집행된다. 또한 상급 국가행정기관의 결정과 명령을 집행해야 하며, 상급 인민정부의 영도에 복종하고 상급 인민정부에 대하여 업무책임을 진다. 전국의 지방 각급 인민정부는 국무원이 통일적으로 영도한다.

지방 각급 인민정부는 다음과 같은 권한을 행사한다. ①본급 인대 및 그 상무위원회의 결정이나 결의 및 상급 국가행정기관의 결정과 명령을 집행하고, 행정조치를 규정하며 결정과 명령을 발한다. ②소속 업무기관과 하급 인민정부의 업무를 영도하며, 그들의 부적당한 명령, 지시, 결정을 변경 또는 취소한다. ③법률의 규정에 의하여 행정기관 소속 공무원에 대한 임면, 교육, 고과평정 및 상벌의 실시, ④국민경제와 사회발전계획 또는 예산을 집행하고 당해 지역의 경제, 교육, 과학, 문화, 위생, 체육, 환경, 성·향(도시와 농촌) 건설 및 민정, 재정, 공안, 민족사무, 사법행정, 감찰, 가족계획 등 행정업무를 수행한다. ⑤각 영역별 국민의 권리보호, ⑥상급 국가기관이 위임한 업무의 처리 등이다.

2. 민주행정의 발전

현대적 국가체제를 유지하는 나라에서는 모두 행정의 민주화를 위한 노력을 하고 있다. 공법영역에서 행정의 민주화를 가늠하는 기준이 되는 중요한 법제는 역시 행정절차법이라 할 것이다. 우리나라의 경우 앞서 제정된 일본 및 각국의 행정절차에 관한 법률을 참고하여 1996년 행정절차법이 제정되었고 주로 행정처분, 신고, 행정상입법예고, 행정예고, 행정지도 등에 관한 절차를 규정하였다. 그 내용 중 예컨대 행정처분절차의 경우에 행정기관이 특히 국민에 대하여 불이익한 처분을 하는 경우 사전에 통지하여 상대방인 국민의 의견을 제출하게 하거나 청문의 기회 등을 부여하도록 하여 행정의 민주화를 위한 제도적 장치를 마련하고 있다. 물론 완벽한 제도라 할 수 없지만 이러한 법제의 운영은 민주행정을 위하여 중요한 역할을 하고 있음에 틀림이 없다.

중국의 경우에는 행정허가법이 제정되어 2004년부터 시행되고 있는데 법령의 제목이 말해 주듯 규율내용이 주로 행정기관이 하는 행정허가에 국한되고 있다. 이러한 국한성이 존재하지만 과거에 비해 상당한 정도의 발전이 있다고 평가되고 있다. 행정허가법의 제정과 시행은 결국 행정의 공정성과 투명성을 제고하고 행정허가권을 통제하겠다는 것으로 요약할 수 있다. 보는 각도에 따라 달리 평가할 수 있겠지만, 다음과 같은 근거로 행정허가제도는 긍정적으로 평가할 수 있다.

첫째, 중국의 행정허가법의 제정과 실시는 행정허가영역에서 어느 정도 민주화를 실현할 수 있게 되었다는 점이다. 특히 복잡한 이해관계가 얽힌 행정허가를 하는 경우에 이해관계인의 참여를 보장하고 이해관계인의 이익을 반영할 기회를 가질 수 있다는 것은 행정의 민주화와도 직결된다 할 것이다.

둘째, 행정허가법의 실시로 행정허가의 공정성과 합리성을 보장할 수단을 마련하게 되었다는 점이다. 행정기관이 행정허가를 하기 전에 이해관계인에게 통지하여 진술과 변명을 할 기회를 주고 의견을 청취하며 청문의 기회를 부여한다는 것은 행정의 합리화와 타당성 및 공정성을 확보한다는 데 의미가 있고, 행정허가법은 이를 보장하는 중요한 수단이 된다.

셋째, 행정허가법의 실시로 행정공무원의 부패를 어느 정도 방지할 수 있게 되었다는 점이다. 흔히 말하는 '꽌시(關係)행정'을 완전히 일소할 수는 없겠지만, 행정허가법에서 정한 절차적 규정을 준수함으로써 그동안 만연되었던 인간관계에 기초한 정실행정은 그만큼 퇴색되고, 행정허가법은 법치행정을 지향하는 기초가 된다.

그러나 중국의 행정허가법은 여러 가지 문제점을 안고 있는 것도 사실이다. 우선 행정기관이 행정허가사항으로 정할 수 있는 범위가 광범위하고 그에 대한 통제장치가 미흡하다는 것이다. 즉 관련 법 조문에서는 법률, 행정법규, 국무원의 결정으로 허가사항을 설정할 수 있도록 규정하고 있다. 예를 들면, 공공이익, 국가안전, 공공안전 등의 불확정 개념해석과 관련하여 행정기관이 허가권의 범위를 남용 확대할 소지가 있다고 할 것이다. 또한 행정허가사항의 설정행위는 추상적 행정행위(예. 법규를 정하는 행위)의 범주에 속하므로, 행정심판이나 행정소송을 제기할 수 없다. 따라서 현실적인 행정허가의 설정에 대한 법원의 통제장치는 상당 부분 결여되어 있다고 할 수 있다.

VI. 결어

본 장의 내용을 통하여 우리는 법 제도를 통한 중국 사회발전의 현 주소를 어느 정도 가늠할 수 있다. 사실 중국은 개혁개방 이후 국가적 노력을 통하여 많은 발전의 성과가 있었고 법 제도 영역도 부단한 개선을 통하여 상당한 정도 발전을 이룩하였다. 그러나 사실 민주적 방식을 부정한 행위 사례도 상당 부분 인정하지 않을 수 없다. 많은 개별적인 법 규제 관련 조치들을 보면 그것이 진정 국민의 입장에서 출발하여 규제를 하는 것인가 하는 의심이 드는 경우도 있다. 국민을 위한 입법, 사법, 행정의 역할이 강조되어야 한다. 국가의 정당성은 국민을 위한 서비스에 근원을 두어야 하며, 이것은 곧 주권재민이라는 헌법원칙에서 도출되는 당연한 귀결이라 생각한다.

■ 참고문헌

강효백. 『중국법통론』. 경희대학교출판부, 2007.
정이근. 『중국공법학연구』. 도서출판 오름, 2007.
천강 외. 『중국사법구제제도』. 세종출판사, 2005.
한대원 외. 『현대중국법개론』. 박영사, 2009.
한대원 저. 정이근 역. 『신중국헌법발전사』. 도서출판 오름, 2007.

■ 색 인 ■

지은이 소개

정이근(鄭二根)

현 | 영산대학교 법과대학 부교수·법률연구소장

부산공업고등학교 졸업
한국방송통신대학교 법학과 졸업
부산대학교 대학원 법학과 석·박사과정 수료
중국인민대학 법학원 박사과정 수료(법학박사)
중국 상담대학 법학원 부교수 역임
중국 중남대학 법학원 부교수 및 교수 역임

저서 | 『중국사법구제제도』(공저), 세종출판사, 2005
『중국공법학연구』(단독), 도서출판 오름, 2007
『신중국헌법발전사』(역서), 도서출판 오름, 2007
『현대중국법개론』(공저), 박영사, 2009

부산대학교 중국연구소 연구총서 6

중국 행정법 쟁점 연구

인 쇄: 2011년 11월 22일
발 행: 2011년 11월 30일

지은이: 정이근
발행인: 부성옥
발행처: 도서출판 오름
등록번호: 제2-1548호(1993. 5. 11)

주 소: 서울특별시 서초구 서초동 1420-6
전 화: (02) 585-9122, 9123 / 팩 스: (02) 584-7952
E-mail: oruem@oruem.co.kr
URL: http://www.oruem.co.kr

ISBN 978-89-7778-366-9   93340

※ 잘못된 책은 교환해 드립니다.
※ 값은 뒤표지에 있습니다.